승자독식사회

THE WINNER-TAKE-ALL SOCIETY
by Robert H. Frank and Philip J. Cook

Copyright © 1995 by Robert H. Frank and Philip J. Cook
All Rights Reserved.

This Korean edition was published by SEOSAMDOK, Co., Ltd.
in 2024 by arrangement with the original publisher,
Free Press, a Division of Simon & Schuster, Inc.

이 책의 한국어판 저작권은 ㈜한국저작권센터(KCC)를 통한
저작권사와의 독점 계약으로 ㈜서삼독에 있습니다.
신저작권법에 의해 한국 내에서 보호를 받는 저작물이므로 무단전재와 복제를 금합니다.

소수가 모든 것을 독점하는 사회
승자독식사회

로버트 H. 프랭크, 필립 J. 쿡 지음 | 조용빈 옮김

서三삼독

추천의 글

김현철
(홍콩과학기술대학 경제학과·정책학과 교수, 의사)

● 1995년에 처음 쓰여졌고 이제는 현대 자본주의 사회의 부작용에 대한 고전이 된《승자독식사회》가 복간된다니 매우 기쁘고, 추천사를 쓰게 되어 무척 영광스럽다. 참고로 나는 이 책을 너무나 읽고 싶은 마음에 중고 책을 무려 정가의 3배를 주고 구매했었다. 지금 이 글을 읽으시는 분들은 나처럼 큰 비용을 지불할 필요가 없으니 얼마나 행운인가!

이 지면을 빌려 부끄럽지만 고백할 것이 있다. 나는 코넬대학교에 2013년부터 2021년까지 재직했고, 이 책의 저자 중 한 명인 로버트 H. 프랭크 교수와 동료였다. 그는 경영대학원 소속 경제학자였고, 나는 정책대학원 소속 경제학자로 우린 꽤 많은 학교 세미나에서 마주쳤다. 더구나 그의 사무실은 나의 논문 공저자인 김현섭 교수

바로 옆이라, 김현섭 교수의 방에서 함께 작업하다 로버트와 화장실에서 마주치기도 했다. 그런데 나는 코넬대학교를 떠나 홍콩과기대로 자리를 옮기는 그날까지 로버트의 저작들을 잘 알지 못했다. 평계를 대자면 같은 경제학자이지만 소속 대학이 달라서 적극적으로 교류할 일이 없었다. 그러나 사실은 논문 업적에 따라 교수를 가차없이 해고하는 코넬대 분위기 속에서 신임 교수였던 나는 내 논문 이외에 다른 것들을 생각할 겨를이 거의 없었다.

2020년 홍콩과기대로 이직한 뒤 나는 그동안 연구하고 고민했던 주제들을 모아 책을 저술하기 시작했다. 그 결과물이 2023년 가을에 탄생한 《경제학이 필요한 순간》이다. 이 책의 첫 장에서 나는 우리 삶의 성취 중 8할이 태어난 나라와 부모에게 기인한다고 밝혔다. 태어난 나라와 부모를 결정하는 사람은 없다. 그렇기에 성취의 대부분은 운이고, 주어진 것이다.

그런데 로버트 역시 그의 책 《실력과 노력으로 성공했다는 당신에게(Success and Luck)》에서 성공에서 운의 지대한 중요성을 이야기한다. 《승자독식사회》의 내용을 잇는 이 책에서 그는 경쟁이 너무나 치열하기 때문에 실력과 노력만으로 승리가 보장되지 않으며, 결국 누가 운이 좋은가에 따라 최종 승자가 결정된다고 말한다.

어떻게 자본주의 사회의 보상이 극단으로 치닫는지를 설명하고 그로 인한 결과와 해결책을 제시하는 로버트의 글을 읽으며 나는 깜짝 놀랄 수밖에 없었다. 나 또한 기회가 될 때마다 우리 사회의 노동시장 양극화가 수많은 사회문제의 기저에 있다는 사실을 이야기해 왔기 때문이다. 나와 로버트는 같은 공간에서 8년이나 함께 지냈지만 단 한 번도 진지하게 대화한 적이 없다. 그런데 어떻게 우리의 진단과 처방이 이렇게나 유사할 수 있을까? 이게 가능했던 것은 아마도 그와 내가 공유하는 경제학적 사고의 힘 덕분일 것이다.

한국에서 태어나고 자란 나는 미국에 문화에 완전히 녹아들지 못했다. 게다가 코넬대학교는 미국 뉴욕주의 작은 도시인 이타카에 위치한다. 그곳에서 난 좀 외로웠다. 진지하게 우리 사회의 문제를 토론할 수 있는 친구가 없다고 불평하곤 했다. 만일 당시 내가 이 책을 알고 있었다면, 나는 아마도 그의 방문을 수시로 노크했을 것 같다. 그와 적극적으로 지적 교류를 하지 못한 것이 뒤늦게 큰 후회로 남는다.

꽤 오래전에 쓴 이 책이 오늘날에도 여전히 유효한 것을 보면 독자들은 좀 놀랄 것이다. 로버트는 1990년대 미국에서 소송의 남발로 변호사가 부족해지고, 이로 인해 일부 변호사가 지나치게 많은 소득을 누리는 것을 개탄한다. 제도의 실패로 일류 변호사의 수임료가 그들이 만드는 사회적 가치보다 지나치게 커졌다. 최상위 재능을 가진 사람들의 16퍼센트가 변호사가 되는 상황을 비판하며, 법대생이 공대생과 같은 정부 지원을 받는 것이 합리적이지 않다고 말한다. 그런데 어딘가 익숙하다. 여기서 변호사를 의사로 바꾸면 영락없이 2024년 대한민국의 모습이 된다.

그는 말한다. "어떤 국가든 치열한 국제경쟁에서 살아남으려면 가장 뛰어난 국민을 가장 중요한 자리에 배치해야 한다. 가장 뛰어난 경영자가 최고의 기업에, 독창적인 과학자가 과학 혁신이 필요한 곳에, 유능한 공무원이 주요 공직에 가야 한다. 하지만 특정 직군이 다른 직군의 소득을 압도하는 승자독식사회는 재능의 사회적 배분에 실패하여 도태된다."

같은 맥락으로 대한민국을 진단해 보자. "1998년 외환위기 이전까지 대한민국 최상위권 학생들의 다수가 공대 및 자연대에 진학했다. 이들이 대한민국을 오늘날 선진국 반열에 오르게 한 제조업을 이끌었다. 그런데 지난 20여년 동안 의대 쏠림 현상이 가속화되었다. 의사들이 일하는 병원 산업이 국부 창출의 통로가 되어 대한민국을 도약시킬 수 있다면 좋은 일이다. 그러나 병원 산업은 제조업 및 기술 기업에 비해 내수 의존적이고 국부 창출 효과가 낮다. 가령, 의사로서는 국내 환자가 대부분인 상급종합병원이 성취의 최고점이다. 그러나 과학 기술이 상용화되면 세계가 우리의 무대가 되고, 수출이 늘고, 국부가 창출된다. 국가가 경쟁력을 갖고 발전하려면 가장 우수한 인재들이 이공계에 진학해야 한다. 최상위 학생들 모두가 의사가 되는 나라에는 미래가 없다."

이뿐만이 아니다. 일류 대학을 향한 미국 사회의 열망에 대한 설명은 아이비리그 대학을 국내 서울대, 연세대, 고려대로 바꾸면 대한민국의 현실과 데칼코마니가 된다. 학벌이 좋아야 좋은 직업을 가질 수 있다면, 일류 대학을 향한 입시 경쟁은 과열될 수밖에 없다. 그리고 학벌 전쟁은 궁극적으로 제로섬 게임이라 낭비적 경쟁이 될 가능성이 매우 높다.

성서는 수천 년의 시대를 뛰어넘어 지금도 우리에게 유효한 교훈을 준다. 이는 성서가 모든 인류 사회를 관통하는 인간과 절대자의 관계 그리고 사람들 사이의 관계에 대한 황금율("남에게 대접을 받고자 하는 대로 너희도 남을 대접하라")을 제공하기 때문이다.

이와 비슷하게 《승자독식사회》 역시 지금 우리 사회를 이해하고 발전 방향을 찾는 데 유효하다. 자본주의의 핵심을 꿰뚫고, 그 필연적 결과인 불평등의 문제를 다루기 때문이다. 로버트가 지적했듯이 자본주의 사회에 살고 있는 한 불평등의 문제는 사라질 수 없고, 외면할 수도 없다. 이 책을 통해 사회 구성원 모두가 자기 삶을 돌아보고, 우리 사회가 나가야 할 방향을 진지하게 고민할 기회를 갖기 바란다.

● 김현철
의사이자 경제학자. 연세대 의과대학 졸업 후 의사로 활동하다, 미국 컬럼비아대에서 경제학 박사를 받았다. 코넬대 정책학과 교수를 거쳐, 현재는 홍콩과기대 경제학과·정책학과에 재직 중이다. 사회실험, 자연실험, 빅데이터를 통해 보건·교육·노동·돌봄 및 복지 정책을 연구한다.

| 서
| 문

● 한 익명의 독지가가 당신과 두 친구에게 30만 달러를 기부한다고 가정해 보자. 당신은 이 돈을 어떻게 나눌 것인가? 당신이 다른 사람과 비슷하게 생각한다면 세 사람이 똑같이 10만 달러씩 나누려 할 것이다.

설득력이 있기는 하지만 이런 평등의 원칙은 결코 절대적인 것은 아니다. 실제로 현대 시장경제에서 부를 분배할 때도 평등의 원칙은 다른 문제보다 순위가 밀린다. 결국 부는 자선사업가로부터 얻어지는 것이 아니라 우리가 생산해 내야 하기 때문이다. 대규모 경제체제에서 모든 사람에게 똑같은 소득이 보장된다면 교육에 투자하거나 재능을 개발할 사람은 거의 없을 것이며 열심히 일하고 위험을 감수하려는 사람도 없을 것이다. 따라서 경제학자들이 말하는 고통스러운 거래, 즉 평등과 경제적 번영 중 하나를 선택해야 하는 상황에 직면하게 된다. 그러므로 우리는 마지못해 사람들이 생산한 것의 시장가치에 대충이나마 비례해 보상하는 시장의 법칙에 따르게 된다.

그러나 최근 최고 실력자들의 보수가 폭발적으로 증가함에 따라 시장의 법칙에 기꺼이 따르려는 의도가 주춤해졌다. 왜 어떤 사람들은 다른 사람들보다 훨씬 많은 소득을 올리는가에 대한 강렬한 궁금증도 생겨났다.

소득 격차에 대한 통상적인 설명은 대개 두 가지다. 첫 번째는 교육, 경험, 재능, 성격, 욕망, 지능 등 개인의 생산성과 관련된 자질이 원인이라는 설명이다. 두 번째는 기회의 구조를 강조하는데, 유망한 일자리는 제한되어 있으므로 재능과 노력뿐 아니라 행운과 인맥 역시 중요하다는 주장이다.

두 가지 시각 모두 현실의 주요 요소를 모두 담고 있는 것 같지만, 어느 것이 최근의 경향을 더 잘 설명하는가? 베스트셀러《벨 곡선(The Bell Curve)》에서 주장하듯 불평등이 증가한 것은 개인의 능력 차이가 벌어진 결과인가, 아니면 기술의 변화로 인해 경제의 최상위 계층에 영향력이 집중된 결과인가?

이 책의 제목에서 답을 얻을 수 있을 것이다. 우리는 지난 20년 동안 변화한 것은 재능의 분배가 아니라 기회의 분배라고 생각한다. 이 변화의 원인은 부분적으로는 기술에 있다. 정보처리와 전송의 혁명이 계속되면서 고위직을 차지하고 있는 사람들의 재능은 더욱 영향력이 커진 반면 나머지 사람들이 돈을 벌 기회는 줄어들고 있다. 연예계와 스포츠계에서 흔히 볼 수 있는 보상 구조, 즉 수천 명이 소수의 상위권을 차지하기 위해 경쟁하는 구조는 다른 분야에도 파고들고 있다. 우리는 이러한 현상의 원인을 설명하고 경제·사회·문화에 미친 다양한 결과를 살펴볼 것이다.

우리의 분석은 어느 한 사상만을 추구하지 않는다. 우리는 경제학자로서 모든 현상에 시장원리가 작동하고 있고 그 이면에 경제적 요인이 숨어 있다는 가정하에 분석을 진행했다. 그러나 다른 경제학자들과 달리 최근 시장은 공익에 특별히 기여하지 못하며 실제로 최고의 자리를 놓고 벌이는 경쟁의 상당 부분이 지루하고 비생산적이라는 결론을 내렸다. 또한 불평등의 증가가 경제성장을 촉진하기보다는 오히려 위축시킬 가능성이 더 크다는 결론을 내렸다. 따라서 우리의 메시지는 희망적이다. 즉, 승자독식사회에서 최고 상금의 규모를 줄이고 경쟁을 억제하기 위한 모든 사회적 합의가 반드시 사회주의적 빈곤으로 이어지지 않는다. 오히려 그러한 합의는 더욱 평등하고 번영하는 미래로 나아가는 지름길이다.

목차

추천의 글 4
서문 9

1장. 이긴 자가 전부 가지는 사회 17

부익부 빈익빈 | 경쟁자가 너무 많다 | 일류 대학 출신이라는 보증수표 | 일상생활에서도 경쟁하는 사람들 | 소모적인 경쟁을 막기 위한 협정 | 과도한 보상이 주어지는 곳 | 근소한 차이가 부른 극단적인 결론 | 대중문화가 타락했다고요? | 승자독식시장의 문제점을 해결할 수 있을까 | 평등은 성장을 가로막는가

2장. 승자독식시장의 탄생 47

승자독식시장이란 무엇인가 | 구매자가 결정하는 시장: "제발 내 돈을 가져가요" | 누가 싸우고 있는가 | 승자를 정하는 법 | 승자독식시장이 생기게 된 이유

3장. 승자독식사회는 왜 멈출 수 없는가 76

운송비와 관세의 하락 | 컴퓨터와 이동통신의 발전 | 영어: 국경을 뛰어넘는 국제어의 등장 | 생산방식의 혁신: 분업, 전문화, 로봇 | 경쟁 금지 조항의 약화 | 조직 바깥에서 일하는 독립 계약의 증가 | 보여 주기 위한 소비 | 보상을 강화시키는 비교의 힘 | 상쇄 효과: 소규모 공급자가 나타나다

4장. 승자에게 쏠린 상상을 초월하는 소득 97

출판업계: 쓰기도 전에 돈을 버는 작가들 | 프로테니스: 선수가 곧 광고다 | CEO: 이직으로 연봉을 올리는 사람들 | 경영 컨설턴트: 위험을 관리하고 받는 대가 | 영화와 방송 산업: 스타, 스타, 오로지 스타 | 패션모델: '슈퍼' 모델의 등장 | 대학과 프로스포츠: 가장 뛰어난 감독과 선수 데려오기 | 사치품의 인기: 비쌀수록 좋다

5장. 마이너리그의 슈퍼스타들 130

불평등의 심화 | 상위 1퍼센트 집단의 패턴 | 1명의 천재가 압도적인 성과를 가져온다면? | 성공이 성공을 낳는 직업 | 어느 업계에나 승자가 있다

6장. 경쟁자가 너무 많다고요? 150

몇 명이 싸워야 적당할까 | 지나친 자기 과신: "나는 할 수 있어" | 가상 경제 속, 어떤 직업을 선택하시겠습니까? | 현실이 작동하는 법 | 세금이라는 고삐가 필요한 이유 | 형평성을 택하면 효율성이 희생된다?

7장. 투자라는 이름의 도박 180

죄수의 딜레마 | 위치군비경쟁: 손해지만 멈출 수가 없다 | 운동선수들: 과도한 훈련, 과도한 투자 | 증권시장의 수익 예측 경쟁 | 광고 시장: 돈을 쏟아부어야 돈이 벌린다 | 노동 경쟁: 야근을 자처하는 이유 | 승자의 후광: 좋은 이미지를 남기기 위한 노력 | 약간의 예외들

8장. 학벌 전쟁 210

명문 대학이 되기 위한 조건 | 일류대 간판이 주는 이점 | 가까운 주립대학보다 유명한 일류대가 좋다? | 우린 일류대 출신만 뽑습니다 | 똑똑한 학생들만 모여 있으면 어떤 일이 벌어질까 | 학벌 경쟁의 결과물

9장. 낭비적 경쟁을 그만두는 법 236

스포츠 분야 | 암묵적인 사회규범이 존재하는 이유 | 경쟁을 막는 사전 계약 | 교육: 과외 없이 교과서만으로 충분합니다 | 법과 공공정책: 평화를 위한 구속 | 결혼제도의 일부일처제 | 미래에 발생할 문제들: 유전자 검사

10장. 승자독식사회 속 대중문화는 어디로 가는가 264

철저한 승자독식의 원리로 돌아가는 곳 | 조급한 경쟁이 가져온 영향 | 암묵적인 규범을 지키기엔 보상이 너무 크다 | 문화를 시장의 논리로만 바라볼 수 없는 이유

11장. 승자독식사회를 벗어나기 위하여 294

조세정책: 소득세 vs. 소비세 | 조세 개혁을 잘못한 경우 | 법조계: 재능 있는 인력의 쏠림 현상 방지 | 의료비: 전문의와 일반의 | 교육비: 장학금제도의 명과 암 | 진로에 대한 정확한 정보 제공하기 | 반독점 정책이 유효하려면 | 노동시간 줄이기 | 대중문화: 공영방송이 필요한 이유 | 미래의 전망

감사의 말 321
주석 324
참고 문헌 337

1장

이긴 자가
전부 가지는 사회

● 커트 보니것(Kurt Vonnegut Jr.)의 소설《푸른 수염(Blue Beard)》에서 주인공 라보 카라베키안은 꽤 알려진 표현주의 화가로 자신을 "예술사에서 각주(footnote in Art History)" 같은 존재라고 표현한다. 타고난 이야기꾼, 가수, 무희, 지도자, 운동선수, 과학자가 있듯 그는 자신이 타고난 화가라고 생각했다. 그런 재능을 타고나는 사람들을 라보는 이렇게 말한다.

―― "내 생각으로는 50명 또는 많아야 100명 정도의 친족이 무리를 이루고 살던 때까지 거슬러 올라갈 수 있을 것 같다. 진화의 힘이나 신의 섭리 같은 것들이 유전자에 변화를 일으켜 누구는 밤에 모닥불에 모여 이야기를 잘하는 재주를 갖게 되고, 또 다른 사람은 동굴에 그림을 멋지게 그렸고, 또 다른 누

구는 매우 용감한 자질을 타고나게 되었다."¹

그러나 라보는 현대사회에서 이 재능 있는 사람들 크게 주목받지 못한다고 말한다.

── "물론 이런 구조는 더 이상 통하지 않는다. 책, 라디오, TV, 위성방송 같은 것들 때문에 웬만큼 잘해서는 크게 두각을 나타내기 어렵다. 천 년 전이라면 마을의 보배로 여겨졌을 꽤나 재주 있는 사람들이 이제 자신의 재능을 포기하고 다른 생업을 찾아야 한다. 왜냐하면 현대 통신 기술 덕분에 날마다 세계 챔피언과 겨루어야 하기 때문이다. 이제 각 분야에서 최고로 뛰어난 10여 명만 있어도 세상은 잘 굴러갈 것이다."²

오늘날 우리는 대부분 녹음된 음악을 들으니 어디에서나 세계 최고 소프라노의 노래를 들을 수 있다. 캐슬린 베틀(Kathleen Battle)의 모차르트 아리아 원본 테이프에서 CD를 찍어 내는 비용이나 이류 성악가의 테이프에서 찍어 내는 비용이나 차이가 없으므로 우리는 당연하게 캐슬린 베틀의 노래를 듣는다. 대부분의 사람은 베틀보다 조금 못한 성악가를 듣느니 몇 푼을 더 내더라도 베틀의 노래를 듣기를 원한다. 그러니 베틀의 몸값은 부르는 게 값이 된다.

라보 카라베키안과 캐슬린 베틀이 자신들의 서비스를 파는 시장을 '승자독식시장(winner-take-all-market)'이라고 부른다. 테니스 선수 보리스 베커(Boris Becker), 추리소설가 P. D. 제임스(Phyllis Dorothy

James), 천문학자 칼 세이건(Carl Sagan), 소설가 가즈오 이시구로(石黑 一雄), 농구 선수 하킴 올라주원(Hakeem Olajuwon), 소설가 가브리엘 가르시아 마르케스(Gabriel Garcia Marquez), 배우 제라르 드파르디외 (Gerard Depardieu), 피겨스케이팅 선수 옥사나 바울(Oksana Baiul), 법학자 앨런 더쇼비치(Alan Dershowitz), 스키 선수 알베르토 톰바(Alberto Tomba), 미식축구 해설가 존 매든(John Madden), 배우이자 감독 멜 깁슨(Mel Gibson), 롤링스톤스의 믹 재거(Mick Jagger), 투자자 조지 소로스(George Soros), 육상 선수 킵초게 케이노(Kipchoge Keino), 철학자 자크 데리다(Jacques Derrida), 배우 소냐 브라가(Sonia Braga), 기자 다이앤 소여(Diane Sawyer), 체스 챔피언 게리 카스파로프(Garry Kasparov), 패션 디자이너 조르지오 아르마니(Giorgio Armani), 물리학자 스티븐 호킹(Stephen Hawking), 농구 선수 마이클 조던(Michael Jordan), 뮤지컬 제작자 앤드루 로이드 웨버(Andrew Lloyd Webber), 영화배우 엘 맥퍼슨 (Elle Macpherson), 배우 존 클리즈(John Cleese), 피겨스케이팅 선수 카타리나 비트(Katarina Witt), 소설가 페터 회(Peter Hoeg), 칼럼니스트 조지 윌(George Will), 테니스 선수 다테 기미코(伊達公子), 배우이자 정치인 아놀드 슈워제네거(Arnold Schwarzenegger), 소설가 존 그리샴(John Grisham) 등도 마찬가지다. 이들이 속한 시장은 경제학자들이 연구하는 시장과는 매우 다르다. 승자독식시장이라고 부르는 이유는 최고 대우를 받는 극소수 실력자들이 여기서 생산되는 서비스의 가격을 결정하기 때문이다.

예를 들면 대작 영화를 만드는 데는 수천 명의 노력이 필요하지만 상업적 성공의 여부는 감독, 각본가, 주연배우 등 단 몇 명의 노력에 좌우된다. 마찬가지로 매년 수천 명의 선수들이 프로테니스 리그에서 활동하지만 텔레비전 중계권 수입과 협찬 광고 수입은 상위 10위권 선수들이 거의 독식한다. 예를 들어 호주 출신 월리 마수르(Wally Masur)는 수년간 전 세계 랭킹 50위 안에 들었으며 1993년에는 US오픈 준결승전에도 출전했다. 그러나 그가 선수로 뛰는 동안 그의 이름을 새긴 테니스화나 라켓이 출시된 적은 없다.

앞으로 우리가 다룰 이 시장은 대부분 두세 명의 승자가 차지하고 있기에 '최고 실력자 몇몇이 불공평하게 나누어 먹는 시장'이라고 부르는 게 더 정확할 것이다. 하지만 이는 너무 길어서 정확성은 다소 떨어지지만 승자독식시장이라고 부른다.

승자가 모든 것을 가지는 보상 구조는 오랫동안 연예계나 스포츠계, 예술계에서 일반적으로 볼 수 있었다. 그러나 사회학자 윌리엄 구드(William Goode)는 이런 현상이 유명인들이 경쟁하는 시장에서만 벌어지지 않는다고 주장하며 '다소 인기가 덜한 존재들이 실패하는 현상'이라고 부른다.

"식료품 가게에는 진열대 공간이 한정되어 있기에 비누나 콘플레이크, 메이플시럽 중 대표적인 것만을 올려놓는다. 따라서 품질에서 별 차이가 없더라도 별로 인기 없는 제품은 가장 인기 있는 제품에 밀려날 수밖에 없다."[3]

시장에서 인기를 끄는 자동차는 그렇지 못한 차보다 디자인이 좀 더 세련되고 튼튼하게 만들어졌을 뿐 차이는 크지 않다. 전문가조차 시장에 돌풍을 일으킨 스피커가 소비자에게 외면당했던 제품보다 정말 좋은지 의견이 분분하다. 느끼기 어려울 만큼 사소한 품질

차이로 시장에서의 성패가 갈려도 소비자는 크게 신경 쓰지 않는다. 그러나 제조업자에게는 파산이냐 수십억 달러의 수입이냐가 결정되는 엄청난 이해관계가 달려 있다.

이렇게 막대한 이해관계 때문에 '이름 없는 유명 인사(unknown celebrities)'라는 새로운 계층이 탄생했다. 바로 기업의 성패를 좌우하는 실력자들이다. 그들의 역할은 매우 중요하며 현대 정보사회에서는 그들이 누구인지 다 알고 있기에 기업에서는 이들을 고용하고 붙잡아 두기 위해 치열하게 경쟁한다. 예를 들어 자동차 산업이라면 특별히 재능 있는 디자이너나 혁신적인 엔지니어, 심지어 편법을 쓰더라도 판매 능력이 출중한 딜러를 확보하기 위해 치열하게 경쟁하는 식이다. 이들은 대중에게는 잘 알려져 있지 않지만 업계에서는 슈퍼스타 같은 지위를 누린다.

이들이 활동하는 시장은 점차 현대 경제생활에서 중요한 특징이 되면서 법률, 언론, 컨설팅, 의료, 투자금융, 경영, 출판, 디자인, 패션 그리고 심지어 신성한 학계까지 영역을 넓히고 있다. 물론 우리가 든 사례는 미국의 경우지만 다른 선진국에서도 승자독식시장은 확대일로에 있으며 심지어 개발도상국도 마찬가지다.

정보통신과 데이터 처리 분야에 발생한 혁명은 미국, 영국, 프랑스, 독일, 일본의 노동시장은 물론이고 중국, 인도, 브라질, 인도네시아의 노동시장까지 변화시켰다. 자유무역협정으로 인해 토론토의 노동자들은 시카고의 노동자들과 경쟁하게 되었고, 도쿄의 노동자들은 뮌헨이나 요하네스버그의 노동자들과 경쟁해야 한다. 점점 더 많은 사람이 같은 작가가 쓴 책을 읽고, 같은 사람이 감독한 영화를 보며, 같은 사람이 디자인한 옷을 사 입는다.

　승자독식시장은 이미 중대한 경제적·사회적 변화를 가져왔다. 게다가 이런 현상이 더욱 심화할 것이므로 앞으로 훨씬 더 극적인 변화가 나타날 것이다. 이런 변화로 좋은 결과가 나타나기도 한다. 기술의 발달로 최고의 가수가 더 많은 청중에게 노래를 들려준다거나 조판 작업만 완료되면 유명 작가와 무명작가의 원고 인쇄 비용이 크게 차이 나지 않는 것 등이다. 일단 전 세계의 병원이 초고속통신망으로 연결되면서 세계 최고 수준의 신경외과의사도 수천 킬로미터 떨어진 곳에 있는 환자를 진료하고 치료할 수 있게 되었다. 이런 첨단 기술이 없었다면 그 환자들은 그보다 재능이나 경험이 부족한 의사들에게 치료받았을 것이다.

　그러나 승자독식시장은 부정적인 결과도 초래한다. 이 책에서는 그런 부정적인 측면을 주로 다룰 예정이다. 승자독식시장은 빈부 격차를 더욱 벌려 놓았으며 뛰어난 인재들을 사회적으로 비생산적이고 파괴적이기까지 한 분야로 끌어들였다. 또한 미래에 대한 투자가 부족한데도 낭비성 투자와 소비를 반복하는 경제 시스템을 조장했으며 간접적으로는 가장 뛰어난 대학생들이 소수의 엘리트 집단에 들어가기 위해 치열하게 노력하도록 만들었다. 이런 시장에서는 '대기만성형 인재(late bloomers)'가 자리 잡기 어렵다. 게다가 승자독식시장은 우리의 문화와 대화에까지 심한 악영향을 미친다.

부익부 빈익빈

　1980년대 후반, 소득 불평등이 심화하고 있다는 뉴스가 지면을 장식했을 때만 해도 부시 행정부는 지속해서 이를 부인했다. 그러나 미국의 초고소득층과 다른 계층 사이의 간격은 계속 벌어져 온 것이 사실이다. 예를 들어 1979년부터 1989년까지 소득 상위 1퍼센트의 실질소득은 2배 이상 증가한 반면 미국인 전체의 평균 소득은 거의 변하지 않았고 더욱이 하위 20퍼센트의 소득은 10퍼센트나 떨어졌다.[4]

미국만 소득 격차가 심화한 것이 아니다. 영국의 경우 1977년에는 상위 20퍼센트의 부자들이 하위 20퍼센트의 사람들보다 4배 정도 많은 수입을 올렸지만 1991년에는 그 격차가 7배로 증가했다.[5] 영국에서 임금 통계 작성이 시작된 1880년대 이래 남성 기준 최고 임금과 최저 임금 사이의 간격은 그 어느 때보다 커졌다.[6]

어느 시대 어느 장소나 그렇듯 빈부 격차가 커지면서 사회적 연대도 무너지고 있다. 최상위 소득계층은 그 어느 때보다 부유하지만 그들 중 누구도 현재의 사회문화적인 유산을 그대로 미래 세대에 전해 주고 싶어 하지는 않는다.

최근 소득 불평등에 관한 많은 책이 쏟아져 나왔지만 소득 불평등이 갑자기 심화한 이유에 대해서는 합의된 답변을 도출하지 못하고 있다. 몇몇 사회비평가들은 부유층을 위한 조세 감면과 빈곤층을 위한 사회보장 프로그램의 축소를 중심으로 하는 레이건-대처 프로그램 같은 공공정책의 변화를 원인으로 든다. 또 다른 비평가들은 노조 활동의 쇠퇴, 기업 규모의 축소, 해외무역의 영향력 증가에 무게를 둔다. 하버드대학교 총장이었던 데릭 보크(Derek Bok)가 저서 《재능의 비용(The Cost of Talent)》에서 주장했듯 불완전경쟁과 문화적 요소를 언급하는 사람도 있다. 복은 점차 탐욕적으로 변화하는 세상에서 영향력 있는 엘리트들이 경쟁에서 벗어나 자신들이 원하는 조건을 거리낌 없이 제시한다고 생각한다.

최고 실력자들의 보수가 급등하게 된 원인은 레이건-부시 행정부와 대처-메이저 행정부 때 발생한 정책 변화 때문도 아니고 노조의 쇠퇴 때문도 아니다. 문화적인 요소와 무역의 확대가 영향이 없다고는 할 수 없으나 부차적일 뿐이다. 한 가지 확실한 것은 경쟁력이 약화해 소득 불평등이 심화한 것은 아니라는 점이다.

오히려 국내외를 보면 지금보다 더 경쟁이 치열했던 적은 없었다. 최고 실력자들의 보수가 이렇게 폭발적으로 증가한 것은 점차 승자독식시장이 만연해지고 있기 때문이며 이것이 경쟁력 향상과도 밀접하게 관련되어 있다는 것이 우리의 주장이다. 또한 재능이 뛰어난 사람들이 더욱 우대받고 이들의 서비스를 얻기 위해 더 공개적으로 경쟁을 벌이게 된 현상도 설명할 것이다.

예를 들어 프로스포츠의 경우 텔레비전 중계료 수입이 엄청나게 늘어나면서 최고 선수의 몸값이 이전보다 더욱 높아졌다. 게다가 자유계약선수제(free agency)가 도입되면서 스포츠팀 소유주들은 가장 재능 있는 선수를 얻기 위해 치열하게 경쟁해야만 했다. 이 제도 덕분에 선수들은 어느 팀에서 뛸지 자유롭게 선택할 수 있게 되었는데 이는 선수들의 이동을 금지하는 관행이 위법이라는 판결이 내려지면서 가능해졌다. 그 결과 수익의 상당 부분이 최고 선수에게 흘러 들어갔다. 1992년 샌프란시스코 자이언츠는 배리 본즈(Barry Bonds)에게 6년 계약금으로 4,375만 달러를 제안했다. 이는 구단주

피터 매고원(Peter Magowan)이 어리석어서가 아니라 본즈를 영입하는 것이 경기장을 채우고 더욱 유리한 조건으로 텔레비전 중계 계약을 맺는 데 유리하다고 판단했기 때문이다.[7] 본즈는 자유계약 선수였기 때문에 이보다 적은 액수를 제시했다면 다른 구단에 빼앗길 가능성이 높았다.

최고 실력자들의 생산성이 높아지고 그들의 서비스를 사기 위해 더욱 공공연한 경쟁이 일어난 이유는 시장마다 다르다. 그러나 다른 승자독식시장에서 발생하는 일도 프로스포츠 시장과 비슷하다. 1993년 디즈니사의 CEO 마이클 아이스너(Michael Eisner)는 2억 달러가 넘는 성과급을 받았다. 그가 주주들을 속여서가 아니라 역대 최대의 수익을 회사에 가져다주었기 때문이다. 당시 재계는 CEO들의 이동이 빈번해지면서 점점 더 프로스포츠의 자유계약제를 닮아 가고 있던 상황이었다. 한편 다니엘 스틸(Danielle Steel)은 소설을 1권 쓸 때마다 1,200만 달러를 받았다. 이는 대형 출판사들이 돈이 남아돌거나 약삭빠르지 못해서가 아니라 그녀의 소설이 수백만 부씩 팔리기 때문에 가능했다. 따라서 델라코트 출판사가 경쟁에서 패했다면 스틸의 원고는 경쟁 출판사로 넘어갔을 것이다.

승자와 패자 사이에 격차가 벌어지는 현상은 분명 어제오늘의 일은 아니다. 약 100년 전 영국의 경제학자 알프레드 마셜(Alfred Marshall)은 이렇게 말했다. "뛰어난 재능을 가진 사람들의 소득이 올라가기 때문에 아무리 교육을 잘 받아도 평범한 재능을 지닌 사람들의 소득이 상대적으로 떨어지는 것이다. 보통 수준의 유화가 이렇게 싸게 팔렸던 적도, 일류 화가의 그림이 이렇게 비싸게 팔린 적도

없었다."⁸

오늘날에는 이런 현상이 널리 퍼져 최고 실력자들이 받는 보상이 엄청난 금액이 되었다. 이로 인해 현대 산업경제는 심각하게 왜곡되었다. 아마도 이런 왜곡 현상 중 가장 중요한 것은 시장 신호(market signals)가 직업 선택에 미치는 영향일 것이다.

경쟁자가 너무 많다

어떤 국가든 치열한 경쟁에서 살아남으려면 가장 뛰어난 인재를 가장 중요한 자리에 배치해야 한다. 가장 뛰어난 경영자를 기업에 배치해 최대 가치를 창출해 내야 하며, 최고의 과학자는 가장 시급하게 기술을 개발해야 하는 영역으로, 가장 유능한 공무원은 가장 중요한 공직에 배치되어야 한다. 공산권이 몰락한 원인을 한 단어로 표현한다면 인재 배치의 실패라 할 것이다. 결국 공산주의를 비판한 사람들이 처음부터 제대로 본 게 맞다. 중앙 관료가 획일적으로 인재를 배치하면 경제적 재난이 닥치는 것은 뻔하다.

자유시장경제는 개개인에게 직업 선택권을 보장했기 때문에 공산주의경제보다 훨씬 효율적이었다. 수백억 달러의 연봉 소득자가 늘어나는 현상에 대해서 사회비평가들이 윤리적 문제를 제기하고는 있지만 이런 엄청난 보상이 가장 뛰어난 인재를 끌어들인다는 점은 확실하다. 최고의 보상을 향한 경쟁은 치열할 수밖에 없다. 경쟁에서 이긴 사람들이야말로 점점 더 통과하기 힘들어지는 일련의 토너먼트에서 살아남은 사람들이다.

예를 들면 유망한 메이저리거는 티볼(야구와 비슷하나 티 위에 올린 공을 치는 게임-옮긴이) 경기로 시작해 리틀리그로 옮겨 가고 그곳에서 충분한 재능과 의지를 인정받으면 청소년 대상 베이브 루스 리그로 진출한다. 그곳에서 가장 뛰어난 선수들만이 명문 고등학교 야구팀에 지망할 수 있고 그들 중 일부만이 마이너리그에 출전할 수 있다. 마이너리그 선수가 되더라도 뛰어난 성과를 보여야만 메이저리그로 진출한다. 그렇게 메이저리그에 진출한 선수들도 대부분은 최고가 되지 못하고 극소수만이 스타가 된다. 앞으로 살펴보겠지만 다른 부문에서 벌어지는 최고를 향한 경쟁도 이에 못지않게 치열하다. 대부분은 엄청난 재능과 열정과 욕망을 지닌 사람들만이 이런 경쟁에서 살아남는다.

우리는 승자독식시장에서 벌어지는 최고를 향한 경쟁 덕분에 가장 재능 있고 생산적인 인재를 끌어들일 수 있지만 동시에 두 가지 형태의 낭비를 조장한다고 생각한다. 첫째, 너무 많은 경쟁자가 모이고 둘째, 경쟁 과정에서 비생산적인 소비와 투자가 발생한다.

우선 인재가 많이 몰리는 현상을 생각해 보자. 승자독식시장에 수많은 인재가 모이는 이유 중 하나는 도박을 대하는 우리의 태도와 비슷하다. 다시 말해 자신의 승률을 과대평가하는 성향 때문이다. 승자독식시장에 나서려면 미지의 경쟁자들과 재능을 겨루어야 한다. 정확한 정보에 따라 성공 가능성을 예측해야만 현명한 결정을 내릴 수 있다. 그러나 알다시피 사람들은 이런 예측을 잘하지 못한다. 실험 결과에 의하면 운전자의 약 80퍼센트는 자신의 운전 실력이 평균 이상이라고 평가했고 심지어 자신의 생산성이 평균 이상이라고 생각한 사람은 그보다 많았다.[9] 많은 사람이 승자독식경쟁에서 승리를 낙관한다는 근거를 더 살펴보자. 자신의 승리 확률을 과대평가하면 기존 노동시장에서 생산적인 직업을 영위하다 중간에 이를 포기하고 승자독식시장에 뛰어드는 사람의 숫자가 많아진다. 전통적인 비용 수익 분석으로 뛰어드는 사람의 수보다 훨씬 더 늘어난다.

부정확한 정보에 기반해 중요한 결정을 내리면 나쁜 결과를 초래한다는 것은 당연하다. 그런데 자신의 성공 가능성을 정확하게 평가할 때조차도 많은 사람이 무리하게 이 시장에 뛰어든다. 이런 현상은 과도한 환경오염이 발생하는 원인과 비슷하다. 예를 들어 에어컨을 살지 말지를 결정할 때 사람들은 에어컨을 사서 얻는 편익을 에어컨 운용 비용과 비교한다. 개별 소비자의 입장에서 에어컨 운용 비용은 전기 요금이다. 그러나 에어컨을 가동시키면 다른 사람들에게도 추가 비용을 부담시키게 된다. 에어컨을 많이 사용할수록 더 많은 전기를 생산해야 하고 그 과정에서 대기는 더욱 오염된다. 정부의 규제가 없다면 개인은 추가 비용을 무시할 수 있으며 대부분 그렇게 한다. 즉, 사람들이 경제적인 동기로만 움직인다면 우리는 점차 오염된 공기를 흡입하게 될 것이다.

마찬가지로 승자독식시장의 잠재적 경쟁자들은 자신이 시장에 진입할 경우 다른 사람들이 추가 비용을 부담해야 한다는 점을 무시한다. 참가자가 1명 늘어날 때마다 이미 시장에 들어와 있는 사람들이 승리할 확률은 줄어든다. 이런 식의 제로섬적인 측면 때문에 이 시장에 뛰어드는 사람들의 수는 점점 늘어나는 반면 전통적인 시장에서 생산적인 직업에 종사하는 사람들의 수는 점점 줄어든다.

따라서 우리는 누군가 억만장자의 변호인이 되기 위해 애쓰는 것 대신 소박하지만 고정적으로 월급이 나오는 전기 기사가 되면 결과적으로 국민소득이 더 높아질 것이라 주장할 것이다.

승자독식적인 보상 구조는 또 다른 형태의 낭비를 야기한다. 경쟁자들이 승리의 가능성을 높이기 위해 엄청난 비용을 쏟아붓도록 유도, 정확히 말하면 강요한다. 그런 면에서 출판업은 가장 순수한 형태의 제비뽑기 게임판이라 할 수 있다. 몇몇 베스트셀러 작가는 책 1권당 천만 달러가 넘는 인세를 받지만 비슷한 재능을 가진 수많은 작가는 거의 수입을 얻지 못한다. 이런 상황에서 작가들은 자신들이 주목받고 책을 많이 팔 기회라면 무엇이든 마다하지 않는다. 주디스 크란츠(Judith Krantz)가 자신의 베스트셀러 소설인 《양심의 가책(Scruples)》을 홍보했던 방법을 들어 보자.

―― 책을 홍보하며 여행하는 일은 전쟁이나 마찬가지다. 여기저기 돌며 내 책을 홍보하던 때가 생각난다. 나는 한밤중에 어느 도시, 예를 들어 클리블랜드에 도착해 짐을 풀고 주름 잡힌 옷을 다림질하고는 잠자리에 든다. 그리고 다음 날 아침 6시에 일어나야 한다. 왜냐하면 미국의 모든 도시에는 '에이엠 쇼'나 '굿모닝 쇼', '헬로 쇼' 같은 아침 방송이 있기 때문이다. 짐을 모두 꾸려 아침 일찍 호텔을 나서면서 체크아웃을 해야 한다. 출판사 직원이 방송국에 타고 갈 리무진을 대기시켜 놓았을 것이고 나는 하루 종일 여행 가방을 차 안에 둔 채 무려 16번이나 차에서 내리고 타기를 반복해야 한다. 방송국에 7시 반이나 8시

에 도착하지만 내 순서는 항상 마지막이다. 그렇지만 방송국 측을 화나게 하지 않으려면 1시간 일찍 도착해서 대기해야 한다. 종일 클리블랜드의 모든 방송 매체에 출연하고 나면 저녁 6시인데 이는 디트로이트행 비행기 시간에 딱 맞추어 일정을 짠 것이다. 게다가 하필 탑승 게이트는 항상 맨 끝에 있기 마련이다. 여러 주일에 걸쳐 이런 일정이 반복되면 나중에는 거의 몸을 움직일 수 없는 상태가 된다.[10]

15권만 선정하는 〈뉴욕타임스(The New York Times)〉 소설 부문 베스트셀러에 올라가려면 크란츠가 했던 것 같은 홍보 여행은 필수다. 그러나 크란츠를 포함한 작가들이 홍보 여행에 아무리 많은 시간과 노력을 기울인다고 해도 한 가지 변하지 않는 사실이 있다. 그것은 매주 단 15권의 책만이 베스트셀러 순위에 올라간다는 것이다. 한 작가가 여기에 이름을 올리려면 다른 작가가 탈락해야 하므로 홍보 여행으로 얻는 보상은 전체 작가가 아니라 작가 개인에게 집중될 수밖에 없다.

홍보에 기울이는 노력은 사회적 낭비지만, 사람들이 어떤 책을 살지, 어떤 영화를 볼지 결정할 때 도움이 되기도 한다. 그러나 다른 부문의 경쟁은 이런 식으로 단점을 보완하는 특징이 없다. 예를 들어 프로스포츠 선수들이 사용하는 근육강화제인 스테로이드는 사회적 편익을 증가시키기는커녕 오히려 감소시킨다. 미식축구 리그 팬은 수비 라인맨들의 평균 체중이 110킬로그램이건 140킬로그램이건 크게 상관하지 않는다. 그럼에도 불구하고 어느 팀이든 상대보다 덩치가 큰 선수를 보유하면 훨씬 유리한 입장에서 싸울 수 있다. 그래서 약물검사가 제대로 이루어지지 않으면 온갖 건강상의 부작용에도 불구하고 너도나도 스테로이드를 복용하는 것이다.

작가들이 홍보 여행에 나서고 운동선수들이 스테로이드를 복용하는 동기는 경쟁 관계에 있는 국가들이 군비경쟁에 돌입하는 동기와 비슷하다. 만일 경쟁국은 가만히 있는데 어느 한 나라가 무기를 구입하면 두 나라 모두에게 안 좋은 결과를 초래한다. 무기의 가격이 비싸므로 두 국가 모두 무기를 사들이면 사지 않았을 때보다 경제적 상황이 더 안 좋아진다. 승자독식시장은 '위치적 군비경쟁(positional arms race, 똑같이 군비를 늘리면 효과가 상쇄되어 상대방보다 더 쓴 만큼만 우월해지는 경쟁-옮긴이)'을 낳기 마련이며 이는 참가자의 과잉 유입에서 생겨나는 손실을 더욱 크게 만든다.

일류 대학 출신이라는 보증수표

기업 인수를 전문으로 하는 월스트리트의 변호사들은 매매 금액의 일정 비율을 수수료로 받는데 그 금액은 입이 딱 벌어질 정도로 엄청나다. 예를 들어 RJR 나비스코의 인수 금액은 250억 달러였다. 따라서 인수가의 0.25퍼센트를 40명의 변호사가 나눈다고 해도 몇 주 또는 몇 달간 일한 대가치고는 막대한 금액이다.

이런 사실이 언론을 통해 널리 알려지면 재능과 야망을 갖춘 젊은이들은 자연스럽게 묻는다. "어떻게 하면 월스트리트 변호사가 될 수 있을까?" 입사를 원하는 지원자가 넘쳐나니 월스트리트의 기업들은 매우 까다롭게 인재를 고를 것이다. 명문 로스쿨의 졸업장이 없으면 면접 기회조차 주지 않는 기업이 있을 정도다. 그렇다면 명문 로스쿨에는 어떻게 입학할 수 있을까? 가장 확실한 방법은 일류 대학을 우수한 성적으로 졸업하는 것이다.

아무리 훌륭한 자격을 갖추었어도 명문 대학의 졸업장이 없으면 기회조차 주어지지 않는 시대가 이미 도래했다. 예를 들어 하버드대학교 경제대학원은 플로리다주의 작은 대학을 졸업한 어느 여학생의 입학을 거절한 적이 있다. 그 지원자는 전 과목에서 A학점을 받았고 지도 교수들이 이제껏 가르친 학생 중 가장 뛰어나다고 추천서를 써 주었지만 떨어졌다. 문제는 스탠퍼드대학교, 프린스턴대학교, MIT 같은 명문 대학교에서 전 과목 A학점을 받고 칭찬 일색의 추천서로 가득 찬 지원 서류가 입학 사정관의 서랍에 넘친다는 사실이다. 어쩌면 플로리다주 출신의 그 여학생이 다른 경쟁자들과 대등하거나 더 우수한 실력을 갖추었을 수도 있다. 그러나 대학원 측은 좋은 대학교를 우수한 성적으로 졸업한 학생들이 그보다 못한 대학교를 우수한 성적으로 졸업한 학생들보다 평균적으로 더 우수할 것이라는 결론을 내렸다.

미국의 엘리트 교육기관들은 미국 사회에서 가장 선망받는 직업을 얻기 위해 거쳐야 하는 필수 관문이 되어 버렸다. 이 문을 통과하지 못하면 다시는 기회가 오지 않는다. 우리는 이런 인식이 가장 우수한 고등학생들 사이에 널리 퍼져 있다는 증거를 제시할 것이다. 몇 년 전만 해도 상위권 학생 중 상당수가 집 근처의 주립대학교에서 합리적인 비용으로 좋은 교육을 받았다. 그러나 최근에는 상위권 학생 대부분이 미국 북동부에 소재한 명문 대학에 지원한다. 그리고 해마다 4월이 되면 응시생 대부분이 불합격 통지서를 받고 크게 낙담한다. 겨우 열일곱 살밖에 되지 않았지만 인생의 가장 중요한 관문 중 몇 개가 벌써 닫혀 버린 것이다.

물론 초등학교 때부터 우열반으로 나누어 교육하는 것에도 이점이 있듯 가장 우수한 학생들을 몇몇 명문 대학에 모아 교육하는 것도 분명 장점이 있다. 그러나 우열반 편성에는 비용이 따르기 때문에 어떤 식으로 우열반을 나누는 것이 최선인가라는 의문이 제기된다. 공립학교는 이미 치열한 토론을 통해 소수 인원만 우열반을 편성하거나 아니면 아예 편성하지 말아야 한다는 쪽으로 의견을 모았다. 그러나 고등교육의 경우에는 그렇게 할 수 없다. 지역 수준의 우열반 편성(가장 우수한 학생들에게 장학금을 주어 주립대학교에 입학시키거나)과 전국 수준의 우열반 편성(가장 우수한 학생들을 몇몇 명문 대학에 입학시키는 것) 사이에서 선택해야 한다. 두 번째 방법이 현재의 추세지만 과연 첫 번째보다 우수한지는 단언할 수 없다.

최근 몇 년간 대학교수들의 편안한 근로조건을 혹독하게 비판하는 책들이 출판되었다. 《프로프스캠(Profscam)》의 저자 찰스 사이크스(Charles Sykes)는 다음과 같이 비난한다.

―― 그들은 하는 일에 비해 지나치게 많은 급여를 받고 있으며 대학의 자원을 낭비하면서 쓰레기만 양산하고 있다. 그들은 연구 때문에 어쩔 수 없이 강의실을 비워야 한다고 말하지만 제대로 된 연구 실적을 내는 사람은 열에 하나도 안 된다. 너무나 많은 교수(아마 대부분이겠지만)가 얄팍한 지식의 조각들을 되풀이

해서 말하느라 시간을 보내고 자신들의 이력서에 추가될 경력을 쌓는 것 외에는 아무런 사회적 가치도 생산하지 않는다. 그들은 수만 권의 책과 수십만 편의 논문을 원래 목적과는 달리 학문적 경력을 쌓는 수단으로 전락시켰고 도서관에는 읽히지도 않고, 읽을 가치도 없으며, 마음의 양식도 되지 못하는 책만 넘치게 되었다.[11]

이런 비판은 상당히 과장된 것이지만(어쨌든 전 세계 학생들이 미국 대학에 입학하고 싶어 하니 말이다) 일말의 진실을 담고 있는 것도 사실이다. 혹독한 비판의 대상인 높은 수준의 급여와 느슨한 강의 일정은 말하자면 고등교육계에서 벌어지고 있는 위치적 군비경쟁 때문에 발생했다.

우수한 학생들을 유치하려면 명성이 중요하다는 사실을 깨달은 미국의 대학들은 명문 대학을 따라 하기 위해 저명하고 지명도가 높은 교수를 확보하기 위한 치열한 경쟁에 나섰다. 이들의 학문적 명성이 대학의 권위를 높여 주리라 생각했기 때문이다. 이 과정에서 학계에도 약하기는 하지만 슈퍼스타 현상이 나타났다. 이런 최고 수준의 교수들은 강의에 대한 부담도 없으면서 명성이 덜한 교수들보다 급여 인상 속도가 빨랐다. 또한 이 대학들은 일류 대학이 되기 위해 자원을 확보하고 관리할 최고의 교육행정가와 기금 모금자 등을 공격적으로 모집하기 시작했다.

자원이 무한하다면 이런 현상은 크게 걱정할 일이 아니다. 그러나 우리는 다른 재화와 용역의 가격보다 교육비가 급등하는 세상에 살고 있다. 1970년에 아이비리그 대학의 등록금(기숙사비와 기타 비용 제외)은 연간 3,000달러 이하였지만 이제 2만 달러에 이르렀고 다른 대학들의 등록금 역시 마찬가지다. 날뛰는 등록금을 잡기 위해 정치적 압력이 가해지고 있지만 이런 현상을 초래한 원인을 제대로 이해하지 못한다면 비싼 대가만 치를 뿐이다. 대학에서 뛰어난 실력을 발휘하면 경제적으로 유리한 지위를 획득할 수 있다. 따라서 교육비 감축은 유리한 지위를 위태롭게 하지 않는 선에서 이루어져야 한다. 승자독식의 관점에서 보면 이러한 목표에 도움이 되는 수많은 실질적인 정책 변화가 존재한다.

일상생활에서도 경쟁하는 사람들

우리가 지금까지 다룬 승자독식시장은 주로 유명 인사들이 막대한 금전상의 보상을 위해 경쟁하는 일종의 공개된 경기장이나 마찬가지다. 여기서 벌어지는 경기는 보통 사람의 생활에도 영향을 미쳐 교육제도를 만들고, 소득분배를 바꾸며, 물가를 올리기도 한다.

그러나 일반 시민들이 절대적인 능력보다는 상대적 능력에 따라 보상받는 경기장도 있다. 이 경기장에서 재화와 용역을 구하는 능력은 개개인이 벌어들이는 절대적인 소득보다는 다른 사람과 비교한 상대적인 소득으로 결정된다. 예를 들어 로스앤젤레스 주민 대부분이 전망 좋은 주택을 꿈꾸지만 그런 입지를 가진 주택은 일부(이를테면 10퍼센트)에 불과하다. 만약 모든 가정이 소득에서 같은 비율을 주택 구입에 사용한다면 전망 좋은 주택은 단지 상대소득에 따라 분배될 것이다. 모든 사람의 소득이 2배로 증가하거나 절반으로 줄어든다 해도 이 경쟁에서 승리하는 사람은 항상 소득이 상위 10퍼센트에 속하는 사람이 될 것이다.

대개 중요한 보상들은 절대소득이 아닌 상대소득에 따라 결정되기 때문에 사람들은 자신의 소득이 다른 사람들의 평균 소득에 뒤지지 않도록 많은 관심을 기울인다. 이런 보상 방식 때문에 일상생활에서도 다양한 형태의 승자독식경쟁이 존재한다.

예를 들어 구직자가 면접을 보게 되면 주위에서는 "멋지게 보여야 한다"라고 충고한다. 그러나 이 말은 정확히 무슨 뜻일까? 가만히 생각해 보면 어떤 단어의 정의는 사용되는 상황에 따라 달라진다. 여기서는 다른 지원자보다 멋지게 보여야 한다는 의미다. 그러기 위해서는 우선 다른 지원자들보다 옷에 더 많은 돈을 써야 한다. 하지만 다른 사람들도 그런 생각을 할 것이므로 모든 지원자가 옷에 돈을 많이 쓴다면 기준만 높아지는 결과를 낳을 것이다. 일류 법학대학원과 경영대학원에 지원하는 학생들은 600달러나 되는 양복을 입고 면접장에 나타난다. 그러나 모든 학생이 그 정도의 돈을 쓴다면 그들의 매력 순위는 모두가 300달러의 돈을 쓸 때와 다르지 않다. 어느 경우든 상관없이 10명 중 단 1명만이 매력도 지수에서 90점 이상의 점수를 받을 것이다.

옷에 대한 지출 증가가 낭비처럼 보이지만 성형수술에 비하면 아무것도 아니다. 성형수술은 비용도 많이 들고 고통스러울 뿐만 아니라 부작용의 위험까지 있다. 그런데도 성형수술을 받는 사람들이 급격하게 증가하고 있고 일부 지역에서는 이미 일반화되어 있다. 캘리포니아 남부 지역의 장의사들은 턱과 가슴 그리고 엉덩이 확대

수술에 사용된 불연성 실리콘팩 때문에 화장이 잘 안된다고 불평한다.

수술로 외모를 바꿈으로써 개인의 목표는 달성할 수 있을지 모르지만 그것이 사회적으로도 효용이 있는지는 매우 의심스럽다. 일단 성형수술이 당연한 것으로 받아들여지면 외모에 대한 일반적인 기준이 상승할 뿐이다. 한때는 체중이 조금 더 나가거나 머리숱이 다소 적어도 문제가 되지 않았지만 이제는 지방흡입술이나 모발이식술을 받아야 하는 분위기가 전반적으로 퍼지고 있다.

소모적인 경쟁을 막기 위한 협정

사람들과 기업들이 소모적인 위치적 군비경쟁에 말려들었다는 사실을 전혀 깨닫지 못했다니 참으로 놀라울 일이다. 더 나아가 그런 사실을 알고도 아무런 조치를 하지 않았다니 더욱더 놀랄 만하다. 다행히도 이런 낭비가 암묵적으로나마 알려지면서 경쟁을 억제하기 위한 여러 조치가 시행되었다. 이런 조치가 군비를 제한하는 협정들과 유사하므로 '위치군축협정(positional armscontrol agreement)'이라고 부른다.

우리가 위치군축협정이라 부르게 될 정부 규제는 처음부터 그런 목적이었든 아니든 여러 형태를 띠고 다양한 분야에 적용된다. 이런 규제는 개인이 받는 최고 보상을 제한한다(소득세, 소비세, 특별소비세, 정치자금법, 직장과 시장의 안전재해법, 근로기준법, 영업시간제한법, 심지어 일부다처제 금지법까지도 포함한다). 이러한 협정 중 상당수는 강제적인 법률에 의존하지 않는다. 예를 들어 소매상인협회는 합의에 따라 영업시간을 제한한다(이를 강제하지 못하므로 협정이 파기되는 경우도 있긴 하다). 사립학교는 학생들에게 교복을 입도록 하거나 복장 규정을 두어 옷에 들이는 비용을 제한한다. 각종 스포츠 리그에서는 선수들의 수를 제한하고, 연봉 상한선을 정하며, 약물복용을 금지하고, 수익금 분배를 부과한다. 그리고 반독점법이 허용하는 범위 내에서 각 산업 연합회는 기본적인 연구 성과를 공유하는 데 합의하기도 한다.

때로는 비공식적인 사회규범도 소모적인 경쟁을 제한하는 데 활용된다. 18세기 유럽에서 결투로 인한 사상자를 줄이기 위해 준수되었던 사회규범이 대표적 예다. 오늘날 여러 지역사회, 특히 규모가 작은 지역사회에서 과소비를 죄악시하는 풍조나 성형수술을 쓸데없는 것으로 간주하는 분위기 역시 마찬가지다.

과도한 보상이 주어지는 곳

재화나 용역의 사회적 가치는 시장에서 지불하고자 하는 금액으로 적정하게 평가된다는 전통적인 경제학 전제를 기준으로 볼 때 우리는 승자독식시장이 너무 많은 자원을 끌어들여 낭비를 조장한다고 생각한다. 상당수의 승자독식시장에서는 최고 실력자들이 만들어 내는 사회적 가치에 비해 과도한 보상이 주어지고 있다. 그렇기에 점점 더 많은 자원이 이 시장에 유입되는 것이다.

그 단적인 예가 법률과 관련된 직업이다. 변호사들은 분명 사회질서를 유지하는 데 중요한 역할을 하지만 그들의 사회적 가치를 훨씬 뛰어넘는 보수를 받고 있다. 소송 담당 변호사들이 특히 그렇다.

이들이 하는 일은 대체로 새로운 부를 창출하기보다는 기존의 부를 재분배하는 것이다.[12] 경제학자 케네스 볼딩(Kenneth Boulding)은 이 문제를 다음과 같이 말했다.

누구라도 가장 뛰어난 변호사를 고용하려면 그만큼의 보수를 지불해야 한다. 그러니 우리 사회의 가장 유능한 사람들이 변호사라는 직업에 뛰어들어 다른 직업보다 더 많은 돈을 버는 게 놀랄 일도 아니다. 만일 일종의 지적인 군축협정을 맺어 아이큐 100 이상인 사람은 법률 관련 직업에 종사할 수 없다는 합의를 이루어 내더라도 결과는 비슷할 것이다. 사람들은 여전히 가장 뛰어난 변호사를 고용하려 할 것이기 때문이다. 그렇지만 적어도 가치 있는 지적 자원은 많이 절약될 것이다.[13]

볼딩은 언젠가 우리 사회가 소송 천국이 되리라는 걸 예감하고 30년 전에 이렇게 허무맹랑한 제안을 하지 않았을까?

근소한 차이가 부른 극단적인 결론

승자독식시장은 효율성뿐만 아니라 공정성에도 많은 영향을 미친다. 경제학자들은 각자의 생산성에 비례해 임금을 받아야 한다고 주장하는데, 이런 임금 이론이 시장에서 이루어지는 소득분배를 윤리적으로 정당화하려는 의도에서 만들어진 것은 아니다. 그럼에도 사람들은 이 이론을 근거로 임금이 분배되어야 어느 정도 정의가 구현된다고 생각한다. 왜냐하면 이 이론은 재능뿐 아니라 열심히 하려는 의지까지 보상하기 때문이다. 그러나 승자독식시장에서는 임금 차이가 노력과 능력의 차이보다 극단적으로 더 크게 나타난다. 10퍼센트 더 열심히 일하거나 10퍼센트 더 재능 있는 사람이 10퍼센트 더 많은 보수를 받는다면 말이 된다. 그러나 근소한 차이 때문에 보수가 1만 퍼센트 이상 차이가 난다면 받아들이기 어렵다. 올림픽 금메달리스트는 협찬 광고로 수백만 달러의 돈을 벌지만 은메달리스트는 기록이 거의 차이가 나지 않는데도 순식간에 잊힌다. "1마일 경주에서 우승자와 다른 선수들과의 차이는 불과 몇 초에 불과하다. 1위와 2위의 차이, 심지어 1위와 10위의 차이도 너무나 미미해서 만일 바람이 불었다거나 다른 운동화를 신었더라면 승부가 바뀌었을 수도 있을 정도다."[14] 승자독식시장이 어떻게 소득 불평등을 유발하는지 깨닫게 되면 우리 사회는 좀 더 공정한 소득 분배를 위해 노력할 것이다.

대중문화가 타락했다고요?

사회비평가들은 오랫동안 시장의 원칙 때문에 우리의 문화가 타락했다고 불평해 왔다. 그러나 그들은 그런 현상이 발생한 원인에서는 합리적인 이유를 설명하지 못한다. 만약 시장 시스템이 자동차와 주택을 생산해 내는 가장 훌륭한 메커니즘이라면 책, 영화, 방송을 생산하는 데에도 그렇지 않을까?

비평가들의 말에도 일리는 있다. 미디어에서 우리에게 강권하는 영화와 책은 대부분 미래 세대가 볼 때 질이 떨어지는 것들이다. 다시 한번 주디스 크란츠의 경우를 생각해 보자. 1994년 봄, 크란츠는 자신의 여덟 번째 베스트셀러인 《연인들(Lovers)》을 출판했다. 크란츠가 홍보 여행까지 하면서 읽으라고 권하는 것은 정확히 무엇인가? 〈뉴요커(The New Yorker)〉의 비평가 앤서니 레인(Anthony Lane)은 〈뉴욕타임스〉 베스트셀러에 오른 10권의 도서 중 혐오스러울 정도로 형편없는 책이 8권이며 《연인들》도 그중 하나라고 주장하면서 다음과 같은 문장을 인용했다. "사촌 빌리 윈스로프도 가는 곳마다 보디가드를 두세 명씩 데리고 다녔나 하고 생각하던 벤 윈스로프는 홀름비 힐스에 있는 사촌의 저택 앞 진입로 입구에 당당하게 서 있는 경비실 건물에 도착하자 자동차 밖으로 몸을 내밀고 경비원에게 자신의 이름을 말했다."[15] 이런 문장이 들어 있는 책이 대학 1학년 작문 수업에서 필독 도서에 오른다면 이는 레인이 말한 "하나의 문장 안에 원래 들어갈 수 있는 것보다 2배나 많은 정보를 구겨 넣으려 할 때" 겪을 수 있는 어려움을 대표적으로 보여 줄 뿐이다.[16]

물론 대중문화를 옹호하는 사람들은 존 르 카레(John Le Carré)의 소설을 반대의 증거라며 내밀 것이다. 그의 소설은 계속 베스트셀러에 오르고 있고 가장 신랄한 비평가로부터 변함없는 찬사를 받고 있다. 문화와 관련된 논쟁은 답이 없다. 취향과 관련되어 있기에 절대 풀리지 않는 문제다.

승자독식의 관점에서 보면 이런 막다른 문제의 해결 방법을 찾을 수 있다. 우선 이렇게 생각해 보자. 인간은 사회적 존재로서 다른 사람들이 읽는 책을 읽고 싶어 하고 다른 사람들이 보는 영화를 보고 싶어 한다. 이제 객관적으로 품질이 같은 2권의 책을 놓고 고민하는 독자가 있다고 해 보자. 2권 모두 관심 분야를 다룬 책이고 서평도

양호하다. 그런데 1권은 베스트셀러 리스트에 올라 있고 다른 책은 그렇지 않다면 답은 뻔하다. 어떤 책이 베스트셀러에 올랐다는 것은 친구들도 그 책을 읽었을 가능성이 높으므로 그들과 책에 대해 말하기가 쉬워진다는 의미다.

이처럼 성공이 성공을 낳는 방식은 승자독식시장에서 흔히 찾아볼 수 있으며 특히 대중문화 시장에서 두드러진다. 도서와 영화 마케팅에서 흔히 볼 수 있는 양성 피드백 효과(positive feedback effect)는 대대적인 초기 홍보가 성공의 필수 요소임을 입증한다. 초반에 잘 팔리지 않는 책은 곧 책장 구석으로 밀려나고 초반에 관객을 끌어들이지 못한 영화는 곧 상영관에서 사라진다.

평론가들이 혐오할 정도로 대중문화가 안 좋은 방향으로 발전한 이유는 시장에서 빨리 성공해야 한다는 재정적인 압박 때문이다. 출판사에서는 초반에 책을 많이 파는 가장 확실한 방법은 기존의 베스트셀러 작가를 통해 책을 홍보하는 것임을 알게 되었다. 영화사에서는 영화를 성공시키는 가장 확실한 방법은 최근에 히트한 영화의 속편을 만드는 것임을 알게 되었다. 이런 금전적인 동기 때문에 독자와 관객은 선정적이고 자극적이며 상투적인 문구로 가득한 작품을 더 좋아하게 된다. 따라서 매력을 전달하는 데 시간이 오래 걸리는, 창의적이고 기발하며 파격적인 작품은 시장에 발을 붙일 수 없게 되었다. 유아기부터 시작해 평생 보고 읽는 것이 개개인의 인성을 결정한다는 사실을 고려할 때 승자독식 보상 구조는 특히 문제가 많다고 할 수 있다.

승자독식시장의 문제점을 해결할 수 있을까

 자유시장 시스템을 옹호하는 사람들은 이 시스템이 사회적으로 효과적인 결과를 낳는다고 주장하지만 우리는 승자독식시장이 너무나 많은 경쟁자를 끌어들이고 비효율적인 소비와 투자를 조장하며 문화의 질을 떨어뜨린다고 생각한다. 이러한 문제점을 예방하기 위해 기업과 개인은 이미 확립된 이윤 창출 기회를 독점하는 행위를 최대한 자제해야 한다.

 그렇다고 세부적이고 처방적인 정부 규제가 모든 사회악을 해결한다는 의미는 아니다. 보수주의자들의 사례에서 보았듯 이런 규제는 우리가 극복하려 했던 문제보다 더욱 심각한 문제를 일으킬 수도 있다.

 승자독식시장에서 발생하는 여러 문제는 대체로 참여자들이 다른 사람들이 치르는 대가를 생각하지 못하기 때문에 발생한다. 이는 공해 문제와도 비슷하다. 공해 문제를 통해 우리는 어떻게 해야 승자독식시장에서 생겨나는 '쓰레기'를 최대한 억제할 수 있는지 알고 있다.

 행정 수단을 동원해 인간의 행동을 직접 규제하는 것은 최선이 아니다. 차라리 개개인이 자신의 행위로 인해 발생하는 비용을 부담하게 하는 대안적인 정책이 더 간단하면서도 효과적이며 사생활을 덜 간섭한다. 예를 들어 미국 북동부에 위치한 여러 주에서는 공병보증금반환제도를 실시해 무단 투기의 주요 원인을 단기간에 제거하기도 했다.

 우리는 이런 형태의 해결 방식을 찾아 나설 것이다. 우리의 목표는 개인의 이익과 사회의 이익을 밀접하게 일치시키는 동시에 최대한 선택의 자유를 보장하는 것이다. 예를 들어 변호사는 너무 많은데 기술자가 너무 적다면 직업 선택의 자유에 직접적인 제한을 가하기보다는 보상 구조를 변화시켜 문제를 해결하는 식으로 말이다.

그러나 아무리 약하다고 해도 규제는 규제이므로 자유시장 옹호자들은 우리의 치료 방식을 반대할 것이 뻔하다. 물론 우리는 개개인이 승자독식시장에서 행운과 부를 추구할 권리가 있음을 인정한다. 그러나 이미 승자독식시장에 점령된 사회에서는 개인적 이익 추구가 사회적으로 이로운 결과로 연결되지 못한다. 환경오염을 막기 위해 지역사회가 개입하듯 똑같은 논리로 지역사회에서는 공공의 선을 위해 승자독식적인 보상 체계를 개선할 권리가 있다.

평등은 성장을 가로막는가

사실 모든 사회는 형평성과 효율성의 균형을 맞추기 위해 고민한다. 공급중시학파에 속하는 미국의 보수적인 경제학자들은 형평성에 근거한 누진적인 조세제도를 도입해도 상관은 없으나 성장에는 치명적인 타격을 입힐 거라고 주장한다.

승자독식적인 관점은 이런 주장에 정면으로 의문을 제기한다. 승자독식시장에 많은 사람이 유입되는 이유는 이 시장에 참가하면 엄청난 이익을 볼 수 있다는 잘못된 신호 때문이다. 따라서 승자독식시장의 고임금 문제는 높은 소득세를 부과해 과잉 유입 문제를 해결하면 될 것이다.

더욱이 이 시장에서 지는 사람은 애초부터 승리할 가능성이 가장 적었던 사람들이다. 따라서 승자에게 많은 세금을 부과해도 승자독식시장에서 생산된 가치는 크게 감소하지 않는다. 게다가 그렇게 감소한 가치는 전통시장의 생산 증가로 얼마든지 상쇄할 수 있다. 승자독식시장에서는 고소득층이 많이 나올수록 누진세를 강화하면 경제의 효율성이 증가할 것이다.

오늘날 대부분의 젊은 경제학자들은 대공황 초기에 선배 경제학자들이 경제를 살리기 위해 화폐 공급을 줄일 생각을 했다는 사실을 알고 깜짝 놀란다. 물론 지금은 그 처방이 잘못되었다는 걸 잘 알고 있다. 수십 년 동안 연방준비은행에서는 경제가 조금만 침체될 기미가 보이면 통화공급량을 확대해 왔다. 그리고 이런 정책이 경제 안정에 크게 기여한 것이 사실이다.

하지만 몇십 년 후 경제학자들이 20세기 후반의 경제·사회 정책의 기본 방향을 알게 되면 우리만큼이나 놀랄 것이다. 우리 시대의 문제는 단순한 경기 침체가 아니라 불평등의 심화, 재정 적자의 확대, 성장의 둔화 등이다. 그러나 이 시대의 중요한 정책 처방인 중상위 소득계층의 조세 감면 등으로는 대공황기의 통화 감축 정책이 실패한 것처럼 문제를 해결하지 못할 것이다. 조세 감면을 옹호하는 사람들 역시 감세 정책이 소득 불평등과 재정 적자를 더욱 악화한다는 사실을 인정하면서도 경제성장을 촉진하기 위해서는 이 같은 부정적인 영향을 감수해야 한다고 주장한다.

그러나 이 같은 낙수 효과 이론(trickle-down effect theory)은 이미 승자독식시장이 장악하고 있는 사회에서는 적용되지 않는다. 이 주장이 타당성을 지니는 이유는 건전 재정과 형평성을 동시에 추진하는 정책이 경제성장도 촉진할 수 있기 때문이다. 이전부터 내려오는 형평성과 효율성 사이의 갈등은 이제 보이는 것만큼 심각한 문제는 아니다.

2장

승자독식시장의 탄생

● 해마다 봄이면 캘리포니아 북부의 캘러베러스 카운티에서는 개구리 뛰기 대회가 열린다. 현재 최고 기록을 보유한 개구리는 1986년 삼단뛰기에서 6.4미터를 기록한 로지 더 리비터(Rosi the Ribitter)다. 로지는 단지 명예를 위해 경쟁했지만 해마다 세계에서 가장 우수한 순수 혈통의 말들이 모이는 켄터키 더비에는 좀 더 많은 것이 걸려 있다. 이런 식으로 개구리, 경주마, 젖소, 강아지, 황소를 비롯한 수많은 동물이 승자독식시장에 참가해 왔다.

동물과 사람 외에 또 어떤 경기자들이 승자독식시장에 참가하고 있을까? 그리고 어떤 과정을 거쳐 승자가 결정될까? 아니, 좀 더 본질적으로 승자독식시장이란 도대체 무엇일까? 어떤 요인으로 이런 시장이 탄생했을까? 우리는 "승자독식시장이 어떻게 사회를 변화시켰는가"라는 거대한 질문을 다루기에 앞서 이 질문에 답해야 할 것이다.

승자독식시장이란 무엇인가

 승자들의 리스트에 어떤 사람들이 포함될지 생각해 보자. 베스트셀러 작가, 월드컵 챔피언, 하버드대학교 졸업생, 로즈 장학금 수혜자, 프로스포츠 1차 드래프트 지명자, 대법원 서기, 잡지 표지를 장식하는 여배우, 국무총리, 미국 최초로 벤츠 공장을 유치한 주, 프랑스 오픈 챔피언 등등. 이들의 공통점은 무엇일까?

 우선 이들의 공통점은 절대적인 능력보다, 또는 절대적인 능력 외에도 상대적인 능력에 의해 보상이 결정된다는 점이다. 예를 들어 프로테니스 선수의 수입은 다른 선수들에 비해서 얼마나 경기를 잘 하느냐에 따라 달라진다. 1992년 슈테피 그라프(Steffi Graf)는 160만 달러가 넘는 우승 상금을 받았고 협찬 광고와 시범 경기로 그 금액의 몇 배를 벌었다. 어떤 기준으로 봐도 그라프의 실력은 대단했지만 최대 라이벌인 모니카 셀레스(Monica Seles)에게는 연패를 당하고 있었다. 하지만 1993년 4월 셀레스가 그라프의 광적인 팬에게 칼로 등을 찔리며 활동을 중단하게 되었다. 그 뒤 그라프는 절대적 수준에서 볼 때 실력이 거의 변하지 않았지만 1992년에 비해 거의 2배나 많은 상금을 차지했다.[1]

 상대적인 실력 차이로 보상을 받는다는 점이 승자독식시장을 다른 시장과 구별해 주는 가장 중요한 특징이다. 반대로 경제학자들이 연구하는 시장에서는 절대적 능력 차이로 보상이 결정된다. 예를 들어 생산직 노동자의 급여가 생산성에 의해 결정된다면 동료 노동자와 비교한 생산성이 아니라 그가 매주 생산하는 제품의 개수에 따라 결정될 것이다.[2]

승자독식시장의 두 번째 특징은 승자에게 돌아가는 보상이 몇몇 최고 실력자에게 집중되므로 미미한 재능이나 노력의 차이가 엄청난 소득 차이로 이어진다는 점이다. 상대평가에 의한 보상과 보상의 집중이라는 특징은 경제학자 셔윈 로젠(Sherwin Rosen)이 고전음악의 예를 통해 잘 설명한다.

> 고전음악 시장이 지금처럼 컸던 적은 없었다. 그럼에도 악기별로 전문적인 솔로 연주자의 수는 대략 몇백 명 정도다(성악, 바이올린, 피아노 외 다른 악기는 그 수가 훨씬 적다). 이런 소수의 연주자 중 극소수만이 일류 연주자로서 막대한 수입을 올린다. 소비자 대부분은 사전 정보가 없으면 미묘한 차이를 알아내기 어렵지만 일류 연주자와 이류 연주자의 수입은 상당히 차이가 난다.[3]

6장과 7장에서도 보겠지만 승자독식시장의 비효율성은 상대적 능력 차에 의한 보상 때문에 발생한다. 승자독식시장의 보상이 어마어마하고 소수에게 집중되어 있다는 사실은 소득 불평등에 미치는 영향 때문에 더욱 주목할 만하다. 소수에게 집중된 보상 자체가 비효율성을 야기하는 건 아니다. 그리고 승자독식시장이 소득 불평등의 유일한 원인도 아니다. 한 예로 생산품의 수에 의해 노동자의 임금이 결정되는 조립 라인에서는 뛰어난 생산성을 보이는 소수의 노동자가 일반 노동자보다 몇 배 많은 소득을 올린다.

그 경기장이 어떤 곳인가에 따라 승자독식시장의 챔피언들이 받는 금전적 보상이 달라진다. 스포츠계에서 가장 많은 보상을 받는 분야는 프로권투다. 헤비급 챔피언이었던 에반더 홀리필드(Evander Holyfield)는 1992년 한 해에만 2,800만 달러가 넘는 돈을 벌어들였다. 그러나 보상이 크지도 않고 집중되어 있지도 않은 승자독식 경기장도 있다. 조 두르소(Joe Durso)는 1982년부터 1992년까지 전미 핸드볼대회에서 8번이나 우승했지만 그 기간 내내 브루클린 소재 학교에서 교사로 재직하면서 받은 월급으로 생계를 유지해야 했다. 두 개의 종목에서 선수로 활동하고 있는 레이 윌리엄스 2세(Ray Williams Jr.)는 프로볼링협회가 선정한 '올해의 볼링 선수'에 두 번이나 선정되었고 지난 25년간 편자 던지기 대회에서도 6번 우승했다. 그는 "편자 던지기를 가장 좋아하지만 내 직업은 볼링 선수입니다. 편자 던지기로는 돈을 많이 벌 수가 없어요"라고 말했다.[4]

상대적인 능력에 의해 보상이 주어진다 해도 극단적으로 소수에게 집중되어 있지만 않다면 소득 불평등이 크게 문제가 되지는 않는다. 그렇지만 이런 시장이 승자독식시장의 작동 방식을 이해하는 데 도움을 주기 때문에 우리는 이 시장이 시민의 생활에 미치는 영향을 자세히 살펴보고자 한다. 우선은 절대적인 기준에서 보거나 상대적인 기준으로 보아도 보상의 크기가 압도적으로 큰 승자독점시장에 초점을 맞출 것이다.

구매자가 결정하는 시장: "제발 내 돈을 가져가요"

어떤 승자독식시장에서는 구매자들이 승자의 능력에 별 관심이 없지만 다수의 구매자가 존재하는 덕분에 승자에게 거대한 보상이 주어진다. 예를 들어 권투 챔피언은 핸드볼 챔피언보다 더 많은 돈을 버는데 이는 권투 팬이 핸드볼 팬보다 더 많고 케이블방송에서 권투 챔피언의 경기를 중계하기 위해 경쟁하기 때문이다. 텔레비전에 핸드볼 경기가 중계되려면 아직은 팬의 수가 모자란다.

주연급 배우, 인기 가수, 베스트셀러 작가들은 그들의 연기와 노래와 책을 즐기기 위해 수많은 구매자가 돈을 더 지불하는 덕분에 엄청난 수입을 올린다. 이런 시장을 대량 구매자 승자독식시장(mass winner-take-all market)이라고 부른다.

만일 또 다른 승자독식시장에서도 엄청난 보상이 있다면 그것은 승자의 성과에 깊은 관심을 가진 소수의 구매자가 있기 때문이다. 그래서 이런 시장을 자금력이 풍부한 소수 구매자 승자독식시장(deep-pocket winner-take-all market)이라고 부른다. 예를 들어 일류 화가와 조각가의 작품이 거래되는 미술 시장, 조직범죄자를 감옥에서 빼내는 데 탁월한 능력을 발휘하는 변호사 시장 그리고 석유탐사에 뛰어난 지질학자 시장 등이다.

3장에서는 오랜 기간에 걸쳐 대량 구매자 승자독식시장이 소수 구매자 승자독식시장에 비해 규모가 더 커지는 과정을 살펴보겠다. 그러나 6장에서 확인하겠지만 이 두 유형의 승자독식시장이 일으킨 분배와 효율성 문제는 근본적으로 동일하다. 이제 두 시장에서 경쟁하는 참가자를 살펴보면 시장의 본성에 대해 보다 깊은 통찰력을 얻을 수 있을 것이다.

누가 싸우고 있는가

인간과 동물만이 승자독식시장에 참가하는 것은 아니다. 어떤 승자독식시장에서는 기술끼리 경쟁하기도 한다. 각각의 기술에 대한 보상은 통상적으로 절대적인 성능이 아니라 다른 기술과의 상대적인 비교로 결정된다. 두 기술의 차이가 아주 미미해도 보상은 엄청나게 다를 수 있다.

무공해 자동차를 예로 들어 보자. 캘리포니아주에서는 1998년부터 판매되는 자동차의 최소한 2퍼센트는 유해한 배기가스를 방출해서는 안 된다는 법안을 제정했다. 자동차 회사로서는 캘리포니아주처럼 큰 시장을 포기할 수 없는 데다가 다른 주에서도 캘리포니아주의 환경 규제를 따라갔던 선례가 있었기 때문에 최고의 무공해 자동차를 개발해 법규를 준수하기 위해 필사적으로 연구에 매달렸다. 대부분의 연구는 전기자동차에 집중되고 있지만 몇 가지 심각한 기술적인 문제가 아직 해결되지 않고 있다. 한편 일본의 마쯔다 자동차는 최근 수소자동차를 소개했는데 성공 여부는 아직 불확실하다. 그러나 최고의 기술을 개발하는 회사가 금전적 보상을 차지한다는 점은 확실하다.

역사에는 승자독식시장에서 라이벌 기술끼리 치열한 경쟁을 벌인 사례가 많다. 전기 분야에서는 교류 방식과 직류 방식이 경쟁했고 영상 녹화 분야에서는 베타 방식과 VHS 방식이 경쟁했다. 원자로의 경우에는 경수냉각로, 가스냉각로, 중수냉각로, 소듐냉각로 등이 경쟁했다. 개인용 컴퓨터 분야에서는 유닉스, 매킨토시, MS-DOS, 윈도우, OS-2 등의 운영체계가 치열하게 경쟁했다. 텔레비전 시장에서는 디지털 기술과 아날로그 기술의 치열한 경합 끝에 고화질 텔레비전이 등장하게 되었다.

패션 분야 역시 예외는 아니다. 고급 맞춤복 시장에서는 디자이너들이 솔기의 길이와 옷깃의 넓이에 예리한 감각이 없으면 생존하기 힘들었다. 마찬가지로 GM의 중역들은 1958년형 쉐보레 차량에 그동안 적용해 왔던 지나친 테일핀(tail fin) 디자인을 없애기로 결정한 끝에 성공할 수 있었다. 그러나 뉴욕 같은 도시에서 나이트클럽을 운영하는 사람들만큼 유행에 민감한 집단도 없을 것이다. 그들은 손님들 대부분이 분위기가 화끈한 나이트클럽에만 단골로 드나드는 것을 알고 있었다. 설사 그런 평판을 얻었다고 해도 기껏해야 몇 개월밖에 못 간다는 것도 잘 알고 있었다. 여러 경우에서 살펴보았듯 '구매자들'의 초기 반응이 엄청난 성공이냐 아니면 실패냐를 판가름한다.

다양한 지정학적인 실체들 역시 승자독식시장에서 경쟁한다. 라이벌 경선 후보들이 대표적인 예다. 주 정부와 지방정부 역시 승자독식시장에서 경쟁한다. 연방 정부가 수십억 달러의 초전도 초대형 입자가속기를 설치하겠다는 발표를 하자 25개 주가 그 시설을 유치하기 위해 연방 정부를 설득하는 경쟁에 뛰어들었다. 이처럼 지방정부도 자신들의 재정에 중대한 영향을 미치는 대기업과 정부 프로젝트를 유치하기 위해 경쟁한다.

국가 간의 경쟁 역시 승자독식경쟁의 또 다른 예다. 그러나 국가들은 더욱 미묘한 방식으로도 경쟁한다. 국제 교역의 폭발적 증가로 국가 간의 경계가 희미해짐에 따라 가장 뛰어난 전문가들은 조국이 아닌 다른 나라에서 일하는 경우가 많다. 그들 중 상당수는 자신들에게 경제적·문화적 혜택을 주는 나라로 이민을 간다. 그래서 〈포춘(Fortune)》의 500대 기업에 포함된 어떤 기업의 CEO는 "지적 자본은 그것을 필요로 하는 곳이면 어디든지 갈 것이고, 좋은 대접을 해 주는 곳이면 어디든 정착할 것이다"라고 말했다.[5] 이런 최고 전문가들을 유치하려는 국가 간의 경쟁은 이제 막 시작되었을 뿐이다.

언어 역시 세계시장에서 우위를 점하기 위해 서로 경쟁한다. 이 싸움에서 영어가 거의 확실한 승자이므로 전 세계의 전문가들을 끌어들이고 보유하는 데도 영어 사용 국가들이 유리한 입지를 확보하고 있다.

연구형 대학 또한 승자독식시장에 참여한다. 승자는 대부분의 연구 기금이나 장학금을 따내고 가장 저명한 교수들과 가장 유망한 우수한 학생들을 유치한다. 미국국립과학재단(National Science Foundations)의 장학금은 과학 분야에 입문하는 대학원생들이 얻을 수 있는 최대의 명예다. 그러나 이 장학금을 받은 약 700명의 학생 중 3분의 2는 상위 10개 대학원에 지원한다.[6] 미국 노벨상 수상자의 49퍼센트는 하버드, 컬럼비아, 록펠러, 버클리, 시카고 등 5개 대학교에 집중된다.[7] 물론 이 5개 대학 말고도 많은 대학이 학문의 세계에서 인정받으려고 노력한다. 말 그대로 수백 개의 대학이 대부분 실패할 것을 알면서도 목표를 세워 전력투구한다. 다른 분야와 마찬가지로 최고 수준에 오를 수 있는 대학교는 한정되어 있기에 대학 간의 경쟁은 여타 승자독식경기 못지않게 치열하다.

예술계와 연예계도 최상층은 극소수만 진입할 수 있다. 일요일 저녁에 〈60분(60 Minutes)〉을 시청하는 사람들은 같은 시간대에 방송되는 NBC나 ABC의 프로그램을 시청할 수 없다(다른 프로그램은 비디오로 녹화해서 보면 될 거라고 하지만 대부분 찾아서까지 녹화 테이프를 보지는 않는다). 시간은 정해져 있기에 모든 영화나 연극 또는 연주회를 볼 수 없다. 결국 원하지 않더라도 우리는 선택할 수밖에 없다. 그리고 우리는 각 분야의 최고 경쟁자로 선택을 한정시킨다. 여기서도 경쟁자의 조그만 실력 차이가 엄청난 경제적 보상의 차이를 유발한다.

스포츠 분야는 아마도 가장 전형적인 승자독식시장일 것이다. 올림픽의 수영, 단거리달리기, 스키 활강 등 기록 경기에서는 수백 분의 1초 차이로 승패가 갈린다. 금메달리스트는 협찬 광고로 수백만 달러를 벌어들이는 반면 은메달리스트는 얼마 안 가서 잊힌다. 단체경기의 경우에도 개인경기만큼은 아니지만 최우수 선수와 평범한 선수에게 지불되는 보상의 차이는 상당하다.

승자독식시장의 경쟁자들은 종종 사람이 아닌 경우도 있지만 상금이 높은 시장의 경쟁은 거의 항상 사람이 관련되어 치열한 경쟁구도를 형성한다. 세크리테리엇(Secretariat)이라는 말은 경주마 겸 종마로써 전성기 때는 수백만 달러를 벌어들였다. 그러나 그 말이 벌어들인 돈의 극히 일부만이 말을 돌보는 데 사용되었다. 말의 입장에서 그것이 안락한 생활일지 모르지만 말이다. 수입의 대부분은 세크리테리엇에게 투자한 투자자들과 조련사 그리고 말을 승리로 이끈 기수에게 돌아갔고 일부는 유전적으로 우수한 말을 길러낸 사육사에게 돌아갔다.

프로스포츠 구단이 경쟁하는 시장에서는 유능한 코치와 뛰어난 선수 같은 소수의 인원이 보상을 선점한다. 출판업자들은 베스트셀러로 수백만 달러를 벌기 위해 유명한 작가와 창의적인 홍보 전문가, 베스트셀러 탄생에 지대한 공헌을 할 사람들을 확보하고자 경쟁한다. 블록버스터를 꿈꾸는 영화사들은 뛰어난 연기자, 각본가, 감독, 제작자를 얻기 위해 경쟁한다. 주 정부나 지방정부는 기업체나 연방 정부의 시설을 유치하기 위해 가장 우수한 자문 위원들과 로비스트들을 두고 경쟁한다. 정당은 가장 뛰어난 전략가와 홍보 전문가를 차지하기 위해 경쟁한다. 이해관계가 크게 걸린 소송에서는 피고와 원고 모두 가장 유능한 변호사를 고용하기 위해 경쟁한다. 기업은 최고의 CEO, 엔지니어, 세무사, 자문단을 구하기 위해 경쟁한다. 대학은 가장 앞서가는 연구자, 기금 모집가, 교육행정가를 구하기 위해 경쟁하며 의류업체는 가장 유능한 디자이너를 고용하기 위해 경쟁한다.

이런 관찰을 통해 우리는 승자독식시장의 궁극적인 경쟁자들은 개인이라는 것을 알 수 있으며 이 책의 처음부터 끝까지 고용 시장에서 벌어지는 승자독식경기에 초점을 맞출 것이다.

승자를 정하는 법

승자가 선정되는 과정을 자세히 살펴보면 승자독식시장의 본질을 알 수 있다. 이 과정은 경기 참여자만큼이나 다양하다. 어떤 경우에는 제비뽑기로 승자가 결정된다. 예를 들어 연방통신위원회는 라디오 주파수와 텔레비전 채널을 결정하는 데 제비뽑기를 사용하며 민간항공위원회는 한때 상업용 항공기의 이착륙권을 추첨을 통해 할당하기도 했다.

연방통신위원회와 민간항공위원회는 추첨 방식 외에도 경매를 통해 사업자를 선정하기도 했다. 미국 내무부는 경매를 통해 근해의 석유시추권을 불하했다. 민간 부문에서도 출판 원고, 영화 대본, 경주마 등 승자독식시장의 주요 요소를 배분하는 데 경매가 활용된다.

어떤 승자독식시장은 기술이나 학습 또는 능력을 테스트해서 승자를 결정한다. 예컨대 육상경기 대부분은 시간 기록이나 득점 같은 객관적인 수치를 비교해서 우승자를 가린다. 일류 대학교는 SAT, GRE, LSAT 성적을 기초로 학생들을 입학시킨다. NFL은 선수들의 속도, 힘, 점프력 등을 평가해서 선발한다.

그러나 그 외의 많은 승자독식시장은 상당히 주관적인 방식으로 승자를 가린다. 예를 들어 다이빙과 피겨스케이팅 같은 스포츠는 심판들의 채점으로 결정하며 연예계는 선발위원회가 주관하는 카메라 테스트로 배역을 결정하고 음반 제작자들은 오디션을 이용한다. 정부 계약을 따내고 정부 시설을 유치하는 데도 위원회의 판단이 결정적인 역할을 한다. 케이블TV 사업자 선정이나 군사기지 설치가 그 예다.

정치에서 승자를 결정하는 가장 흔한 방법은 다수결 투표다. 투표는 다른 분야에서도 널리 사용되는데 기업의 이사진은 대표이사를, 대학 동창회는 임원진을, 스포츠 기자는 MVP 선수를 투표로 선정한다.

단일 사건으로 민간 부문에서 벌어진 가장 큰 승자독식경기는 1985년 11월 19일에 발생했다. 이날 텍사스주 법정의 배심원들은 펜조일(Pennzoil)의 게티 오일(Getty Oil) 인수 시도를 방해한 혐의로 텍사코(Texaco)에게 105억 달러의 손해배상금을 지불해야 한다는 평결을 내렸다.[8] 판사와 배심원 그리고 법정에 근무하는 공무원들이 점차 미국 경제계에서 승자독식분쟁을 해결하는 수단이 되어 가고 있다.

팬이라면 영화 〈대부(The Godfather)〉에서 조직에 비협조적인 영화 제작자가 아침에 일어나니 아끼던 말의 머리가 잘린 채 침대에 놓여 있던 장면을 기억할 것이다. 협박은 범죄 조직이 불법 사업체의 경영권을 확보하고 유지하는 주요 무기다. 시야를 넓혀 보면 전쟁이야말로 국가 간의 경쟁을 해결하는 주된 방법이었다.

우리 같은 사람들은 시장에서의 경쟁을 통해서 승자독식경기의 승자를 결정한다. 전통적으로 소비자는 자신의 지갑을 열어서 승자와 패자를 결정한다. 이런 과정을 통해 승자는 때로 복권 당첨자처럼 한 번의 시도로 승리를 얻는다. 그러나 일반적으로 승자는 계속해서 경쟁자를 제거하는 오랜 과정을 거친 후에야 정상에 오른다.

노벨상 수상자들은 대개 치열한 경쟁을 거쳐 명문 대학교와 대학원에 입학한 뒤 교수가 된 사람들이다. 그들은 최고 연구 기관에 자리를 얻은 다음에도 연구 지원금을 타내거나 일류 학술지에 논문을 발표하기 위해 또다시 경쟁해야 한다. 그리고 나서야 진정한 경쟁이 시작된다.

승자독식시장을 더욱 명쾌하게 이해하고 싶다면 그 시장의 경쟁자와 경쟁 과정을 살펴보면 된다. 그러나 승자독식시장이 어떻게 기능하는지 제대로 이해하려면 애당초 그런 시장이 생기게 된 이유를 찾아야 한다.

승자독식시장이 생기게 된 이유

경제학 개론을 들어 본 사람이라면 희미하게나마 수요 공급의 원칙에 의해 시장에서 교환되는 재화의 가격과 수량이 결정된다는 사실을 기억할 것이다. 어떤 시장은 공급 측면의 특수한 조건, 즉 생산비에 영향을 주는 요소 때문에 생겨나기도 한다. 반면에 소비자들이 기꺼이 지불하고자 하는 돈의 액수에 영향을 주는 요인처럼 수요 측면의 특수한 조건 때문에 발생하는 승자독식시장도 있다. 어떤 승자독식시장은 수요와 공급 모두의 영향을 받아 생겨나기도 한다.

- **복제 기술의 발달**

공급 측면에서 대량 구매자 승자독식시장이 등장하게 된 결정적인 원인은 얼마 안 되는 추가 비용만 부담하면 최고 실력자들이 제공하는 서비스를 재생산하거나 '복제'할 수 있었기 때문이다. 일단 마스터테이프만 완성되면 일류 소프라노 가수의 노래를 CD에 옮겨 담는 비용이나 이류 가수의 노래를 옮겨 담는 비용이나 똑같다. 마찬가지로 일단 영화 촬영이 끝나면 아카데미상을 받은 영화를 한 통 더 현상하는 비용은 B급 서부영화를 현상하는 비용과 별 차이가 나지 않는다. 일단 텔레비전 카메라만 설치되면 세계 1위와 2위의 테니스 경기를 중계하는 것이나 세계 101위와 102위의 테니스 경기를 중계하는 것이나 비용은 동일하다. 약간의 추가 비용으로 최고 실력자의 생산물을 복제할 수 있다면 재능이 떨어지는 사람들의 입지는 줄어들게 마련이다.

일반적으로 생산이나 분배에 규모의 경제가 존재한다면 자연스럽게 단 하나의 생산물과 서비스 그리고 공급자가 시장을 지배하게 된다. 그리고 그 하나가 누가 될 것인가를 놓고 치열한 경쟁이 벌어진다.

• **네트워크 경제**

수요 측면에서 대다수 소비자가 한 제품만을 사용하면 그 제품의 가치는 올라간다.[9] 가장 대표적인 예는 가정용 비디오 시장에서 VHS가 베타를 누른 사례다. 초기에 VHS가 인기를 얻었던 이유는 베타보다 녹화 시간이 더 길었기 때문이다. 그 후 베타가 결점을 보완하면서 전문가들로부터 VHS보다 기술적으로 더 우수하다는 평가를 받았지만 VHS 판매 우위를 극복하지는 못했다. VHS를 소유한 소비자들의 수가 압도적인 수준에 도달하자 소비자들은 VHS를 선택하지 않을 수 없었다. 다양한가, 수리가 편리한가, 친구들과 테이프 교환이 가능한가 등으로 봐도 명확했다.

IBM의 MS-DOS도 비슷한 네트워크 경제를 활용했다. MS-DOS가 초기에 높은 시장점유율을 보이자 소프트웨어 제작자들도 IBM의 운영체계에 맞춘 프로그램을 제작하지 않을 수 없었다. 소프트웨어의 종류가 다양하므로 보다 우수한 제품들이 출시된 후에도 사람들은 IBM 운영체제와 호환되는 소프트웨어를 선택했다. 그리고 IBM은 촘촘한 판매망과 서비스망 덕분에 저렴한 경쟁 제품들의 물량 공세도 이겨 낼 수 있었다.

잘 갖추어진 판매망과 서비스망은 자동차 산업에서도 결정적인 역할을 한다. 예를 들어 프랑스 자동차 회사 푸조(Peugeot)는 최근 미국 시장에서 철수했다. 판매망 축소로 신규 고객 유입이 어려워졌기 때문이다.

네트워크 경제는 통신사를 선택할 때 특히 고려해야 할 요소다. 예를 들어 전화, 팩스, 인터넷 서비스를 선택할 때는 그 통신사를 이용하는 고객이 몇 명인지가 중요하다. 또한 음반 제작에도 네트워크 경제가 CD와 테이프를 선택하는 기준이 된다. 한편 고화질 텔레비전 분야에서는 디지털 체계와 아날로그 체계의 호환성이 매우 중요하기 때문에 각국 정부는 하나의 형식만을 허용한다.

네트워크 효과가 반드시 기술의 호환성 때문에 발생하는 것은 아니다. 예를 들어 어떤 책을 읽었을 때 얻게 되는 좋은 점은 그 책을 읽은 다른 친구와 토론할 수 있다는 것이다. 어떤 책이 매체를 통해 유명해졌다면 사람들은 주목받지 못한 비슷한 종류의 다른 책을 읽기보다는 바로 그 책을 읽으려 할 것이다. 영화, 연극, 음악, 스포츠 등 소비자 사이의 상호작용이 활발한 분야에서도 마찬가지 현상이 발생한다.

경쟁의 초기 단계에 나타나는 약간의 차이가 결국에는 엄청난 차이를 몰고 온다. 어떤 소설이 〈뉴욕타임스〉의 서평에서 어떤 평가를 받았느냐에 따라 다른 신문과 잡지도 그 소설을 소개할지를 결정한다.

----- 〈뉴욕타임스〉의 서평을 읽는 사람들은 대부분 서점 주인, 출판 대리인, 편집자, 출판업자 같은 출판업 관계자들이다. 서평의 상당 부분은 독자보다는 이런 출판 관계자나 영화, 방송 관계자를 위한 것이며 이 신문의 대형 광고는 '훌륭한 책' 또는

'출간 이벤트'를 알리기 위한 것이다. 실제로 〈뉴욕타임스〉에 광고하겠다는 조항을 계약서에 넣어 달라고 요구하는 작가도 있다. 〈뉴욕타임스〉가 출판계에 미치는 영향력에 대해 우려하고 분노한다고 말하는 사람도 사실은 이 일간지의 영향력을 늘리는 데 일조하는 셈이다.[10]

베스트셀러 목록에 오르는 소설도 있지만 단지 〈뉴욕타임스〉에 안 좋은 서평이 실렸다는 이유만으로 구석으로 밀려나는 책도 있다.

• **학습과 투자를 통한 잠금 효과(Lock-in)**

경제학자 브라이언 아서(Brian Arthur)는 최초의 승자가 뒤이어 계속되는 경쟁에서도 유리한 위치를 확보할 가능성이 높다고 주장했다.[11] 다만 네트워크 경제가 시장의 수요 측면에서 보았다면 아서의 주장은 공급 측면에서 본 것이다. 그는 새로운 산업에서 여러 기술이 경쟁할 때 각 기술의 개선 속도가 얼마나 빠르냐에 따라 확산 여부가 결정된다고 주장한다. 초기 단계에서 다른 기술들보다 광범위하게 사용되었던 기술에 연구, 개발, 투자가 집중되고 그 결과 이 기술이 더욱 널리 채택된다. 아서는 이러한 과정을 '학습을 통한 잠금 효과(lock-in through learning)'라 부르며 1950년대와 1960년대의 원자로 기술 경쟁과 1890년대 미국의 증기자동차와 가솔린 자동차의 기술 경쟁을 그 예로 들었다.[12]

마찬가지로 그는 초기 투자가 조금만 차이 나도 최종 결과는 엄청나게 달라진다는 사실을 운송 수단을 예로 들어 설명한다.

───── 거의 모든 국가에서 도로와 철도는 상당 부분 상호 대체적인 운송 수단이다. 두 가지 수단 모두 자기강화적이어서 어느 한 가지 방식이 더 많이 사용될수록 많은 자본을 끌어들여 기술이 개선되므로 결과적으로 더 많이 이용하게 된다. 그러므로 하나의 운송 방식이 우위를 점하려면 다른 방식은 희생되어야 한다. 이런 관계를 역전시키거나 균형을 맞추기 위해서는 열세에 놓인 운송 수단에 보조금을 쏟아부어 상대를 쫓아가야 한다.[13]

마찬가지로 사회학자 로버트 K. 머튼(Robert King Merton)과 연구진은 경력에 나타나는 경로 의존성(path dependency)을 지적한다.[14] 일류 대학을 졸업한 학생들은 그들보다 실력이 조금 못한 학생들보다 일류 대학원에 진학할 가능성이 높으며 일류 대학원을 졸업한 박사학위 소지자들은 다른 동료들보다 명문 대학 교수가 될 가능성이 더 높다. 일류 대학의 느슨한 강의 일정과 넉넉한 연구 지원금 덕분에 이들은 계속 성공을 거두면서 다른 학자들의 주목을 받는다. 이 단계에서의 성공은 연구비 지원과 주요 학회 초대 등 다음 단계의 성공을 보장해 준다. 머튼은 이런 현상을 〈마태복음〉의 한 구절을 따서 마태 효과(Mathew effect)라고 불렀다.[15] "무릇 있는 자는 받아 풍족하게 되고 없는 자는 그 있는 것까지 빼앗기리라."

• 그 밖의 자기강화 과정

네트워크 경제와 학습을 통한 잠금 효과는 소위 성공이 성공을 낳는 양성 피드백 효과를 일컫는 과정 중 두 가지 사례에 불과하다.

일류 대학이라는 평판을 얻기 위해 대학에서 벌이는 경쟁 역시 그런 과정 중 하나다. 사회학자 폴 킹스턴(Paul Kingston)과 라이오넬 루이스(Lionel Lewis)는 이렇게 말했다. "학교의 명성은 그 학교가 지닌 무형의 자산이다. 그러나 엘리트주의가 가진 여러 문제점에도 불구하고 오래전부터 평가자들이 정하는 대학 순위에는 반복성과 일관성이 두드러지게 나타난다."[16] 30여 개의 대학이 항상 대학 가이드와 시사 잡지에 상위권 대학으로 소개된다. 대학의 순위를 결정하는 것은 그 대학의 교수와 학생 그리고 졸업생의 성공과 밀접한 관련이 있다.[17] 다시 말해 초창기에 어떤 방식으로든 질적 개선을 이루면 일류 학생과 교수를 끌어들이기 쉬워지며 이로 인해 명문 대학의 지위도 더욱 공고해진다는 의미다. 펜실베이니아대학교의 교무처장을 역임했던 토머스 에를리히(Thomas Ehrlich)는 1980년대 초반 펜실베이니아대학교의 시장을 넓히고 이미지를 제고하기 위해 벌였던 캠페인에 대해 이렇게 말했다. "놀라운 점은 성공이 성공을 부른다는 점이다. 펜실베이니아대학교가 좋은 대학이라는 소문을 많이 들을수록 더욱더 그 학교에 가고 싶어진다."[18]

영리를 추구하는 기업도 성공에 대한 인식이 구매에 영향을 미친다는 것을 잘 알고 있다. 한 예로 포드자동차의 1993년식 토러스는 렌터카 업체에 큰 폭으로 할인 판매를 해 미국에서 가장 많이 팔린 자동차가 되었다. 차의 인기를 평가하는 것보다 객관적인 기준인 개인 소비자 판매량은 혼다의 어코드가 1위를 유지하고 있었다. 그렇지만 포드는 계속해서 '미국에서 제일 잘 팔리는 차'라고 토러스를 광고했다.

판매 1위로 인식되었을 때 얻는 시장가치는 다른 산업에서도 관찰할 수 있다. 워드퍼펙트(WordPerfect)가 최근에 마이크로소프트를 상대로 "MS워드는 가장 인기 있는 워드프로세스 프로그램"이라는 광고를 중지하라는 소송을 제기한 것도 이런 맥락이다.[19] 비자카드 역시 몇 년째 엄청난 광고비를 집행하면서 "아메리칸 익스프레스 카드는 받지 않는 곳이 많지만 비자카드는 어디서든 환영받습니다"라는 내용의 광고를 내보내고 있다.

연예계나 재계에서도 양성 피드백 효과가 강력한 영향을 미친다. 캐스팅 감독이 오디션에 지원한 무명 배우 중에서 배역을 선발할 때 객관적인 기준이 정해져 있는 것은 아니다. 일단 어떤 연기자가 맡은 역할을 잘 해내면 감독은 다음에도 그에게 배역을 맡기고 싶어 한다. 배우가 이미 알려진 상품이 되었기 때문이다.[20] 마찬가지로 기업체의 인사위원회도 초급 관리직을 선발할 때 뚜렷한 기준이 있는 것은 아니다. 그러나 최종적으로 선발된 지원자들은 그들과 성적이 비슷한 탈락자들보다 성공에 유리한 고지를 차지하게 된다. 이런 예에서 보듯 처음에 조금 앞서가면 결국 남들이 거의 따라오지 못할 정도로 엄청나게 앞서갈 수 있다.

- **의사 결정에 따른 효과**

개인의 결정이 다른 사람에게 미치는 영향을 보려면 그 결정에 영향을 받는 사람이 얼마나 되는지를 보면 된다. 이런 격언이 있다. "부사관이 실수하면 소대가 고생하고 장군이 실수하면 전군이 고생한다." 의사 결정이 이루어지는 거대한 위계 조직의 최고위층(CEO,

선장, 대법관 등등)의 경우 의사 결정이 조금만 바뀌어도 결과는 엄청나게 달라진다. 〈포춘〉 선정 100대 기업의 CEO가 두 가지 신제품 중 어느 것을 양산해야 할지 결정하는 경우를 생각해 보자. 선택된 제품이 회사의 매출에서 차지하는 비중이 아무리 미미하더라도 수백만 달러가 왔다 갔다 한다. 따라서 CEO를 선정할 때 의사 결정 능력이 탁월한 후보자는 다른 후보자보다 훨씬 더 많은 급여를 받는다. 차점자와의 능력 차가 아무리 미미할지라도 마찬가지다.

• 어쩔 수 없는 인지능력의 한계

어떤 승자독식시장은 소비자들의 인지능력이 부족해서 생겨난다. 우리는 시장에 나와 있는 수많은 경쟁 제품을 기억할 수도 없고, 기억하려 하지도 않는다. 심리학자 G. A. 밀러(George Armitage Miller)에 따르면 사람들은 7개 이상의 리스트를 기억하지 못한다고 한다.[21] 삶을 단순화하기 위해 분야별로 몇 개의 제품만 기억한다는 것이다. 사회학자 윌리엄 J. 구드(William Josiah Goode)는 이렇게 설명한다.

―― 어떤 분야(심지어 자신이 속한 분야)에 대한 우리의 투자나 관심은 한정되어 있다. 대부분의 사람은 몇몇 야구 선수, 과학자, 바텐더, 조각가, 정치가의 이름만 알아도 문제가 없다. 이를 주제로 하는 일상적인 대화는 오래 지속되지 않으며 사람들은 각 주제를 조금씩만 말할 수 있어도 만족한다. 모든 사람이 각 분야에서 완전히 다른 '영웅들'을 동경한다면 만족스럽고 적절한

대화는 불가능하다. 몇몇 최고 실력자에 대한 의견 일치는 친구들과의 대화에서 커다란 기쁨이 된다.

이웃 간의 모임이나 가족의 저녁 식사, 또는 여자들의 모임에서 나누는 대화를 들어 보면 등장하는 사람은 몇 되지 않으며 이들에 대해서만 좋은 평가나 험담이 한참 동안 벌어진다. 다시 말해 사람들은 일류가 아닌 것에 초점을 맞출 시간도 에너지도 없다.[22]

우리의 인지능력이 부족하다는 사실은 수년 동안 세계 10위권 안에 들었고 1989년 프랑스 오픈에서 우승한 안드레스 고메즈(Andres Gomez) 같은 선수들이 협찬 광고를 통해 수입을 올리지 못하는 이유를 설명해 준다. 그는 항상 스테판 에드베리(Stefan Edberg), 보리스 베커, 짐 쿠리어(Jim Courier)처럼 순위가 더 높은 선수들에게 가려져 있었다. 그러나 그는 에콰도르에서 유일하게 세계적 수준에 오른 프로선수였고 자신의 고국에서는 엄청난 유명 인사였다.

미국 소설가 듀안 웅케퍼(Duane Unkefer)의 작품 《회색 독수리(Gray Eagles)》는 미국에서는 실패했지만 캐나다에서는 3개월간 베스트셀러 목록에 올랐다. 웅케퍼도 캐나다에서의 성공에 놀라면서 자신이 '멋진 모험소설이자 러브 스토리 그리고 동시에 스릴러물'인 훌륭한 작품을 쓴 것은 맞지만 캐나다인이 관심을 가질 만한 하키나 얼음낚시에 관한 소설은 아니라고 말했다.[23] 그의 미국 측 출판사인 윌리엄 모로에서는 일반적으로 작가의 첫 소설을 홍보하는 데 들어가는 비용보다는 훨씬 많은 돈을 지출했지만 《회색 독수리》는 미국 언론의 관심을 끌지 못했다. 그러나 캐나다의 출판 시장은 미국보다 훨씬 느리게 움직이기 때문에 옹케퍼의 캐나다 출판사는 작가가 5개 도시를 돌며 10여 군데의 방송과 신문 매체와 인터뷰를 하도록 주선했다. 미국에서라면 무명작가가 이런 홍보 여행을 한다는 것은 꿈도 꿀 수 없는 일이었지만 이 덕분에 《회색 독수리》는 캐나다 독자들 사이에 인기를 끌었다. 게다가 책이 워낙 좋았기 때문에 그 정도만 해도 충분했다.

인지능력의 부족은 미국의 텔레비전 방송이 테니스 경기보다 골프 경기를 더 많이 중계하는데도 테니스 선수들이 더 유명한 이유를 설명한다. 대부분 토너먼트 방식으로 치러지는 프로테니스대회에서 선수는 4게임에서 7게임 정도를 하는데 초반에는 일류 선수가 순위가 낮은 선수와 경기를 치르는 경우도 발생한다. 반면 골프 토너먼트는 여러 라운드에 걸쳐 누적 타수의 합계로 순위가 결정되므로 일류 선수에게 유리한 경기 방식은 아니다. 따라서 테니스보다는 골프에서 순위가 낮은 선수가 우승할 가능성이 높다. 예를 들어 PGA 소득 랭킹 1위인 그렉 노먼(Greg Norman)은 1986년에 벌어진 19개의 골프 대회 중 단지 2번 우승했으며 LPGA 소득 랭킹 1위인 팻 브래들리(Pat Bradley)는 26개 골프 대회 중 5개 대회에서만 우승했다. 반면 같은 해에 프로테니스의 이반 렌들(Ivan Lendl)은 80경기 중 74경기에서 승리를 거두며 15개 대회 중 9개 대회의 챔피언이 되었다. 마르티나 나브라틸로바(Martina Navratilova)는 92경기 중 89개에서 승리해 17개의 대회 중 14개 대회에서 우승 트로피를 들었다.[24] PGA 경기에서는 몇몇 선수가 우승을 독식하지 못하기 때문에 시니어 투어가 상대적으로 더 큰 인기를 누린다. 시니어 투어에는 아널드 파머(Arnold Palmer)나 잭 니클라우스(Jack Nicklaus)처럼 대중에게 잘 알려진 시니어 선수들이 참가하기 때문이다.

그리고 모든 경우에 대중이 잘 알도록 하려면 그 지위를 유지하는 데 많은 노력을 해야 한다. 공직자도 그렇지만 다른 분야에서도 현역이라는 신분은 확실히 유리하다.

• 습관과 후천적 취향의 힘

승자독식시장은 때로 전통적인 경제학이 무시해 온 몇 가지 인간 본성 때문에 생겨나기도 한다. 경제학의 기본 가정에 따르면 우리가 어떤 재화를 더 많이 소비할수록 그 재화를 얻기 위해 지불하려는 대가가 줄어든다고 하는데 대체로 맞는 가정이다. 예를 들어 목마른 사람은 첫 번째로 마시는 물에 세 번째 물보다 더 많은 돈을 지불하게 되어 있다. 하지만 여기에는 중대한 예외가 있다. 예를 들어 처음에는 귀에 거슬리던 음악도 반복해서 들으면 훨씬 듣기가 편해진다. 심리학자 데이비드 벌린(David Berlyne)은 이렇게 말한다. "특정 하모니나 멜로디가 금지되던 시절이 있어서 소수의 혁신적인 음악인이 그 멜로디를 채택해 저항을 불러일으켰다. 그러나 얼마 후에는 멜로디가 들을 만해지고 즐거운 음악이 된다."[25]

마찬가지로 처음에는 싫던 음식도 익숙해진 다음에는 좋아하게 된다.[26] 처음부터 담배 맛이 좋았다고 말하는 사람도 별로 없고 스카치위스키를 마시는 사람들 역시 그 맛을 즐기기까지 오랜 시간이 걸렸다고 말한다.

습관이나 취향이 형성되면 몇몇 일류 제품에 수요가 집중된다. 1990년대 초 〈맥닐/레러 뉴스아워(The MacNeil/Lehrer NewsHour)〉는 주요 뉴스를 소개할 때 데이비드 거겐(David Gergen)과 마크 실즈(Mark Shileds)를 주로 기용했다. 다른 해설가들도 이들만큼 국내 정치에 해박한 지식을 갖고 있었지만 시청자들은 점차 거겐과 실즈에게 길들여졌다. 나중에 거겐이 클린턴 행정부에 합류하기 위해 뉴스 해설을 그만두자 많은 사람이 아쉬워했다.[27]

물론 익숙한 것을 좋아하는 게 반드시 옳지만은 않다. 벌린은 혁신적인 음악도 일단 익숙해지면 신선함이 퇴색되고 진부하고 재미없는 음악으로 전락한다고 주장한다.[28] 보다 정확히 말하면 이런 이유로 사람들은 '친숙하지만 너무 친숙하지 않은' 것을 선호한다고 할 수 있다. 이것이 최고만이 중점적으로 노출되는 예술과 패션 분야, 그중에서도 MTV 비디오의 유행이 그렇게 자주 바뀌는 이유다.

습관과 후천적 취향의 중요성은 역사를 통해서도 알 수 있다. 그것은 브랜드 충성도의 기본 원리이기도 한데 브랜드 충성도는 때로 어떤 손익계산도 무용지물로 만든다.

• 위치에 대한 관심

승자독식시장이 생기도록 하는 인간 본성의 또 다른 측면은 절대적 가치뿐 아니라 다른 사람이 소비하는 상품과의 비교를 통해 평가하는 인간의 성향이다. 그렇게 비교되는 상품들은 지위재(status goods)라 불리기도 했지만 여기서는 작고한 경제학자 프레드 허시(Fred Hirsch)를 따라 위치재(positional goods)라는 보다 중립적이고 일

반적인 용어를 사용하겠다.[29]

때로 사람들은 순전히 사회적 신분 상승에 대한 욕구 때문에 위치재를 소비하기도 한다. 그러나 구매자들이 다른 사람들을 따라 하려는 욕구가 없을 때도 위치재에 대한 수요가 나타난다. 예를 들어 이웃과 자동차 경주를 하고 싶은 생각이 없더라도 핸들링이 좋고 빠른 차를 몰면 만족감을 느낀다. 그러나 속도라든가 핸들링 같은 자동차의 품질은 상대적일 수밖에 없다. 오늘날 빠른 승용차는 시속 100킬로미터 도달 시간이 7초 이내다. 반면에 1925년에는 자동차가 시속 100킬로미터로 달릴 수만 있으면 빠른 차라고 여겨졌다. 어느 시대든 오직 소수의 자동차만이 최고의 지위를 얻을 수 있다. 따라서 모든 자동차가 100킬로미터 도달 시간이 갑자기 1.5배로 늘어난다고 하더라도 포르쉐911 터보가 가장 빠른 자동차로서 주는 만족은 변화가 없을 것이다.

어느 분야든 일류 제품에 대한 수요는 상품이 희귀할수록 더 커진다. 게다가 사람들이 일류 제품을 얻기 위해 기꺼이 추가 비용을 지불하고자 하므로 상품 공급자들 사이에 치열한 승자독식 경쟁이 일어나게 된다.[30]

다른 사람과 자신을 비교하는 일에는 흥미가 없다고 말하는 사람조차도 때로는 자신의 소비가 다른 사람의 소비와 비교할 때 어떤지에 관심을 가진다. 이런 현상은 다른 사람이 자신의 능력을 어떻게 평가하는지에 관심을 가질 때 특히 두드러진다. 예를 들어 지능이나 생산성 같은 자질은 객관적으로 평가하기 어렵기 때문에 고용주가 구직자의 수준을 낮게 보면 취직이 어렵다. 이 때문에 사람들은 상대적 소비에 신경을 쓸 수밖에 없다. 왜냐하면 경쟁 시장에서는 능력과 소득 사이에 상관관계가 있고 그 결과 소득이 높으면 의복, 자동차, 주택 등에 대한 소비가 커지기 때문이다. 따라서 투자은행 직원이 첫 대면 자리에서 싸구려 양복을 입고 VIP 고객을 만나는 것은 그리 현명한 처신이라고 보기 어렵다.

• **선물과 특별한 행사**

선물을 줄 때나 특별한 날을 축하할 때도 비슷한 문제가 발생한다. 경제학자 리처드 레이어드(Richard Layard)가 말했듯 궁핍한 사회에서는 장미꽃 한 송이만으로도 아내에 대한 사랑을 증명할 수 있지만 풍족한 사회에서는 12송이의 장미를 사야 한다. 사람들은 특별한 날을 축하하기 위해 평범한 레스토랑이나 와인 대신 더 특별한 것을 찾는다. 뉴욕에서 레스토랑을 경영하는 앨런 스틸먼(Alan Stillman)은 이렇게 설명한다. "뉴욕에서는 수백만 달러 규모의 거래가 매일 수백 건 성사됩니다. 수십 명이 승진하고, 엄청난 수임료나 합의금을 받는 일이 매일매일 발생합니다. 그들은 점심이나 저녁을 먹으면서 자축하는데 이때 비용은 전혀 문제가 되지 않아요. 우리 레스토랑에서 가장 비싼 와인을 주문하는 일이 다반사입니다."[31] 400달러짜리 1982년산 샤토 페트뤼스도 전혀 문제없다. 그러나 모든 와인이나 레스토랑이 이런 축하 자리에 선택되지는 않으며 그 수는 제한되어 있다. 마찬가지로 선물도 중요한 행사일수록 더 비싼 것을 찾는다. 또한 상대적인 품질 또한 중요하다. 같은 값이면 냉동 생선 20킬로그램보다는 러시아산 캐비어 50그램을 선물하며, 면 속옷 여러 벌 대신 비단 속옷 1벌을 선택한다. 마찬가지로 약혼녀에게 30캐럿짜리 석류석 대신 0.5캐럿짜리 다이아몬드를 선물한다. 이런 이유로 몇 안 되는 최고급 상품에 수요가 집중된다.

• **후회하지 않기 위해**

최고의 제품이나 서비스에 수요가 더 몰리는 이유는 다른 것을 선택했다가 결과가 안 좋을 때 생길 수 있는 후회를 피하기 위해서다. 예를 들어 가장 좋은 타이어를 끼워야 나중에 펑크로 사고가 나더라도 후회하지 않는다. 타이어 제조사에서는 이런 심리를 정확하게 간파하고 텔레비전 광고에 수백만 달러를 지불한다. 타이어 위에 아이를 앉혀 놓고 "미쉐린을 사세요. 타이어 위에 너무나 소중한 존재가 타고 있어요"라며 구입을 권유한다.

마찬가지로 기업 경영자는 규제법이 불리한 방향으로 제정되었을 때 닥쳐올 비판을 피하기 위해 최고 수준의 컨설팅 회사를 고용한다. 때로는 문제가 너무 위험하기 때문에 컨설팅 회사를 고용하기도 한다. 위험이 그리 크지 않은 경우에도 경영자들은 컨설턴트를 고용해 할 수 있는 것은 다 했다는 핑계를 대려고 한다. 그러니 커다란 이익이 걸려 있는 분야에서 최고를 고용하는 것은 어찌 보면 당연한 일이다.

―― "당신이 엄청난 제작비를 투입해서 영화를 만들었다고 합시다." 1970년대에 최고 수준의 제작자와 함께 일한 적이 있는 일류 각본가는 이렇게 말한다. "잘 살펴보면 누가 실력은 최

고인데 보수는 그리 세지 않은지 알 수 있습니다. 그러나 만에 하나 당신이 제작한 영화가 실패한다면 같이 일하는 사람들이나 디즈니, 유니버설, 폭스 같은 배급사에서 이렇게 소리칠 것입니다. '바보 아니에요? 왜 최고를 고용하지 않았습니까?' 그러므로 유명한 사람을 고용해야 한다는 압력 같은 것이 존재하는 겁니다."[32]

유명한 사람을 고용하라는 압력은 엔터테인먼트 업계뿐 아니라 다른 분야에서도 승자독식시장을 만들어 내는 수요 측면의 중요한 원인이다.

• **구매력의 집중**

수요 측면에서 승자독식시장이 발생하는 또 다른 원인은 몇몇 개인에게 부가 편중되는 현상 때문이다. 미국에서 가장 부유한 1퍼센트의 명문가가 미국 총자산의 37퍼센트를 소유하고 있다.[33] 그들은 자신의 부를 동원해 원하는 결과를 얻을 수 있으며 이로 인해 소위 소수 구매자 승자독식시장이 생기는 것이다. 경제학자 알프레드 마셜은 최고 수준의 수임료를 받는 변호사들에 대해 이렇게 말했다. "부유한 클라이언트는 수임료가 아무리 비싸더라도 자신의 명예나 재산이 걸려 있는 사건에 최고의 변호사를 선임한다."[34] 부의 편중은 그림, 조각, 건축 등 미술 시장에서도 승자독식효과를 발생시킨다.

기업의 자원 배분에도 이와 비슷한 집중 현상이 나타난다. 예를 들어 대기업은 세금을 줄이기 위해 엄청난 노력을 쏟아붓는다. 가장 유능한 세무 전문 변호사들은 기업의 세금을 수천만 달러씩 줄이고 그에 비례해 보수를 받는다. 규제 대상 기업이 광범위한 분야에서 정부와 위험한 전투를 해야 할 때는 기업 전문 변호사와 경제학자를 동원해야 한다. 그러므로 결과에 영향을 줄 수 있는 가장 유능한 변호사와 경제학자를 얻기 위해 치열하게 경쟁한다. 정부 시설 유치나 방송 사업자 승인, 관세, 수입쿼터, 정부 지원금 등 정부의 결정이 걸린 문제에서도 유사한 현상이 발생한다.[35]

승자독식시장을 발생시키는 요소를 이해했다면 이제는 경제 환경이 어떻게 변화해 왔는지를 살펴보자.

3장

승자독식사회는
왜 멈출 수 없는가

● 　승자독식시장은 결코 새로운 것이 아니다. 영국의 유명한 소프라노였던 엘리자베스 빌링턴(Elizabeth Billington)은 1801년에 당시로서는 엄청난 금액인 1만 파운드에서 1만 5천 파운드 정도를 벌어들였다.[1] 그러나 당시 기술로는 빌링턴의 노래를 대중화시킬 수 없었다.

　현대에 들어와 기술적 장벽이 급속도로 무너지며 최고 실력자들은 대중에게 다가설 수 있었다. 음반 산업에는 뛰어난 녹음 기술이 출현해 마치 현장에 와 있는 듯한 느낌을 주었다. 다른 산업에서도 실질적인 기술 변화가 중요한 역할을 했다. 그러나 기술 발달만으로는 전체의 변화를 설명하기에 부족했다.

　이때 승자독식시장이 등장하는 데 중요한 역할을 하는 다양한 변화가 발생한다. 뒤에서 다루겠지만 이런 변화로 인해 승자독식시장이 팽창해 범위가 확대되었고 집중 현상이 발생하며 보상이 더욱 커졌다.

운송비와 관세의 하락

재화와 서비스의 운송 비용이 하락하는 현상은 미국 독립선언서의 잉크가 마르기 전부터 지금까지 변함없이 진행되고 있다. 18세기에는 도로와 운하가, 19세기에는 촘촘한 철도망이 그리고 20세기에는 광활한 고속도로망을 통한 화물 운송 덕분에 최고 제품의 생산자들은 자신들의 상품을 국내시장 구석구석까지 공급할 수 있게 되었다.

최근에는 항해술의 진보, 항공 운송량의 증가, 점진적인 관세 인하 등으로 국경을 초월해 시장이 확대되고 있다. 제1차, 2차 세계대전 기간을 제외하면 산업혁명 이후 서유럽 국가들의 국제 교역량은 계속 증가해서 현재는 1960년 대비 2배 이상 늘었다.[2] 예전에는 북부 오하이오주에서 타이어 시장을 석권하려면 그 주에서만 잘하면 충분했지만 오늘날 정보에 밝은 소비자들은 타 지역에 살고 있는 소비자들과 마찬가지로 전 세계의 타이어를 비교해 보고 그중 하나를 선택한다.

운송 비용과 관세 장벽의 중요성은 산업에 따라 달라진다. 특히 가치에 비해 무게가 많이 나가거나 부피가 큰 상품의 경우 운송비가 더욱 중요해진다. 20세기 초에 운송비가 감소하면서 수백 개나 되던 피아노 생산 업체가 불과 몇 개로 줄어들었다. 운송비가 줄어들면 소수의 공급자가 세계시장을 석권할 가능성이 높아진다.

해상 운송비가 하락하면서 상품의 가격도 떨어졌다. 그 이유는 상품 단위당 운송비가 감소하기도 했지만 상품의 무게가 점차 가벼워졌기 때문이다. 다른 말로 하면 인플레이션을 감안하더라도 상품 가격에서 운송비가 차지하는 비율이 전반적으로 증가했다는 의미다. 예를 들면 1984년에는 컴퓨터 가격의 80퍼센트가 하드웨어 비용이고 나머지 20퍼센트가 소프트웨어 비용이었지만 1990년 이후에는 그 비율이 역전되었다.[3] 일반적으로 미국의 수출품 무게는 1967년부터 1988년 사이에 43퍼센트 감소했다.[4]

이런 변화는 대량 맞춤(mass customization) 방식 때문인데, 이 모순적 용어는 재화와 용역을 개개인의 요구에 맞춰 대량생산을 한다는 의미로 이 방식을 포함한 여러 요인에 의해 나타났다. 1993년 조지프 파인(Joseph Pine)은 이 방식을 헨리 포드가 도입했던 대량생산(mass production) 방식과 비교했다.

——— 대량생산 방식을 도입한 기업은 재화와 용역을 모두가 소비할 수 있도록 낮은 가격에 개발하고 생산해 시장에 공급한다는 목표를 가지고 있었던 반면 대량 맞춤 방식을 따르는 기업은 모든 사람이 정확히 자신이 원하는 것을 소비할 수 있도록 다양한 재화와 용역을 개발하고 생산해 마케팅하고 유통하는 것을 목표로 삼았다.[5]

벤처 출판사의 주문형 전자출판 같은 것이 대량 맞춤 방식의 대표적인 예다. 이 방식은 전통적인 교재 제작 방식보다 시간이 조금 더 걸리지만 교수들이 원하는 대로 전공 서적을 편집해 출판한다. 예컨대 이 책에서 몇 장, 저 책에서 몇 장을 뽑아 합친 다음 또 다른 책에서 뽑은 텍스트로 보충하는 식이다. 비용은 조금 올라가겠지만 그리 크지 않으므로 구매자는 자신의 욕구를 보다 더 만족시켜 주는 상품에 기꺼이 더 많은 돈을 지불한다. 결국 전 세계적으로 출판사가 기획한 책에 대한 수요가 증가할 것이다.

간단히 말해 대량 맞춤화로 인해 상품의 단위 무게당 가치가 올라가면서 실질적인 운송 비용이 절감되었다는 뜻이다. 그리고 지금까지 살펴본 대로 대량 맞춤화로 인해 국내시장과 국제시장이 더욱 확장되며 각 분야의 최고급 제품에 수요가 집중된다.

컴퓨터와 이동통신의 발전

승자독식시장을 탄생시킨 근본적인 요인에 불어닥친 가장 큰 변화는 이동통신과 컴퓨터일 것이다. 시장을 넓히기 위해서는 정보가 필수다. 판매자는 잠재적 고객을 찾아내고 설득해 자신의 상품을 사도록 만들어야 한다. 또한 여기저기 흩어져 있는 판매 대리점과 소통하고 감독할 수 있어야 한다. 반면 구매자는 자신의 요구에 가장 적합한 제품을 찾아낼 방법을 모색해야 한다. 또한 구매자는 지역의 판매 대리점이 판매자의 이익을 대변한다는 것을 잘 알고 있으므로 대리점을 통해 판매자와 긴밀한 의사소통을 할 수 있어야 한다. 아무리 배송비가 무료라고 하더라도 구매자와 판매자가 의사소통 수단을 갖지 못했다면 시장이 확대되지 못했을 것이다. 전 세계적인 정보통신의 혁명으로 의사소통 능력이 더욱 확대되었다.

이미 엄청난 정보통신 혁명이 이루어졌지만 이로 인해 전 세계적인 정보의 흐름이 얼마나 빨라졌는지 이해하기는 쉽지 않다. 최초의 대서양 횡단 전화선은 1956년에 개설되었지만 초기에는 36회선만 동시에 통화할 수 있었다. 심지어 1966년까지도 유럽과 미국을 이어 주는 전화선은 동시 통화 능력이 138회선에 불과했다.

시티뱅크 은행장이었던 월터 리스턴(Walter Wriston)은 50~60년대에 뉴욕 본사에서 해외 지사와 통화할 때의 어려움을 이렇게 기억한다. "회선이 너무나 부족했기 때문에 통화 한 번 하려고 하루 종일 기다리기도 했습니다. 일단 전화가 연결되면 지사 직원들은 하루 종일 전화기를 붙잡고 책이나 신문을 읽으며 시간을 보내다 때가 되면 필요한 통화를 하고는 했습니다."[6] 지사에서는 다이얼만 돌리는 사람들을 고용했는데 이들은 혹시나 전화가 연결되지 않을까 하는 희망으로 종일 전화만 돌렸다.[7]

변화의 속도가 획기적으로 빨라진 계기는 1966년 최초의 통신위성이 발사되고 1976년 여섯 번째 대서양 횡단 케이블의 추가로 동시에 4천 회선이 통화 가능하게 되면서부터다. 1988년에는 대서양을 연결하는 최초의 광섬유 케이블이 설치되면서 4만 회선으로 통화 능력이 증가했다. 그 후 1990년대 초반에는 150만 회선으로 확대되었고 이 중 상당수는 위성을 통한 연결이었다.

원거리통신망의 발달 덕분에 다른 채널을 통해 정보가 확산되는 시간도 줄어들었다. 군사령관들은 자신이 내린 작전명령의 성공 여부를 알기 위해 몇 시간, 심지어 며칠을 기다리기도 했다. 그러나 소형 카메라와 위성통신 기술의 발달로 사담 후세인과 다국적군 조

종사 모두 자신들이 발사한 미사일이 목표물을 명중시켰는지 CNN을 통해 즉시 알 수 있게 되었다. 현재 거의 모든 뉴스 동영상은 당일 촬영분이지만 1970년대까지만 해도 절반 이상이 적어도 하루 전날 촬영된 것이었다.

정보 전달 능력 못지않게 정보처리 능력 또한 엄청나게 변화했다. 이 책은 데스크톱 PC로 썼다. 내가 쓰는 이 컴퓨터의 기능은 최신 컴퓨터에 비해 2세대나 뒤떨어졌지만 1946년에 최초로 컴퓨터를 개발한 사람은 상상할 수 없는 수준이다. 이 컴퓨터의 하드디스크에는 세계적인 체스 선수를 제외한 거의 모든 사람을 이길 수 있는 체스 게임이 내장되어 있다. 얼마 전까지만 해도 이런 프로그램은 나올 수가 없다고 전문가들이 자신 있게 예측했던 프로그램이다.

최첨단 컴퓨터는 더 인상적이다. 미국과학재단이 지원했던 코넬대학교의 슈퍼컴퓨터는 1초에 1250억 개의 부동 소수점을 계산할 수 있다. 하지만 새로 등장하는 자료 처리 기술의 성능은 그보다 몇 배 더 강력하다.

대량의 정보를 저장하고 전달하는 능력도 이에 못지않게 빠른 속도로 발전했다. CD 1장에는 도서관의 카드 목록함 2,000개의 정보를 담을 수 있고 불과 몇 분이면 2시간짜리 영화 1편에 담겨 있는 정보를 디지털화해 송신할 수 있다.

현재 정보의 수집, 처리, 전달 능력이 발전하면서 얻게 된 가장 큰 효과는 운송 비용과 관세의 하락에 힘입어 이런 추세가 더욱 널리 퍼졌다는 점이다. 한 예로 정보통신 기술의 발달로 국내로 국한되었던 엔터테인먼트 산업이 전 세계로 확장되었다. 그래서 미국에서 성공한 영화나 드라마가 점차 세계시장을 석권하는 것이다.

정보통신 기술은 민간 항공사의 경쟁에서도 결정적인 역할을 한다. 미국의 탈규제화 시대의 경쟁에서도 살아남은 유나이티드 에어라인과 아메리칸 에어라인은 여행사를 상대로 온라인예약제도를 실시하면서 생존할 수 있었다. 예를 들어 아메리칸 에어라인의 온라인 예약 시스템인 세이버(Sabre)를 설치한 여행사가 시카고와 댈러스를 연결하는 항공편을 알아보기 위해 키보드로 입력하면 곧바로 아메리칸 에어라인의 비행편을 먼저 화면에 보여 주고 경쟁사의 비행편은 하단에 보여 준다. 별것 아닌 것처럼 보이는 이런 차이가 엄청난 결과를 가져온다는 것을 잘 알고 있던 로버트 크랜달(Robert Crandall) 사장은 항공사와 세이버 예약 시스템 중 하나를 택해야 한다면 세이버를 택하겠다고까지 말할 정도였다.[8]

정보통신 혁명이 승자독식시장을 강화하는 보다 미묘한 두 번째 방법은 이미 2장에서 논의했던 인지 공간이라는 개념과 관계가 있다. 기술 발전으로 정보를 생산해서 처리하는 능력은 급속하게 발전했지만 인간이 정보를 흡수하고 이해하는 능력은 별로 발전하지 않았다. 따라서 전체 가용 정보 중에서 실제로 사용되는 정보의 양은 점차 줄어들고 있다.

최근 발표된 인간 게놈에 관한 논문은 초록만 350페이지가 넘는다. 하버드대학교의 도서관장인 리처드 드 제나로(Richard De Gennaro)는 하버드대학교 도서관의 소장 도서는 향후 20년간 700만 권에서 1,400만 권으로 2배나 증가하겠지만 도서 시장에 출간되는 도서량에 비하면 도서관이 구입하는 신간 도서의 비율은 계속 감소할 것이라고 예상했다.[9] 결론적으로 인지 공간의 제약과 주제의 제약(agenda limitation)이 그 어느 때보다 밀접하다고 할 수 있다. 구매자의 관심을 끌려는 판매자의 수에 상관없이 분야별로 소수의 판매자만이 성공을 거둘 것이다. 즉, 인지 공간의 제약과 주제의 제약이 승자독식시장이 성장하는 또 다른 원인이 되고 있다.

정보통신 혁명과 운송비와 관세의 감소로 인한 세 번째 효과는 초고가품 시장에 더 많은 구매자와 판매자가 모인다는 것이다. 추가로 정보를 얻거나 처리하는 데 많은 비용이 든다면 아무리 중요한 문제의 해결이 달려 있더라도 정보 탐색 작업을 포기하게 된다. 예를 들어 사건 현장에서 채취한 지문을 보관된 지문 기록과 일일이 눈으로 비교하는 작업은 너무나 시간이 오래 걸리기 때문에 경찰은 살인, 납치, 강간 같은 심각한 범죄에만 지문 대조 작업을 벌일 것이다. 반면 전산 시스템이 갖추어져 있다면 이런 작업에 단지 몇 분밖에 걸리지 않는다.

수십 년 전만 해도 어떤 분야에 관심을 가진 사람들이 접촉하기는 정말 어려웠다. 그러나 전자 게시판이 등장하고 전문지가 증가하면서 이 문제가 쉽게 해결되었다. 예를 들면 미국박협회(Amerian Gourd Society)가 대표적이다. 이 협회의 2,500여 회원들은 박을 재배해 각종 공예품을 만드는 데 열심이다. 치과의사다이빙협회(Diving Dentists Society)도 마찬가지다. 이 단체는 스킨스쿠버를 비롯해 여러 형태의 다이빙에 관심을 가진 북미 지역 치과의사들의 모임이다. 심지어 진저 앨든(Ginger Alden)의 팬클럽인 '레이디 슈퍼스타'는 엘비스 프레슬리의 마지막 여자 친구이자 모델이자 배우였던 앨든의 팬과

친구들이 만든 것이다.[10]

  치과의사다이빙협회나 진저 앨든 팬클럽 같은 단체는 분명 경제적으로 중요한 조직은 아니다. 그러나 이런 조직이 존재한다는 사실은 비용이 많이 들지만 않는다면 사람들이 기꺼이 자신이 원하는 재화나 서비스를 찾을 거라는 점을 확신시켜 준다. 업계지, 특정 제품군 카탈로그, 무료 전화 서비스, 전자 게시판은 더욱더 많은 소비자를 생산자와 연결한다. 덕분에 생산자는 소비자의 독특한 요구를 만족시키고, 소비자는 웃돈을 주더라도 상품을 구매하려 한다. 개개인이 낸 웃돈이 아무리 보잘것없어도 누적되면 생산자의 수입에 큰 도움이 된다.

  걸프전 당시 이라크군이 철수하면서 수백 개의 쿠웨이트 유전에 불을 지른 사례를 생각해 보자. 쿠웨이트인은 불을 끄지 못하면 수십억 달러의 손실을 보아야 했기 때문에 중동 지역을 넘어 전 세계를 뒤져 해결책을 찾았다. 다른 고가의 서비스도 그렇지만 유전 소방수를 필요로 하는 시장 역시 전 세계적인 조직망을 갖추고 있었기 때문에 쿠웨이트는 폴 레드 어데어(Paul Red Adair)를 고용할 수 있었다. 이전 같으면 그는 집 근처 서부 텍사스 유전에서만 일했을 것이다. 세계 최고의 유전 소방수라는 명성을 얻은 것도 그곳이다. 그러나 전 세계적인 정보통신 혁명으로 그는 세계 어디든 최고 보수를 주는 곳이라면 찾아갔다.

  정보통신 혁명, 운송비 감소, 관세 하락 추세는 서로 결합해 네트워크 효과를 강화시키고 이는 다시 승자독식시장을 탄생시킨다. 이런 변화는 네트워크의 일부가 되면서 가능해진다. 즉, 구성원 사이에 어떤 형태로든 상호 연결된다는 뜻이다. 아마도 모든 네트워크 중에서 가장 폭발적으로 성장한 분야는 문자로 연결되는 네트워크일 것이다. 예를 들어 전화, 팩스, 이메일 같은 전자 통신망 같은 것들이다.

팩스 기기의 수는 1983년에는 전 세계적으로 30만 대밖에 되지 않았지만 1992년에는 800만 대를 넘어섰다.[11] 1985년부터 1994년 4월까지 인터넷 네트워크의 수는 약 200개에서 3만 개 이상으로 증가했다. 같은 시기에 전 세계의 인터넷 사용자 수는 약 1,000명[12]에서 2,500만 명 이상[13]으로 증가했다. 1994년 중반 인터넷 사용자 수와 인터넷을 통한 정보 교환 건수는 매달 10~15퍼센트씩 증가했다.[14] 이런 네트워크망 덕분에 밀접한 커뮤니케이션이 가능하게 되어 마셜 매클루언(Marshall McLuhan)이 말하는 지구촌(global village)에 한발 더 다가갈 수 있었다.

미국 드라마, 영화 등 영상 매체의 영향력이 증가하면서 더욱 광범위한 형태의 국제적 문화와 패션 네트워크가 탄생했다. 그 결과 이런 네트워크 덕분에 다양한 국제시장이 성장했고 가장 뛰어난 사람들이 마음껏 능력을 발휘할 수 있게 되었다.

영어: 국경을 뛰어넘는 국제어의 등장

공통의 언어가 없다면 아무리 정보통신 기술이 발전해도 의사소통이 불가능하다. 값싼 의사소통 수단이 있었기 때문에 실제적인 국제 공용어로서 영어의 출현이 앞당겨졌고 이와 더불어 승자독식 시장도 확장되고 강화되었다.

―― 아르헨티나 조종사는 터키 공항에 비행기를 착륙시킬 때 관제탑과 영어로 소통한다.

독일의 내과의사는 과학계에 새로운 의학적 발견을 알리고 싶을 때 영어 학술지에 발표한다.

일본의 기업인은 스칸디나비아 3국의 기업인들과 방콕에서 협상하면서 영어로 대화한다.

홍콩 가수는 독일 하이델베르크에서 영어로 노래를 부른다.[15]

영어는 12개국에서 모국어로 사용되고 있고 33개국에서 공식 언어로 인정받고 있으며 56개국 이상에서 필수과목으로 가르치고 있다. 전 세계적으로 7명 중 1명 이상이 영어를 모국어나 제2외국어로 사용한다. 전 세계의 컴퓨터에 저장된 정보 중 80퍼센트 이상은 영어로 기록되어 있다.[16] 전 세계 기업인은 예전부터 영어를 공용어로 사용해 왔다. 프랑스 사람을 비롯한 다른 나라 사람들에게는 실망스럽겠지만 유럽공동체 역시 대부분 영어로 업무를 처리한다.

영어의 중요성이 증가하면서 승자독식시장에도 두 가지 방식으로 영향을 미치고 있다. 첫째, 정보통신 혁명, 운송비 감소, 관세 축소와 더불어 국제시장을 더욱 확장시키고 있다. 둘째, 보다 많은 사람이 상호 소통하게 되면서 우리가 다루었던 다양한 네트워크를 더욱 강화시켰다.

생산방식의 혁신: 분업, 전문화, 로봇

분업과 전문화가 생산성을 엄청나게 향상시킨다는 사실을 최초로 깨달은 사람은 애덤 스미스(Adam Smith)였다. 그는 스코틀랜드의 작은 핀 공장을 예로 들며 자신의 기본 아이디어를 이렇게 설명한다.

—— 첫 번째 작업자가 철삿줄을 길게 뽑으면 두 번째 작업자는 그것을 펴고 세 번째 작업자는 철사를 자른다. 네 번째 작업자는 뾰족하게 만들고 그다음 사람은 머리를 붙일 수 있도록 갈아 준다. 머리를 만드는 것도 두세 개의 공정으로 나뉜다. … 나는 직원이 10명밖에 안 되는 조그만 공장을 본 적이 있는데 그들이 실력을 최대한 발휘하면 하루에 12파운드나 되는 핀을 만들 수 있었다. 중간 크기의 핀 4천 개가 모여야 1파운드가 나간다. 그러니 10명이 하루에 48,000개나 되는 핀을 만드는 셈이다. 이를 개개인으로 따지면 한 사람이 하루에 4,800개의 핀을 만드는 것이다. 그러나 제대로 된 교육도 없이 개별적으로 작업했다면 개인별로 하루에 핀 20개도 만들지 못했을 것이다. 아니 어쩌면 하루에 1개의 핀을 만들기도 어려울 것이다.[17]

분업과 전문화는 생산성을 향상시키지만 동시에 승자독식시장을 조장한다. 분명 생산성이 향상되면 가장 가난한 노동자들의 소득도 증가한다. 그러나 상대적으로 보았을 때 매우 단순하고 반복적인 작업을 전문적으로 하는 사람들은 패자가 되는 반면 노동을 감독하는 사람들은 승자가 되었다. 한때는 다수의 숙련공에게 주어졌던 임금이 점차로 소수의 디자이너, 경영자, 은행가 그리고 자동화된 공정에 기여한 사람들에게 흘러가고 있다.

애덤 스미스는 또한 분업과 전문화가 시장의 규모에 의해 제한을 받는다는 것을 알고 있었다. 시장이 크면 고도의 전문화가 가능하지만 소규모 시장은 그렇지 못하다. "스코틀랜드의 하일랜드처럼 황량한 지방에 인가가 드문드문 흩어져 있는 지역에서는 농부가 가족을 위해 직접 가축도 잡고 빵도 굽고 술도 빚어야 한다."[18]

산업혁명 이후 점진적인 도시화로 인해 노동은 더욱 세분화되었고 인간의 노동력을 대신하는 기계가 발달했다. 최근의 기술 변화는 이 과정을 한 차원 높은 수준으로 끌어올렸고 덕분에 시장도 확대되었으며 승자독식시장도 더욱 커지고 심화되었다.

제2차 세계대전 이전까지만 해도 자동화된 생산 설비는 미숙련 노동자의 작업만 대신할 수 있었다. 계속해서 기계가 육체노동자를 대체했지만 이제는 프로그램화된 산업로봇이 고도로 숙련된 인력을 대체해 복잡한 작업을 더 빠르고 솜씨 있게 해낸다. 그 결과 숙련공에 대한 수요가 줄고 대신 로봇 설계자에 대한 수요가 증가했다.

가장 중요한 생산방식의 변화 중 하나는 기계가 작업을 수행할 뿐 아니라 작업 내용에 대한 세밀한 정보를 모으고 기록하며 전달하는 일까지 한다는 점이다. 기술 평론가인 쇼샤나 주보프(Shoshana Zuboff)는 그 변화를 이렇게 묘사한다. "동일한 기술로 생산과 감독에 대한 정보가 동시에 생성된다. 이런 정보는 전에는 불투명했던 활동에 투명성을 더해 준다."[19]

주보프는 이렇게 확보된 새로운 정보가 기업을 조직하고 경영하는 방식에 중대한 영향을 미칠 것이라고 주장한다. 그중 한 가지 변화는 생산과정을 감독하던 중간급 관리자들이 기업 내에 입지가 좁아졌다는 것이다. 또한 변화하는 환경을 예측하고 여기에 신속하게 대치하는 것이 중요해짐에 따라 '지능적 기술 기반(intellective skill base)'이라고 불리는 몇몇 핵심 인물에게 권력이 집중될 것이라고 주장한다. 이런 식으로 우리는 미국 노동부 장관인 로버트 라이시(Robert Reich)가 상징적 분석가(symbolic analysist)라고 표현한, 산업화 시대의 새로운 승자의 출현을 목격하고 있는지도 모른다.

—— 그들은 문제를 해결하고, 파악하며, 중재하는 사람들로서 스스로를 연구 과학자, 디자인 엔지니어, 소프트웨어 엔지니어, 토목공학 엔지니어, 생명공학 엔지니어, 음향 엔지니어, 홍보 담당 중역, 투자금융가, 변호사, 부동산 개발업자, 심지어 창의적인 회계사라고 부른다. 또한 경영 컨설턴트, 금융 컨설턴트, 세무 컨설턴트, 에너지 컨설턴트, 농업 컨설턴트, 군비경쟁 컨설턴트, 건축 컨설턴트, 경영정보 전문가, 조직개발 전문가, 전략기획가, 헤드헌터, 시스템 분석가 등도 여기 포함된다. 또한 광고 담당 중역, 마케팅 담당 중역, 미술감독, 건축가, 촬영기사, 영화편집자, 제작 기획자, 출판업자, 작가, 편집자, 기자, 음악가, 드라마, 영화 제작자 심지어 대학교수도 이 집단에 포함된다.[20]

어떠한 형태로 새로운 승자가 출현하든 이런 변화가 누적되면서 각 분야에서 가장 뛰어난 실력자들의 영향력은 더욱 커질 것이다.

경쟁 금지 조항의 약화

엄청난 보수가 소수에게 집중되기 위해서는 최고 실력자들이 고부가가치를 창출해야 할 뿐만 아니라 그들의 서비스를 원하는 사람들의 실제적인 경쟁이 있어야 한다. 그러나 지금까지는 여러 시장에서 공식적이거나 비공식적인 다양한 규범이 전통적으로 그런 경쟁을 억제해 왔다.

예를 들어 미국 프로스포츠계에는 가장 뛰어난 선수를 차지하기 위한 구단주들의 경쟁을 금지하는 협정이 있었다. 그러나 야구 선수인 앤디 메서스미스(Andy Messersmith)가 보류 조항(reserve clause, 팀의 승인 없이는 선수가 마음대로 다른 팀으로 이적할 수 없다는 조항 - 옮긴이)에 반발하면서 이런 조항이 하나씩 폐기되었다. 오늘날 모든 프로스포츠 선수는 제한적이나마 자유계약 권한을 갖게 되었다.

개인 종목의 보수 규정에도 마찬가지 변화가 생겼다. 예를 들어 지금은 반드시 아마추어가 아니라도 올림픽에 출전할 수 있다. 또한 프로테니스협회는 선수들이 개런티나 출연료를 받는 것을 금지하지 않는다.

프로스포츠 구단과 달리 기업은 뛰어난 직원을 고용할 때 공식적인 규범에 얽매인 적이 없었다. 그러나 똑같은 효과를 발휘하는 비공식적인 규범이 존재하기는 했다. 이런 규범으로 인해 한때는 CEO를 내부에서 승진시키는 것이 일반적이었고 덕분에 기업들은 오늘날 연봉의 10분의 1도 안 되는 금액으로 CEO를 고용할 수 있었다.

그러다 최근 들어 경쟁 기업의 직원을 빼 가는 것을 금지했던 규범들이 바뀌기 시작했다. 1984년에 애플사가 음료수 회사의 마케팅 출신 경영인을 사장으로 고용하자 기업들은 놀라움을 금치 못했다. 그 후로 기업과 산업 간의 경계가 희미해지면서 기업 경영자들은 프로스포츠계의 자유계약 선수와 다를 바 없는 존재가 되었다. 기업이 뛰어난 경영자에게 적절한 연봉을 지급하지 않으면 공격적인 경쟁사에게 빼앗기는 일이 생기고 있다.

탈규제화로 항공업, 운수업, 금융업, 주식중개업 등 여러 분야에서 경쟁이 심해졌다. 여기에 더해 정크 본드(junk bond) 같은 새로운 형태의 자금 조달 방식이 도입되면서 기업은 외부로부터 심각한 인수 위협을 받고 있다. 이에 따라 경영 능력이 부족할 경우 발생할 수 있는 위험이 더욱 증가했고 결국 가장 뛰어난 경영자를 영입하려는 경쟁은 더욱 치열해졌다.

조직 바깥에서 일하는 독립 계약의 증가

여러 요인 때문에 전통적인 고용계약은 독립 계약자(independent-contractor) 관계로 대체되고 있다. 정보통신 기술의 발달로 사람들은 멀리 떨어진 곳에서도 동료들과 효율적으로 접촉할 수 있으며 동시에 독립 계약자에게 들어가는 간접 비용은 감소했다. 또한 소프트웨어의 발달로 이메일로 청구서를 보내거나 온라인으로 은행 계좌를 정리하고 납세신고서를 제출하는 일이 가능해졌다. 불법행위에 대한 책임이 무거워지고 의료비 등 복리후생비가 급증하면서 기업은 직원을 고용하기보다는 독립 계약자와 계약을 맺는 방향을 선호하게 되었다.

이런 변화로 인해 피고용인의 보수는 그가 생산하는 경제적 가치를 바로 반영하게 되었다. 대기업 직원들은 대개 연공서열, 학력, 직위 등 쉽게 측정 가능한 관료제적 인사관리 공식으로 결정된 연봉을 받는다. 이 경우 개개인의 생산성이 다르더라도 같은 등급에 속한 사람들의 연봉은 거의 차이가 없다. 이 같은 전통적인 시스템하에서는 가장 생산성이 높은 직원은 생산성이 낮은 직원을 보완해주는 역할밖에 하지 못한다.[21] 그러나 그가 자유계약인이 되면 자신의 시장가치에 가장 근접한 보수를 받게 된다.

보여 주기 위한 소비

미국의 1인당 국민소득 증가율은 1970년대 초 이후 계속 감소하고 있지만 1989년 미국의 1인당 실질 국민소득은 10년 전에 비해 11퍼센트 이상 상승했다. 소득이 증가하면 수요 패턴도 변화한다. 예를 들어 음식이나 작업복 등 필수품에 대한 지출 비율은 소득 증가율보다 적지만 귀금속, 해외 여행, 휴가용 별장 등에 대한 지출은 소득 증가율보다 커진다.

위치재는 후자에 속한다. 다시 말하지만 위치재는 상당 부분 다른 사람이 소비하는 재화와의 비교를 통해 가치가 결정된다. 한마디로 사회적 지위를 부여하는 재화다. 부유한 사회에서나 빈곤한 사회에서나 사회적 지위는 중요하지만 부유한 사회에서는 소득 대비 위치재에 더 많은 돈을 쓴다. 앞에서 다루었듯 위치재에 대한 수요가 승자독식시장을 낳는다. 어떤 상품이든 소수의 생산자만이 최상급의 상품을 안정적으로 제공할 수 있기 때문이다. 그러므로 소득 증가로 위치재에 대한 수요가 증가하면 그런 재화를 공급하는 사람들에 대한 보상도 증가한다.

소득분배가 변화하면 이 효과는 더욱 강화된다. 1977년부터 1989년까지 미국 소득 상위 1퍼센트의 세전 소득은 101퍼센트 증가했지만 전체 미국인의 평균 소득은 7퍼센트밖에 증가하지 않았다.[22] 동시에 고소득자에 대한 세율은 1960년대 이후 계속 하락했다. 고소득자에 대한 한계 세율은 존 F. 케네디 대통령이 취임하던 1961년에는 91퍼센트였지만 로널드 레이건 대통령이 퇴임하던 1989년에는 28퍼센트밖에 되지 않았다. 클린턴 행정부 초기에 제정된 조세법 덕분에 고소득자에 대한 세율이 약간 상승했지만 그런 조치에도 불구하고 가처분소득은 수십 년 전과 비교했을 때 소득 상위 계층에 점차 더 편중되고 있다. 이런 방식으로 소득의 배분이 변하면서 위치재에 대한 수요가 더욱 늘어나게 되고 그런 재화를 공급하는 소수의 생산자에게 수요가 몰리는 현상이 나타난다.

보상을 강화시키는 비교의 힘

다음 장에서 우리는 승자독식시장을 조장한 요인들이 소득에 어떤 영향을 미쳤는지를 추적할 예정이다. 그렇게 하려면 임금 결정에 사회적 비교가 중요한 역할을 한다는 사실을 염두에 두어야 한다. 우리는 독립 고용계약이 시장 임금에 미치는 영향을 논의하면서 이 문제를 가볍게 다루고 넘어갔다.

또한 사람들은 조직 외부인보다는 가까이 일하는 동료와 임금을 비교해 보고 싶어 한다는 점도 지적했다. 그러나 외부인과의 비교

역시 중요하다. 특히 1명밖에 없는 경우에는 회사 내에 비교 대상이 없으므로 더욱 중요하다. 예를 들어 한 회사의 CEO에게 가장 적절한 비교 기준은 다른 회사 CEO의 급여 수준이다. 마찬가지로 투자금융 회사에는 단 1명의 선임경제학자가 있고 오케스트라에는 단 1명의 제1바이올리니스트가 있으며 야구팀에는 단 1명의 선발포수가 있고 텔레비전 방송국에는 단 1명의 보도국장이 있으며 농구팀에는 단 1명의 감독이 있을 뿐이다.

외부인과의 비교가 중요한 것은 공평성에 대한 관심 때문이기도 하지만 회사의 수익성 제고에 그 개인이 얼마나 기여했는지를 측정하기가 어렵기 때문이기도 하다. 아이스하키 선수 웨인 그레츠키 (Wayne Gretzky) 덕분에 에드먼턴 오일러스팀이 스탠리컵을 4번이나 탄 것은 의심할 여지가 없는 사실이다. 그러나 그가 정확히 어느 정도의 기여를 했는지 말하기는 어렵다. 리 아이아코카(Lee Iacocca)가 크라이슬러사를 파산의 위기에서 구하고 주주들을 부자로 만들어 준 것도 의심의 여지가 없는 사실이다. 그러나 마찬가지로 얼마나 부자로 만들었는지를 정확하게 아는 사람은 없다. 이런 이유로 임원의 보수를 결정할 때 다른 회사의 보수를 참고하는 것이다.

결론적으로 독보적인 지위에 있는 직원의 임금은 그들의 기여도뿐 아니라 비슷한 지위에 있는 외부인들의 실질임금에 의해서 결정된다. 실제로 임금을 결정할 때는 사회적 규범도 무시할 수 없다. 따라서 어떤 사람의 생산성 변화는 자신의 급여뿐 아니라 다른 사람의 급여에까지 영향을 주고, 이렇게 사람들의 급여가 변하면 역으로 맨 처음 사람의 급여까지 영향을 받는다.

이런 식의 자기강화 과정은 카오스이론처럼 복잡하다. 여기서 중요한 것은 승자독식시장을 탄생시킨 요인이 조금만 변해도 사회적 비교 과정을 통해 시장이 더욱 강화된다는 점이다.

상쇄 효과: 소규모 공급자가 나타나다

물론 지난 세기의 모든 경제적 변화가 능력이 다소 떨어지는 사람들에게 불리하기만 했던 것만은 아니다. 예를 들어 출판 분야에서는 컴퓨터를 이용한 조판 작업이 가능해지면서 적은 비용으로 틈새시장을 노리는 출판이 가능해졌다. 치과의사다이빙협회를 탄생시켰던 정보통신 혁명 덕분에 구매자들은 대량 공급업자 대신 특정 품목을 전문적으로 생산하는 소규모 공급자를 찾아 나섰다. 이런 추세는 실질소득의 증가로 더욱 확산되었고 덕분에 소비자들은 다양한 욕구를 충족할 수 있었다. 이런 추세를 보여 주는 확실한 증거는 부티크 운동(boutique movement)의 활성화다. 이 운동을 통해 소규모 공급자들이 상류층을 고객으로 확보해서 대량 공급업자의 시장점유율을 잠식해 갔다.

어떤 경우에는 이런 상쇄 요인이 하나의 대규모 승자독식시장을 여러 개의 소규모 승자독식시장으로 쪼갤 수도 있다. 이는 다른 요인들에 의해 승자독식시장이 강화된 데 대한 반작용이다. 부티크 운동은 실제로 고소득층과 나머지 계층 사람들 사이의 소득 격차를 줄여 주었다.

그러나 동시에 부티크 운동은 다른 분야를 강화하고 심화해 온 수많은 요인에 영향을 받는다. 예를 들어 독립적인 소규모 주류 생산자들이 자기만의 맥주로 고소득을 올리자 전국적 유통망을 갖춘 대규모의 주류업체는 자체 브랜드로 유사한 맥주를 생산하고 유통시키기 시작했다. 마찬가지로 부유한 소비자들이 백화점 의류를 외면하고 디자이너 제품을 구매하자 백화점은 공간을 분할해 개인 디자이너 숍을 입점시켰다. 부티크 운동 덕분에 특별한 재능이 있는 사람들이 규모가 작더라도 시장에서 더 많은 보수를 받을 수 있다. 이 경우 부티크 운동 그 자체가 승자독식시장의 확대와 심화에 기여한다고 할 수 있다.

또한 부티크 운동으로 기존의 대규모 시장에 있는 최고 실력자들은 더 치열하게 경쟁해야 했다. 예를 들어 유선방송국의 증가는 기존 방송국에서 일하던 스타급 실력자들의 임금에 두 가지 상반된 영향을 미쳤다. 채널이 많아지면서 시청자가 여기저기 분산되었고 스타의 흡인력이 예전보다 덜 중요하게 되었다. 이와 반대로 채널이 늘어나면서 각 방송국은 경쟁자로부터 시청률을 빼앗기 위해 치열한 경쟁을 하면서 스타급 실력자들의 보수가 상승했다. 물론 이런 상반된 요인이 특정 산업 분야에서 경제적 보상의 분배에 어떤 변화를 주었는지는 경험적 데이터가 쌓여야만 검증이 가능하다.

4장

승자에게 쏠린
상상을 초월하는 소득

● 스티븐 스필버그(Steven Spielberg)의 영화 〈쥬라기 공원 (Jurassic World)〉은 1994년 말까지 거의 10억 달러의 수입을 올리며 역대 최고 흥행 기록을 세웠다. 감독 스필버그는 1993년과 1994년 사이에 3억 3천만 달러 이상의 수입을 올리며 〈포브스(Forbes)〉에 최고 소득을 올린 연예계 인사로 선정되기도 했다. 점점 더 많은 기업의 CEO가 이와 비슷한 소득을 올리고 있고 월스트리트의 몇몇 금융 전문가들은 이보다 많은 소득을 올리기도 한다. 스포츠계, 법조계, 언론계, 컨설팅 업계, 출판업계 등 수많은 분야에서 수백만 달러의 연봉이 점차 일반화되고 있다.

이런 현상은 승자독식시장이 확대되고 심화된다는 우리의 주장과 궤를 같이한다. 몇몇 예를 통해 알 수 있듯 우리는 승자독식시장이 성장했기 때문에 최고 실력자들이 엄청난 수입을 받는다고 생각한다. 그러나 이런 사례 중 우리의 주장을 결정적으로 입증하는 것은 없다. 오히려 우리는 이런 사례들이 승자독식시장의 중요성이 점점 커지고 있다는 점을 보여 준다고 생각한다.

출판업계: 쓰기도 전에 돈을 버는 작가들

출판업계의 수입 분포가 변화한 이유 중 하나는 책에 관한 정보의 전달 방식이 달라졌기 때문이다. 전국적인 베스트셀러 리스트나 텔레비전 토크쇼를 통한 홍보가 출판 시장에서 점차 중요한 영향력을 행사하게 되었고 그 결과 출판업자들은 홍보 여행 등 각종 홍보 활동을 해야 할 필요성을 느끼게 되었다. 하지만 베스트셀러 선정과 각종 홍보 활동에 대한 투자는 소수의 도서에만 집중된다.[1]

또한 체인형 서점의 폭발적인 증가도 큰 역할을 했다. 과거의 서점은 어떤 책이 지역 독자에게 인기를 끌 수 있는지에 대해 독특한 식견을 가진 수천 명의 독립 상인이 경영하던 영세 산업이었다. 이런 서점들은 점차 월든북스(Waldenbooks)나 반스앤노블(Barnes&Noble) 같은 거대한 체인형 서점에 의해 밀려났다. 4대 체인형 서점은 1991년에 총 도서판매액의 40퍼센트에 달하는 매출을 올렸고 이는 1972년 대비 무려 3배 이상 성장한 것이다. 1969년 월든북스의 체인점은 69개뿐이었지만 1993년에는 1,200개 이상으로 늘어났다.[2]

체인형 서점은 베스트셀러 판매에 크게 의존한다. 독립적인 서점은 다양한 도서를 구비하는 반면 체인형 서점은 잘 팔리는 도서 위주로 판매한다. 한때 수백 종은 아니라도 최소 수십 종의 도서가 쌓여 있던 서점 진열대는 이제 몇몇 작가의 작품만을 전시하는 공간이 되어 그들의 최신작 위주로 수십 권이 놓여 있다.

한편 편집자나 출판사는 출판업계에 '모 아니면 도(all or nothing)' 현상이 심화되고 있음을 절감한다. 1970년대 후반에 파라 스트로스 앤드 지루(Farrar, Straus and Giroux) 출판사의 편집장이었던 애런 애셔(Aaron Asher)는 페이퍼백 시장에서 중견 작가들의 책을 판매하기가 어려워지는 현상을 이렇게 말했다.

―― 페이퍼백 출판사들은 중견 작가의 책을 점점 더 외면하고 있다. 이는 단번에 100만 달러를 벌어들이는 대형 출판사가 5천 달러짜리 중견 작가의 판권을 사들일 돈이 없어서가 아니다. 출판업자에게 이 정도의 돈은 새 발의 피일 뿐이다. 단지 그들에게는 기회가 없다. 페이퍼백 출판사들은 큰돈을 벌 만한 책에만 자본과 에너지를 집중한다. 그 외의 것은 모두 부차적인 것에 불과하다.[3]

출판업계의 또 다른 중요한 변화는 작가와 편집자, 출판사 사이에 장기간 존재하던 비공식적 규범이 퇴색했다는 점이다. 그 규범이란 베스트셀러 작가도 다른 작가와 마찬가지로 똑같은 비율의 인세를 받는 것이다. 이는 베스트셀러 작가의 작품에서 창출되는 많은 수익이 중견 작가에게도 분산되었다는 뜻이다. 그러나 오늘날 출판사들은 순익만을 중시하는 대기업에 인수되었고 작가들 역시 에이전시를 내세워 가장 유리한 계약을 따내는 데 주력한다. 이런 변화로 인해 중견 작가보다는 베스트셀러 작가에게 수입이 집중되는 결과가 만들어졌다.

물론 출판계에 불어닥친 모든 변화가 베스트셀러 작가에게 유리한 것만은 아니다. 앞에서 설명한 대로 실제 출판계는 컴퓨터를 이용한 전자출판 덕분에 부수가 적은 전문 서적을 경제적으로 생산할 수 있게 되었다. 유통 면에서 랜덤하우스 같은 출판사는 도서 목록을 배포하고 독자들이 800번 전화로 주문하면 수일 만에 책을 받아볼 수 있게 해 중견 작가의 책을 진열하지 않는 체인형 서점의 행태를 보완했다. 또한 최근에는 몇몇 개인 서점뿐 아니라 주요 체인형 서점도 도매상과 같은 유통 시설인 '슈퍼스토어'를 세워 최대 25만 종의 도서를 구입하고 판매하고 있다. 그러나 이런 조치로도 베스트셀러 작가의 수입이 엄청나게 증가하는 것을 막기에는 부족하다.

출판 산업의 경쟁 논리에 따라 베스트셀러가 될 가능성이 높은 책은 이익의 상당수가 저자에게 돌아간다. 독자는 자신이 읽는 책이 어떤 출판사에서 출간된 것인지 알지 못하거나 심지어 관심도 없다. 그들의 주요 관심사는 작가, 주제, 작품의 질 같은 것이다. 책을 제작하고 배포하는 일은 대형 출판사라면 아무 곳이나 할 수 있다. 따라서 훌륭한 원고로 널리 알려진 작가가 주도권을 잡는 것이다.

이런 주장이 사실과 부합하는지는 페이퍼백 시장을 보면 확실히 나타난다. 한 작품이 페이퍼백으로 출판되어 상업적으로 성공할지를 예측할 수 있는 가장 확실한 방법은 하드커버 시장에서의 성공 여부를 보면 된다. 1968년 포셋 출판사는 마리오 푸조(Mario Puzo)의 《대부(The Godfather)》 판권을 41만 달러에 사들였다. 1972년에이본 출판사는 리처드 바크(Richard Bach)의 《갈매기의 꿈(Jonathan Livingston Seagull)》 판권을 110만 달러에 구매했다. 1976년 콜린 매컬로(Colleen McCullough)의 《가시나무새(The Thorn Birds)》의 판권은 에이본 출판사에서 190만 달러에 사들였고 뉴 아메리칸 라이브러리 출판사는 마리오 푸조의 《바보들 죽다(Fools Die)》 판권을 255만 달러에 구입했다.[4]

경쟁이 심해지면서 페이퍼백의 판권을 따내기 위한 대규모 경쟁이 하드커버 시장에서 벌어지게 되었다. 심지어 아직 출판되지도 않아 시장에서의 성공 가능성에 대한 어떠한 보장도 없는 작품을 대상으로 하기도 한다. 가령 1979년 9월 밴텀 출판사는 주디스 크란츠의 《데이지 공주(Princess Daisy)》의 페이퍼백 판권을 당시 역대 최고 금액인 320만 달러 이상을 주고 샀지만 그 책은 다음 해 3월까지도 하드커버 출판 예정이 없었다.

크란츠에게 이런 엄청난 금액을 지불했다는 사실이 언론에 보도되자 출판계에는 큰 파문이 일었다. 파라 스트로스 앤 지루 출판사의 로저 스트라우스(Roger Straus)는 "정말 충격적입니다"라고 말하기도 했다.[5] 그러나 크란츠의 첫 소설 《양심의 가책》이 100만 부 이상 팔렸고 《데이지 공주》는 더 나은 작품이라고 확신했기 때문에 밴텀 출판사가 320만 달러에 판권을 사들인 것이 그리 큰 모험이라고 할 수도 없다. 권당 3달러 50센트의 판매 가격과 13센트(100만 부 인쇄 시)밖에 안 되는 제작비를 감안하면 밴텀 출판사는 인세와 물류비용 등을 제외하고도 권당 1달러 정도를 남길 수 있었다. 밴텀 출판사는 《양심의 가책》을 기반으로 한 6시간짜리 미니시리즈가 방송

되면 주문이 쇄도할 것으로 예상해 이미 300만 권을 인쇄했다.《데이지 공주》역시 영화화만 되면 비슷한 수준의 이윤을 남길 것으로 예상되었다. 어느 정도 기대치에 부합만 해도 되었다. 실제 밴텀 출판사의 예측은 맞아떨어져《데이지 공주》는 페이퍼백으로만 700만 권 이상 팔렸다.

밴텀 출판사의 성공을 본 작가와 에이전트는 출판사로부터 더 많은 돈을 기대했다. 실제로 치열한 경쟁 끝에 완성된 작품의 판권뿐 아니라 아직 완성되지도 않은 원고의 판권도 수백만 달러에 판매되기도 했다. 예를 들어 1986년 1월 윌리엄 모로 출판사는 단지 초고 몇 장만 보고 제임스 클라벨(James Clavell)의《회오리바람(Whirlwind)》을 500만 달러에 사들였다.

이 거래 역시 매우 무분별한 투자로 업계에 엄청난 충격을 주었다. 그러나 클라벨의 전작인《쇼군(Shogun)》이 엄청난 성공을 거두었으므로《회오리바람》도 성공한다면 출판사는 투자금을 건지고도 남을 것이다. 그러나 이런 기대에도 불구하고 윌리엄 모로 출판사는 실패했다.《회오리바람》은〈뉴욕타임스〉의 베스트셀러 목록에 22주 동안 올랐고 그중 4회는 1위를 기록하는 등 일반적인 기준에서는 엄청난 성공을 거두었다. 그러나 그것만으로는 500만 달러의 순수익을 창출하기에 부족했다.

출판업자들은 더욱 조심스럽게 입찰 경쟁에 임하기 시작했다. 출판업자들에게 '거의 확실한 도박'의 시대는 끝난 것처럼 보였다. 그렇지만 베스트셀러가 많은 작가는 여전히 고액의 선수금을 받고 있다. 아직 줄거리도 짜지 않은 원고까지 포함해 여러 책을 한꺼번에 계약하는 것이 점차 일반화되고 있다. 1990년 바이킹 출판사는 스티븐 킹(Stephen King)에게 다음 작품 4권에 대한 판권료로 4천만 달러를 주었고 델라코트 출판사는 다니엘 스틸(Danielle Steel)에게 다음 작품 5권에 대한 판권료로 6천만 달러를 지불했다.

베스트셀러 작가 사이에서도 이런 집중 현상이 나타난다. 예를 들어 1978년 가장 많은 책을 팔아 치운 5명의 베스트셀러 작가를 살펴보면 단지 2명만이 그전 5년간 베스트셀러 10위권의 작품을 냈다. 제임스 미치너(James Michener)가 2권, 시드니 셸던(Sidney Sheldon)이 1권이었다. 그러나 1990년 베스트셀러 작가 상위 5명을 살펴보면 다니엘 스틸은 8번, 스티븐 킹은 7번, 시드니 셸던은 3번, 로버트 러들럼(Robert Ludlum)은 2번, 진 아우얼(Jean Auel)은 1번을 기록하고 있다. 1978년에는 탑 10 작가 중 5명만이 이전 5년간 20위권에 이름을 올렸던 반면 1990년에는 9명이 이전 5년간 20위권에 이름을 올렸다. 1993년 봄, 존 그리샴의 작품은 〈뉴욕타임스〉가 선정한 하드커버 소설 부문에서 1위를 차지했고 페이퍼백 소설 부문에서는 3위를 기록했다. 더블데이 출판사는 그의 작품인 《펠리컨 브리프(Pelican Brief)》를 출판해 무려 1,400만 달러의 이익을 냈다.[6] 1995년 4월까지 그리샴의 책은 5,500만 부 이상 판매되었다.

프로테니스: 선수가 곧 광고다

프로테니스계는 어떻게 기술적 요인이 선수들의 경제적 가치를 높이고 규칙의 변화가 선수들의 수입을 증가시키는지를 가장 잘 보여 준다.[7] 다른 스포츠와 마찬가지로 프로테니스도 한때는 경기를 관람할 수 있는 입장권 판매액이 수입의 거의 전부였다. 그러나 1970년대 이후로 프로테니스 역시 다른 스포츠처럼 텔레비전 중계권 판매로 수입을 늘렸다. 1987년 프로테니스 경기의 중계 시간은 10년 전에 비해 3배 이상 늘었다.

텔레비전의 역할이 커지면서 일류 선수들의 상대적 수입도 급등했다. 1980년 상위 10위권 선수의 협찬 광고 포함 평균수입은 41~50위권 선수 평균수입의 약 12배였다. 그런데 1987년 그 비율은 거의 30배로 늘어났다.

대부분의 텔레비전 중계는 적어도 세계 랭킹 10위권 내의 선수가 1명은 등장하는 게임을 보여 준다. 이런 선수가 텔레비전에 모습을 비춰야만 협찬 광고의 수지가 맞으며 이 시장은 정상급 선수에게 우승 상금의 몇 배나 되는 소득을 올려 준다. 협찬 광고 수입은 세계 랭킹 10위권 밖으로 밀려나면 급격히 하락하고 50위권 밖으로 밀려나면 거의 미미하다.[8]

시범 경기로 벌어들이는 수입은 자료가 충분하지 않기 때문에 정상급 선수들의 수입에 포함시키지 않았다. 그러나 단편적인 정보에 의하면 시범 경기를 통해 얻는 수입도 선수의 랭킹에 따라 그 편차가 엄청나다고 한다.

1990년 남자 프로선수권대회는 정상급 선수들에게 수입이 더욱 집중되는 방향으로 개편되었다. 자신들의 경제적 가치에 비해 턱없이 부족한 돈을 받는다고 생각한 남자 테니스 선수들은 기존의 남자테니스평의회(Men's Tennis Council)를 탈퇴하고 독자적인 ATP선수권대회를 만들었다. 분배의 관점에서 볼 때 이 새로운 대회의 가장 큰 특징은 출전료의 공식화였다. 출전료는 특정 토너먼트에 출전하는 대가로 선수 개인에게 지불하는 금액이다. 이런 변화로 인해 모든 대회 관계자는 경쟁을 해야 했다. 즉, 관객 동원과 텔레비전 중계의 보증수표가 되어 줄 소수의 유명 선수를 자기들의 대회에 출전시키기 위해 경쟁을 벌여야 했던 것이다. 출전료는 대회의 우승 상금보다 훨씬 더 큰 경우가 많았다. 예를 들어 안드레 애거시(Andre Agassi)가 1993년 샌프란시스코 ATP선수권대회에서 출전료로 받은 20만 달러는 그가 대회 우승 상금으로 받은 금액의 5배였다.

CEO: 이직으로 연봉을 올리는 사람들

월트 디즈니가 사망하자 회사는 로스앤젤레스 램스의 미식축구 선수였던 사위 론 밀러(Ron Miller)에게 넘어갔다. 밀러의 경영으로 디즈니사가 점점 침체하자 1984년 가을 이사회는 그를 해임하고 파라마운트 영화사의 이인자였던 마이클 아이스너(Michael Eisner)를 영입했다.

그 뒤로 디즈니사에 엄청난 성공의 시대가 도래했다. 수익성이 상승하면서 아이스너가 취임하기 직전 15센트였던 주당 배당금은 1990년에는 6달러로 올랐다.[9] 아이스너는 성과에 합당한 보상을 받았다. 임원 보상 컨설턴트인 그래프 크리스털(Graef Crystal)은 아이스너의 연봉에 대해 이렇게 설명한다.

—— 1990년에 그는 기본 연봉 75만 달러에 1,050만 달러의 보너스를 받았다. 그러나 진짜 큰 보수는 스톡옵션에서 나온다.

1991년 3월 말 디즈니사의 주가가 주당 119달러 25센트였으니까 그가 아직 행사하지 않은 스톡옵션의 가치는 2억 4천만 달러로 추정된다. 그가 1984년에 받은 스톡옵션은 1991년 3월 기준으로 아직 3년 이상의 행사 유효기간이 남아 있었고 1989년에 받은 스톡옵션은 거의 8년이나 남아 있다. 한번은 아이스너의 부하 직원에게 아이스너는 왜 그렇게 돈을 모으는 데 관심이 많냐고 물어본 적이 있다. 그는 자기 생각에 아이스너가 록펠러가나 멜런가 또는 뒤퐁가와 같은 미국의 명문 재벌가에 버금가는 재산을 축적하려는 것 같다고 대답했다. 그는 마음먹은 대로 잘 해내고 있는 것 같다.[10]

아이스너는 CEO로서 아주 높은 연봉을 받는 것처럼 보이지만 그만 그런 것도 아니다. 브루킹스 연구소 소속의 마거릿 블레어(Margaret Blair)의 보고서에 따르면 1980년대 초 CEO들은 엔지니어보다 23배, 대법관보다 7배 많은 임금을 받았지만 1992년에는 그 차이가 거의 2배가 늘었다고 한다.[11]

크리스털의 추정에 의하면 기업 중역의 보수는 1980년대 이전부터 이미 뛰기 시작했다. "1974년 미국 대기업 CEO들의 (보너스나 복리후생을 제외한) 총수입은 제조업 노동자 평균임금의 35배였지만 오늘날에는 120배로 늘어났으며 서비스 산업 노동자까지 포함하면 150배나 많은 보수를 받고 있다."[12] 크리스털은 미국의 대기업 200여 개를 조사해 스톡옵션과 각종 보너스, 인센티브를 합해 CEO들이 받는 연평균 급여액을 약 280만 달러로 추정했다. 1993년 〈비즈니스 위크〈Business Week〉〉에 따르면 상위 20위권 내의 전문경영인은 연간 천만 달러 이상의 수입을 올렸다고 한다. 그중 아이스너가 2억 300만 달러로 1위를 기록했는데 이는 카리브해의 섬나라 그레나다의 GNP와 맞먹는 금액이다.

크리스털과 일단의 비평가들은 CEO들이 받는 보수의 엄청난 증가에는 별다른 경제적 의미가 없다고 주장한다. 그것은 경영진과 이 사회의 거래로 발생하며 결국 주주의 주머니에서 직접 나온다는 것이다. 특정 분야에서는 주주의 기대를 배신하는 행위가 발생하기도 한다. 로즈 존슨(Ross Johnson)이 CEO로 재임했을 때 RJR 나비스코사는 소위 RJR 에어포스라고 불린 회사 전용 제트기를 여러 대 보유하고 있었다. 이들 비행기는 최고경영진과 이사진 그리고 굵직한 고객들이 정상급의 프로골퍼와 골프를 즐길 수 있도록 콜로라도의 주말 휴양지로 이들을 실어 날랐다. 한 보고서에 의하면 유일한 승객으로 'G. 셰퍼드'라는 존슨의 개만 싣고 다닌 비행기도 있었다고 한다.[13] 존슨은 임기 동안 〈비즈니스 위크〉가 선정한 가장 연봉을 많이 받는 CEO 리스트에 올랐지만 시장은 그의 경영 능력을 냉정히 평가했고 결국 그가 처음 취임했을 때 대비 주가가 반토막 나자 물러났다.

하버드대학교의 총장이었던 데릭 보크는 《재능의 비용》에서 주주를 속이는 것만이 CEO의 보수를 급등시키는 유일한 원인은 아니라고 주장한다.[14] 그에 따르면 시장에서 잘나가는 기업이 반드시 유능한 경영인을 영입하는 것도 아니라고 한다. 기업은 능력이 뛰어난 CEO를 고용하면 매년 수천만 달러의 추가 이윤이 확보된다는 것을 잘 알고 있지만 CEO선발위원회는 그럴듯한 후보 중 누가 최고인지 확인할 방법이 없다.

정보가 불완전한 세계에서 가끔 명백한 실패가 일어나는 것은 불가피하다. 그렇다고 해서 기업 간의 경쟁이 없어진다고 생각해서는 안 된다. 치열한 시장 경쟁 때문에 기업에서는 CEO를 선발할 때 육감을 발휘해야 한다. 기업에서 후보자에게 바라는 능력은 대개 비슷해서 높은 연봉을 제시해야 경쟁 기업에게 후보자를 빼앗기지 않는다. 높은 연봉을 받는 사람들의 실패는 분명 대단한 뉴스거리다. 그러나 한두 명의 CEO가 겪는 실패로 보크의 주장을 뒷받침할 수는 없다.

더욱이 보크가 언급한 시장의 불완전성은 새로운 것도, 지배적인 것도 아니다. 오히려 통신 기술의 발달과 저렴해진 수송 비용으로 시장의 불완전성은 10여 년 전보다 많이 완화되었다. 소비자는 완전하다고까지는 못하지만 유용한 정보를 더 많이 갖게 되었다. 따라서 시장의 질서를 파괴하는 판매자는 나쁜 평판에서 벗어나기가 쉽지 않다. 마찬가지로 기관 투자자의 경계심이 높아지고 적대적 인수의 위협이 커짐에 따라 경영자의 급여 남용은 줄어들 수밖에 없다. 물론 GM의 사장이었던 로저 스미스(Roger Smith)의 사례에서 보듯 경영 성과가 평범하지만 높은 급여를 받는 경우도 있다. 그러나 스미스와 그 후계자인 로버트 스템플(Robert Stemple)처럼 경영 성과를 개선시키지 못하면 그 자리에 오래 머무를 수 없다.

데릭 보크가 1980년대의 특징이라고 규정한 탐욕에 대한 사회적 승인 또한 그의 주장을 뒷받침하는 핵심적인 요소다. 이로 인해 사람들이 과거보다 더 자연스럽게 엄청난 액수의 보수를 받아들이게 되었다는 것이다. 보크에 따르면 과거에는 불평등을 억제하는 사회적 규범이 있었기 때문에 오늘날과 같은 엄청난 수준의 급여가 없었다고 주장한다.

사회적 요인이 급여 수준에 영향을 준다는 보크의 주장은 분명 맞다. 다른 기업에도 높은 연봉이 일반화되어 있다면 이사회가 CEO에게 수백만 달러의 연봉을 제시하는 일이 훨씬 쉬워질 것이다. 그러나 이것만으로는 엄청난 금액의 보수가 만연한 이유를 설명할 수 없다. 보크는 자유시장의 가치를 옹호했던 레이건 행정부에 그 책임을 전가하는 듯하다. 자유시장의 가치는 1920년대와 1950년대에도 높은 평가를 받았지만 당시에는 CEO의 임금과 노동자의 평균임금이 지금처럼 큰 차이를 보이지 않았다.

우리는 CEO의 임금이 폭발적으로 증가한 것은 경쟁이 불완전해서가 아니라 심화되었기 때문이라고 생각한다. 1980년대 높은 자본비용에 시달리던 미국의 기업은 기업 인수나 자사주 매입 같은 방법으로 구조 조정을 했다. 이런 사업 계획에 자금을 조달하기 위해 회사채가 널리 활용되었다. 이는 자기자본 이윤과 달리 세전 금액으로 조달할 수 있었기 때문에 매력적이었다. 또한 회사채는 경영자들이 순가치 제고에만 초점을 맞추게 함으로써 기업 재정의 취약성을 덜어 주었다. 1980년대 말 자본비용은 감소했지만 국제시장에서 더욱 치열한 경쟁에 직면하면서 기업은 여전히 압박을 느꼈다. 한편 기업이 많은 부채를 일으키고, 급속한 변화에 직면하면서 CEO의 업무가 그 어느 때보다 중요해졌다.

그러나 이런 압력만으로 미국에서 발생한 CEO의 폭발적인 임금 상승을 설명하기 어렵다. 결국 세계화로 인해 CEO의 경영 활동이 그 어느 때보다 중요해진 것은 독일과 일본도 마찬가지였다. 하지만 이들 나라의 CEO 연봉 수준은 미국과 비교하면 약과였다. 크리스털은 1990년 미국의 CEO는 일반 노동자 평균보다 150배 많은 임금을 받았지만 일본의 CEO는 16배, 독일의 CEO는 21배였다고 주장한다.[15] 여기서 알 수 있듯 CEO가 기업의 이윤 창출에 수백만 달러가 넘는 기여를 한다는 단순한 사실만으로 그들의 엄청난 임금을 설명하기는 어렵다.

CEO의 경제적 가치가 그렇게 높은 이유를 설명하기 위해서는 두 번째 요인이 있어야 한다. 그것은 CEO를 영입하기 위해 기업에서 공개적으로 경쟁했다는 것이다. 바로 이 때문에 엄청난 변화가 일어났다. 간단히 말해 뛰어난 CEO를 얻기 위해 미국의 기업이 치열하게 경쟁했기 때문에 CEO의 임금이 올라갔다.

기업 이사회는 점차 기업 외부에서 뛰어난 CEO를 물색하고 있다. 기업이 잘나갈 때는 외부 인사를 고용하는 것이 위험해 보일지 모르지만 기업 축소나 구조 조정이 요구될 때는 오히려 안전할 수 있다. 예전에는 비교적 드문 일이었지만 이제는 이런 움직임이 일반화되었다. 미국에서 가장 큰 800개 기업의 경영자들을 조사한 결과 외부 인사 고용 비율이 꾸준히 증가했다. 그 결과 1970년대 초부터 1990년대 초까지 근무 일수가 3년 미만인 경영인의 비율이 50퍼센트에 육박하는 것으로 나타났다.[16]

그 대표적인 사례가 1993년에 이스트먼 코닥사가 외부에서 CEO

를 영입한 사건이다. 이스트먼 코닥 이사진은 대규모 손실이 발생하자 취임한 지 3년밖에 안 된 케이 휘트모어(Kay Whitmore)를 해임하고 조지 피셔(George Fisher)를 영입했다. 그는 6년간 모토로라사의 사장으로 재임하면서 미국 기업 역사상 가장 현저한 변화를 이끌어 내 모토로라사를 마이크로프로세서와 휴대폰 시장의 선두 주자로 키워냈던 인물이다.[17]

당시 어려움을 겪고 있던 또 다른 거대 기업 IBM도 1993년에 피셔를 영입하려 했지만 그가 제의를 거절했고 이에 코닥사는 거절하기 힘든 제안을 던졌다. 언론 보도에 따르면 그가 성공할 경우 처음 받게 될 연봉은 7천만 달러 정도라고 했다. 이스트먼 코닥사는 1993년 3분기까지 17억 달러의 손실을 보고 있었다.

만일 모든 기업이 내부 승진으로만 CEO를 선정한다면 아무리 재능 있는 고위 중역이라도 자기 회사 외에는 갈 곳이 없기 때문에 회사 측이 그들의 실제 가치만큼 보수를 지불해야 할 필요는 없었을 것이다. 독일과 일본에서는 내부 승진 시스템을 채택하고 있는데 앞에서 말했듯 이들 나라에서는 CEO의 임금 인상 속도가 미국에 훨씬 못 미친다.

미국 기업이 외부 인사를 CEO로 고용한다는 것은 CEO를 회사에 붙들어 두었던 보류 조항이 사실상 붕괴되었다는 의미다. 아직도 새로 임명되는 CEO의 절반 이상은 내부 승진을 통해 발탁되기는 하지만 분위기는 완전히 바뀌었다. 미국에서는 업무 실적이 좋은 사람들이 회사를 떠나 새로운 일자리를 구하는 것이 점차 일반화되었다. 유능한 중역을 잡아 두기 위해 이사회는 충분한 연봉을 지불해야 한다. 프로야구에서 보류 조항이 삭제되면서 일류 선수들의 연봉이 폭발적으로 증가했듯 뛰어난 중역에게는 직장을 옮기는 것이 그와 비슷한 기폭제 역할을 했다.

개방적인 경쟁 체제가 CEO의 연봉에 미치는 영향은 앞에서 논의했던 사회적 요인에 의해 더욱 심화된다. 수백만 달러의 보수를 지급해 본 적이 없는 환경이라면 CEO가 그 정도 연봉을 받을 자격이 있어도 이사회에서 함부로 많은 연봉을 결정하지 못할 것이다. 그러나 다른 회사가 그 경영자를 더 많은 연봉을 주고 데려가면 회사는 연봉 문제를 고민할 수밖에 없다. 사회적 비판을 감수하고라도 자신들의 CEO를 잃기보다는 수백만 달러의 연봉을 지불하고자 한다. 이렇게 한 번 선례가 생기면 이후 수백만 달러의 연봉을 정당화하기는 쉽다.

경영 컨설턴트 : 위험을 관리하고 받는 대가

경쟁이 더욱 치열해지면서 점점 더 많은 기업이 컨설턴트를 고용해 자신들의 경영 방식을 진단하고 있다. 한 예로 AT&T사는 1993년 한 해에만 3억 5천만 달러를 컨설팅 회사에 지급했다.[18]

대기업의 CEO가 어려운 상황에 직면하면 아무에게나 자문을 구하지 않는다. 실적이 계속 안 좋으면 이사회에 그 이유를 설명해야 한다. 덕분에 몇몇 유명 컨설팅 회사가 뒤늦게 돈벼락을 맞고 있다. "세계에서 가장 유명하고, 보안이 철저하며, 가장 비싸고, 가장 권위 있고, 가장 성과가 뛰어나며, 가장 부러움의 대상이 되고, 가장 신뢰받지만 가장 미움받는"[19] 경영 자문 회사인 맥킨지 앤 컴퍼니

(McKinsey&Company)는 1993년에 13억 달러의 매출을 기록했는데 이는 5년 전보다 2배 이상 증가한 실적이다.[20] 맥킨지는 가장 큰 경영자문 회사는 아니지만 회사 소속 3,100명의 컨설턴트는 1인당 평균 38만 7천 달러를 벌어들여 업계 최고 수준을 보여 준다.[21] 그러나 이 회사만 호황을 누리는 것은 아니다. 1993년 기준 맥킨지의 3년간 성장률은 10대 컨설팅 회사 중 최하였다(표1 참조).

컨설팅 시장을 움직이는 요인은 기본적으로 CEO 시장을 움직이는 요소와 동일하다. CEO 시장을 움직였던 요인이 CEO의 영향력을 확대시키면서 그들의 경제적 가치를 최고로 끌어올렸던 것처럼 일류 컨설턴트의 세계도 마찬가지다.

표1. 10대 컨설팅 회사의 매출액과 성장률

기업명	1993년 매출액 (백만 달러)	3년간 성장률 (퍼센트)
앤더슨 컨설팅	2878	53
쿠퍼스 앤 라이브랜드	1351	50
맥킨지 앤 컴퍼니	1300	31
부즈 알렌 해밀턴	800	54
제미니 컨설팅	516	128
CSC 컨설팅	470	96
보스턴 컨설팅 그룹	340	114
A. T. 커니	278	84
머서 컨설팅	134	34
모니터 컨설팅	90	80

출처: John A. Byrne, "The Craze for Consultants" Business Week, July25, 1994, p.65.

영화와 방송 산업: 스타, 스타, 오로지 스타

영화 산업과 방송 산업의 스타 시스템은 절대 새로운 것이 아닙니다. 그러나 전 세계적인 영화 산업의 성장, 비디오테이프와 기타 촬영물의 판권 수입 상승, 1970년대 〈죠스(Jaws)〉나 〈스타워즈(Star Wars)〉 같은 블록버스터 영화의 엄청난 성공 등에 힘입어 스타들의 임금도 새로운 수준으로 올라갔다.

비디오 시장은 1977년에 탄생했다. 처음 매직 비디오사는 50가지 비디오테이프를 편당 49달러 95센트부터 79달러 95센트까지 가격으로 판매했다.[22] 1984년 2,200만 개에 지나지 않던 비디오 판매량은 이제 1년에 2억 5천만 개에 달해 연 50억 달러의 매출을 낸다.[23] 공중파와 유선방송 중계권 판매도 급증했다. HBO는 1981년에 이미 가장 큰 극장 프랜차이즈를 능가해서 연간 1억 8천만 달러 이상의 영화를 구입했다. 해외 박스오피스 수입은 1980년부터 1990년 사이에 52퍼센트 이상 증가했으며 이는 국내 매출 성장률을 2배 이상 상회하는 수치였다.[24]

이처럼 새로운 수입원이 탄생하자 영화 제작자들은 뛰어난 대본, 훌륭한 연기자, 명감독 그리고 훌륭한 음악 등 히트 작품에 필요한 여러 요소를 얻기 위해 치열하게 경쟁하게 되었다. 출판계에서 작가들이 수익금의 대부분을 독식하는 것과 마찬가지로 각본가, 연기자, 감독, 작곡가 등이 히트 영화의 수익금을 챙기는 현상이 나타났다. 최고 흥행 영화의 수익금이 커지면서 이들의 보상도 커졌다.

해럴드 보겔(Harold Vogel)은 1986년 자신의 저서 《연예 산업의 경제학(Entertainment Industry Economics)》에서 다음과 같이 말했다.

── 제작자는 흥행 보증수표로 알려진 사람들을 고용하면 상당한 금전적 이익을 얻을 수 있다. 잘 알려지지 않은 배우에게 10만 달러를 지불하는 것보다 잘 알려진 스타에게 150만 달러를 지불하는 것이 위험 부담이 적다. 스타는 영화 수입과 기타 수입을 증가시켜 150만 달러의 몇 배나 되는 수익을 올려 주겠지만 무명 배우는 투자수익률 측면에서 아무것도 기대할 게 없기 때문이다.[25]

경제학 이론에 따라 무명 배우를 10만 달러에 고용하는 것보다 톱스타를 150만 달러에 고용하는 것이 확실하게 이익이라면 그 스타는 사실 제대로 된 대우를 받지 못하는 것이다. 드물게 수백만 달러의 출연료가 있기는 했지만 1980년대 초 톱스타들은 정말 적은 금액을 받았다. 1979년에 크게 히트한 어느 영화를 제작했던 리 디사는 '스타급 주연배우'에게 단지 200만 달러의 출연료를 지불했다.[26] 1987년 20세기 폭스사는 당시 TV 시리즈 〈블루문 특급(Moonlighting)〉의 주연배우였던 브루스 윌리스(Bruce Willis)를 〈다이 하드(Die Hard)〉의 주연으로 캐스팅하고 500만 달러를 지불했다. 당시 브루스 윌리스는 히트 영화가 하나도 없었다. 1988년 아놀드 슈워제네거는 〈토탈 리콜(Total Recall)〉에 출연하고 1,100만 달러를 받았고 1990년 마이클 더글러스(Michael Douglas)는 〈원초적 본능(Basic Instinct)〉에서 1,500만 달러를 받았다.[27] 1994년 슈워제네거는 〈트루 라이즈(True Lies)〉에서 1,500만 달러의 출연료와 추가로 전체 수입액의 1퍼센트를 러닝 개런티로 받았다. 〈비버리 힐스 캅 3(Beverly Hills

Cop 3)〉에 출연했던 에디 머피(Eddie Murphy)와 〈다이하드 3(Die Hard 3)〉의 주인공 브루스 윌리스도 이와 비슷한 금액을 받았으며 심지어 아역 스타 맥컬리 컬킨(Macaulay Culkin)도 〈아빠와 한판승(Getting Even with Dad)〉에서 800만 달러의 출연료를 받았다. 멜 깁슨(Mel Gibson)과 케빈 코스트너(Kevin Costner)는 영화 1편당 전보다 훨씬 많은 천만 달러 이상의 개런티를 받는다. 러닝 개런티까지 포함하면 스타들이 영화 1편에 출연하고 받는 총보수가 2,500만 달러에 이르기도 한다.[28]

몇 년 전까지만 해도 영화 대본 1편당 25만 달러를 받던 작가들은 요즘 100만 달러 이상을 받고 있다.[29] 〈리셀 웨폰(Lethal Weapon)〉의 작가 셰인 블랙(Shane Black)은 〈마지막 보이스카웃(The Last Boy Scout)〉을 쓰고 175만 달러를 받았으며[30] 조 에스터하스(Joe Eszterhas)는 〈원초적 본능〉을 쓰고 300만 달러를 받았다.[31] 〈리셀 웨폰〉을 감독한 리처드 도너(Richard Donner)는 영화 1편당 400만 달러와 추가로 러닝 개런티까지 요구하고 있다. 제임스 카메론 감독은 〈터미네이터 2(Terminator 2)〉를 찍고 600만 달러를 받았다.

출판계와 마찬가지로 영화계에서도 주연배우를 얻으려는 경쟁이 지나치게 치열해지면서 일류 스타를 영입해도 성공이 보장되지 않는 경우도 생겼다. 막대한 예산을 들이고도 실패한 작품으로는 브루스 윌리스가 주연한 〈허드슨 호크(Hudson Hawk)〉, 톰 크루즈(Tom Cruise)가 출연한 〈폭풍의 질주(Days of Thunder)〉, 워런 비티(Warren Beatty)와 마돈나(Madonna)가 출연한 〈딕 트레이시(Dick Tracy)〉, 그리고 톰 울프(Tom Wolfe)의 베스트셀러 소설을 기반으로 톰 행크스

(Tom Hanks)와 브루스 윌리스가 출연하고 브라이언 드 팔마(Brian De Palma)가 감독한 〈허영의 불꽃(The Bonfire of the Vanities)〉처럼 성공의 모든 요건을 갖춘 것처럼 보였던 영화도 여기에 포함된다.[32]

승자독식시장의 경쟁 논리를 잘 알고 있는 사람이라면 최후의 승자는 블록버스터를 제작하는 영화사나 투자자가 아니라 청중 몰이를 하는 소수의 사람이라는 것을 알게 된다. 그래서 타임워너사의 부사장인 제프리 홈스(Geoffrey Holmes)는 이렇게 말한다. "월스트리트가 투자한 돈은 결국 비버리힐스에 있는 롤스로이스 대리점으로 들어간다."[33]

방송계 역시 마찬가지다. 방송 프로그램의 저작권이 중요시되면서 인기 스타에 대한 수요도 급증했다. 1993년 겨울, NBC는 인기리에 방송 중이던 드라마 〈치어스(Cheers)〉를 시즌 13으로 종영한다고 발표했다. 그리고 얼마 지나지 않아 이 시리즈의 주연배우였던 테드 댄슨(Ted Danson)이 NBC가 다음 시즌 출연료로 제안한 1,300만 달러를 거절했다고 친구들에게 말한 사실이 전해졌다.[34] 1993부터 1994년까지 댄슨이 받은 출연료는 〈치어스〉의 초기 연간 제작비를 2배나 상회하는 액수였다. 한편 1993년 겨울, CBS는 늦은 밤에 토크쇼를 진행하는 데이비드 레터맨(David Letterman)과 4,200만 달러에 3년 계약을 발표했다. 시청률이 조금만 달라져도 엄청난 매출의 차이로 이어지므로 높은 시청률을 올리는 연예인은 엄청난 경제적 이익을 누리게 된다.

영화계의 스타들이 오랫동안 엄청난 보수를 받아 왔으므로 방송계의 스타들도 이와 동일한 대우를 받는 것은 매우 자연스러운 현상이다. 더욱 놀라운 것은 뉴스 진행자들도 이런 경향에 편승해 어엿한 유명 인사가 되었다는 사실이다. 방송사들은 프라임타임에 방송되는 뉴스의 중요성을 알고 있었다. 따라서 각 방송사의 뉴스 프로그램 사이에 치열한 경쟁이 촉발되었는데 이 경쟁에서 가장 중요한 요소는 앵커다. 앵커가 시청자를 얼마나 끌어들이느냐는 그들의 보수에 나타난다. ABC는 몇 년째 일류 앵커 피터 제닝스(Peter Jennings)에게 연간 700만 달러에 가까운 돈을 지불하고 있다. CBS는 댄 래더(Dan Rather)와 이전의 공동 앵커였던 코니 청(Connie Chung)에게 거의 비슷한 액수의 돈을 지불했으며 NBC의 톰 브로코(Tom Brokaw)는 합리적인 수준인 200만 달러를 받는다.[35]

또한 방송사들은 시청률이 가장 높은 시간대에 뉴스 프로그램을 편성하는 것이 급상승하는 프로그램 제작비를 아끼는 또 하나의 방법임을 깨달았다. 뉴스 프로그램의 제작비는 비교적 저렴하며 스크린에 유명 앵커만 세워 두면 드라마나 시트콤에 맞먹을 정도의 시청률이 보장된다. 따라서 방송사들은 이런 수익 기회를 놓치지 않으면서 시청자를 끌어들일 수 있는 유능한 뉴스 진행자들을 영입하기 위해 치열하게 경쟁했다. ABC는 〈20/20〉를 공동 진행하는 바버라 월터스(Barbara Walters)에게 연간 천만 달러를 지불하고 있으며 다이앤 소여는 ABC에서 방송되는 여러 개의 시사 프로그램에 매주 출연하는 대가로 500만 달러가 넘는 돈을 받는다. 심야 뉴스의 왕좌를 지키고 있는 테드 코펠(Ted Koppel)은 연간 600만 달러를 받는다.[36] 현재 이들 앵커가 받는 보수는 월터 크롱카이트(Walter Cronkite), 챗 헌틀리(Chat Huntley), 데이비드 브링클리(David Brinkley)가

받던 보수에 비하면 엄청나게 많은 돈이다.

심지어 스포츠 해설가도 유명 인사가 되어 버렸다. 미식축구 리그의 중계권이 CBS로부터 후발주자인 폭스사로 넘어가자 폭스사를 비롯한 여러 방송국은 CBS의 인기 미식축구 해설가였던 존 매든(John Madden)을 영입하기 위해 치열하게 경쟁했다. 수차례의 경합 끝에 매든은 2,500~3,000만 달러를 받고 폭스사와의 4년짜리 계약을 맺었다.[37]

매든이나 최근 ABC와 계약한 다이앤 소여의 경우를 보면 3장에서 논의한 소규모 공급자의 등장과 관련된 상쇄 요인이 얼마나 강력한가를 깨닫게 된다. 텔레비전 산업에서 부티크 운동은 케이블 채널의 성장으로 구체화되고 있으며 이는 최고 연기자의 급여에 두 가지 상쇄 효과를 가져올 것으로 예상된다. 새로운 채널은 시청자 규모를 분할해 스타 연기자의 서비스 가치를 낮출 수 있지만 다른 한편으로는 채널에 대한 충성도를 낮추고 시청률을 위한 경쟁을 더욱 치열하게 만들어 연기자의 급여를 이전보다 높일 수 있다.

전문가들은 이제야 채널이 늘어나면서 스타의 몸값이 올랐다는 의견에 동의하는 것 같다. 산업분석가 켄 올레타(Ken Auletta)는 이렇게 말한다.

—— 선택할 수 있는 채널과 영화, 게임, 홈쇼핑, 스포츠, 인터넷 게시판의 종류가 많아질수록 다이앤 소여나 존 매든 같은 브랜드 네임이 더욱 중요해졌다. CBS 뉴스 사장인 에릭 오버는 "사람들에게 선택 가능한 대안이 여럿 생기면서 개성과 특이성

이 더욱 중요해졌다"라고 말한다. ABC 뉴스의 룬 알리지는 이렇게 말한다. "내일 500개의 새로운 콜라가 생기면 코카콜라는 그 어느 때보다도 중요해질 것이다."[38]

패션모델: '슈퍼' 모델의 등장

1928년 컬럼비아대학교 경영대학원의 마케팅 교수 폴 H. 니스트롬(Paul H. Nystrom)은《패션의 경제학(The Economics of Fashion)》이라는 책을 출간했다. 이 책은 18세기 후반부터 20세기 초반까지의 패션을 다룬 뛰어난 저서로 오늘날까지도 명성을 유지하고 있다. 그러나 521페이지나 되는 이 책 어디에도 패션모델의 이름은 나오지 않는다. 그 시절 모델이 하는 일이란 대개 화가들의 스케치를 위해 자세를 취하는 정도였고 화려한 면이 있기는 했지만 수입이 너무 적었기 때문에 대중의 인지도도 매우 낮았다.

그러나 니스트롬의 책이 출간된 직후부터 패션모델이 조금씩 대중들에게 알려지기 시작했다. 그들은 점차 그림의 모델에서 피사체로 변해 갔다. 1930년대 초반 존 로버트 파워스(John Robert Powers)라는 모델 에이전시가 출범한 뒤 모델들의 모습이 잡지 표지를 장식하게 되었다.

그러나 패션모델이 유명 인사가 된 것은 코너버 모델링 에이전시(Conover Modeling Agency)가 등장한 다음부터다. 1938년 해리 코너버(Harry Conover)는 당시 파워스 에이전시 소속 모델이자 나중에 대통령이 된 제럴드 포드(Gerald Ford)로부터 자금 지원을 받아 맨해튼에 에이전시를 세웠다. 코너버는 모델들에게 래시 뉴랜드(Lassie Newland)

나 징스 폴큰버그(Jinx Falkenburg) 또는 추 추 존슨(Choo Choo Johnson) 처럼 애칭을 붙여서 사람들의 기억에 남도록 했으며 모델의 이름과 얼굴이 매체를 많이 탈 수 있도록 현란한 패션쇼를 주최했다.[39] 한편 월터 윈첼(Walter Winchell)과 에드 설리번(Ed Sullivan)은 신문의 칼럼에서 모델들의 이름을 계속해서 언급하기도 했다. 이들은 '코너버 커버 걸스(Conover Cover Girls)'라고 불렸는데 여기에서 아이디어를 얻은 컬럼비아 영화사는 1944년 〈커버걸(Cover Girl)〉이라는 영화를 만들었고 실제 그의 모델들이 출연하기도 했다.

이렇게 모델의 대중적 인지도가 높아지면서 그들의 수입도 늘어났다. 코너버의 모델 중 가장 성공한 사람은 애니타 콜비(Anita Colby)다. '얼굴(The Face)'이라는 별명으로도 불렸던 콜비는 1940년대 초 패션업계에서 가장 높은 보수를 받는 모델이었고 시간당 25달러를 받았다(이를 1995년의 달러 가치로 환산하면 300달러 정도다). 그 무렵 코너버의 다른 일류 모델은 시간당 20달러를 벌었지만 모델 대부분은 시간당 5달러가 표준이었다.

물론 이런 금액은 시작해 불과하다. 1993년 〈뉴욕타임스〉가 '평범한 모델'이라고 했던 카프리스 베네뎃티(Caprice Benedetti)는 1년에 15~30만 달러를 벌었다.[40] 그녀는 〈보그(Vogue)〉나 〈엘르(Elle)〉, 또는 〈하퍼스 바자(Harper's Bazaar)〉 같은 잡지의 표지에 한 번도 실린 적이 없다. 또한 패션업계에서는 한물간 나이인 27세이기 때문에 앞으로도 이들 잡지에 실리는 일은 없을 것이다. 이 업계에 종사하지 않는 사람들에게 카프리스 베네뎃티는 생소한 이름이지만 신디 크로포드(Cindy Crawford)나 엘 맥퍼슨(Elle Macpherson), 클라우디아 쉬퍼(Claudia Schiffer), 케이트 모스(Kate Moss), 크리스틴 맥메너미(Kristen McMenamy)처럼 잘 알려진 모델들은 하루에 수만 달러를 벌어들인다. 예를 들어 클라우디아 쉬퍼는 1992년 10월 '메이시 패스포트 패션쇼'에서 두세 번 왔다 갔다 하고는 2만 5천 달러를 받았다.[41] 쉬퍼를 위시해서 소수의 슈퍼모델만이 패션 잡지의 표지를 장식하고 매년 모델료로만 200~300만 달러를 벌어들인다. 그 밖에 다이어트 비디오와 뮤직비디오 출연료, 협찬 광고비까지 합하면 이들의 수입은 엄청나다.

모델업계는 가장 극단적인 형태의 승자독식시장이다. 〈뉴욕타임스〉의 보도와는 달리 대부분의 평범한 모델들은 1년에 15만 달러도 벌지 못한다. 사실 대부분의 모델은 1940년대나 지금이나 수입이 전무하다시피 하다. 아니, 데뷔도 하지 못하는 모델 지망생들이 프로필 사진 제작과 모델 학교 등에 뿌린 돈까지 감안하면 오히려 마이너스일 수도 있다. 하지만 이 업계의 승자는 점점 더 많은 수입을 올리고 있다.

대학과 프로스포츠: 가장 뛰어난 감독과 선수 데려오기

지난 수십 년간 텔레비전 중계료가 상승하면서 인기 있는 대학 스포츠팀이 배당받는 수익금이 크게 증가했다. 포스트 시즌에 벌어지는 미식축구 경기나 NCAA가 주관하는 농구 경기의 4강전이 특히 그렇다. 예를 들어 1988년 NCAA는 4강 팀에 돌아가는 115만 3천 달러를 포함해 남자 1부 리그에 참여했던 64개 대학 농구팀에 총 2,860만 달러가 넘는 돈을 지불했다.[42] 한편 1990년에는 텔레비전 중계권 계약에 의거해 협회 회원과 대학에 6,400만 달러를 지급했다. 1994년 12월에 서명된 계약서를 보면 CBS는 중계권료로 2억 1,600만 달러를 지불하기로 되어 있는데 이는 전년도 대비 51퍼센트나 증가한 금액이다.[43] 거액이 유입되자 주요 대학들은 체육 예산을 크게 증액시켰다. 예를 들어 미시간대학교의 체육 예산은 1968년에는 300만 달러였지만 1988년에는 거의 2천만 달러로 증가했다.

대학팀이든 프로팀이든 큰 상금이 걸려 있는 경우 경기 참가자들은 승리의 가능성을 높여 주는 선수를 확보하기 위해 치열한 경쟁을 벌인다. 1982년 텍사스 A&M대학교도 이런 생각에서 미식축구 감독 재키 셰릴(Jackie Sherrill)을 영입하기 위해 당시로서는 파격적인 연봉인 37만 5천 달러를 지불했다. 셰릴은 팀을 우승시킨 이력이 있었고 A&M대학에서도 7시즌 동안 사우스웨스트 디비전에서 3번이나 우승해 실력을 입증하기도 했다.[44]

얼마 후 다른 대학도 이 생각에 동의했고 그 결과 뛰어난 감독들의 보수는 더욱 상승했다. 1990년 켄터키대학교의 남자 농구팀 감독이었던 릭 피티노(Rick Pitino)는 80만 달러를 받았고 노스캐롤라이나대학교의 짐 발바노(Jim Valvano) 감독은 75만 달러, 노트르담대학교의 미식축구팀 감독 루 홀츠(Lou Holtz)는 50~70만 달러를 받았다.[45]

실제로 스포츠팀은 큰돈이 걸린 스포츠 세계에서 능력 있는 감독을 보유하는 것이 너무나 중요하다고 생각하고 만일 감독이 좋은 기록을 내지 못하면 돈을 주고서라도 계약을 파기했다. 한 예로 1992년 12월 피츠버그대학교는 미식축구 감독인 폴 해킷(Paul Hackett)이 3년간 13승 1무 20패를 기록하자 그를 해임하고 위약금으로 50만 달러를 지불했다. 계약에 따르면 해킷은 감독으로 3년 더 재직할 수 있었다. 아칸소대학교 미식축구팀은 1992년 가을 시타델대학교에 패배한 뒤 감독 잭 크로(Jack Crowe)를 해고했다. 5년간의 감독 계약을 맺은 후 단 한 게임 만에 발생한 일이었다. 크로는 위약금으로 60만 달러를 받았으며 그의 후임은 1990년 클렘슨대학교의 타이거스팀과 해약하면서 위약금으로 100만 달러를 받은 대니 포드(Danny Ford)였다.[46]

우승에 결정적인 요소인 감독과 선수를 영입하고자 하는 경쟁은 프로스포츠 분야에서 더욱 치열해서 선수들의 연봉은 지난 20년간 엄청나게 상승해 왔다. 이렇게 연봉이 급등하자 구단주들은 어리석고 선수들은 탐욕스럽다는 비난이 쏟아졌다. 그러나 승자독식 시장의 경쟁 논리에서 명백하게 드러나듯 이들에게만 책임을 돌리다 보면 선수들의 연봉 상승 원인을 제대로 파악하기 어렵다.

프로스포츠계는 설립 이후 구단주들의 치열한 스카우트전을 금지하는 협정을 강화해 왔다. 1970년 세인트루이스 카디널스의 외야수 커트 플러드(Curt Flood)는 메이저리그의 보류 조항이 위법이라고 제소했다. 비록 재판에서 지기는 했지만 법원은 이 조항이 '변칙적'이라고 규정했다.[47] 1975년과 1976년에 앤디 메서스미스(Andy Messersmith)와 데이브 맥널리(Dave McNally) 사건으로 보류 조항에 대한 도전은 더욱 거세졌고 결국 프로야구에서 가장 처음으로 폐지되기에 이르렀다. 그로부터 우리는 자유시장의 논리가 선수들의 연봉에 어떤 영향을 미치는지 생생하게 관찰할 수 있었다.

선수들의 연봉은 1976년 이전에는 비교적 완만하게 증가하는 추세를 보였으나 이 시점을 필두로 급격하게 증가하는 추세를 보인다(그림1 참조). 1993년 선수들의 평균 연봉은 1976년에 비해 2,000퍼센트나 상승한 것으로 나타난다. 그들의 연봉은 1976년 당시 미국 1인당 국민소득의 8배 정도였지만 이제는 50배를 넘어서고 있다.[48] 최근 텔레비전 중계권료 수입이 감소하면서 선수들의 연봉 인상 속도가 약간 둔화하기는 했지만 최고 선수를 확보하기 위한 경쟁은 여전히 치열하다. 1989년 11월 28일 오클랜드 애슬레틱스의 외야수인 리키 헨더슨(Ricky Henderson)은 4년간 평균 연봉 300만 달러에 계약함으로써 당시 프로야구 선수 중 가장 많은 연봉을 받았다. 그러나 그 뒤로 1993년 시즌까지 122명이나 되는 선수가 헨더슨보다 높은 연봉으로 계약했으며[49] 1994년에는 100만 달러 이상을 받는 선수가 362명으로 집계되었다.[50]

그림1. 메이저리그 야구 선수의 평균 연봉

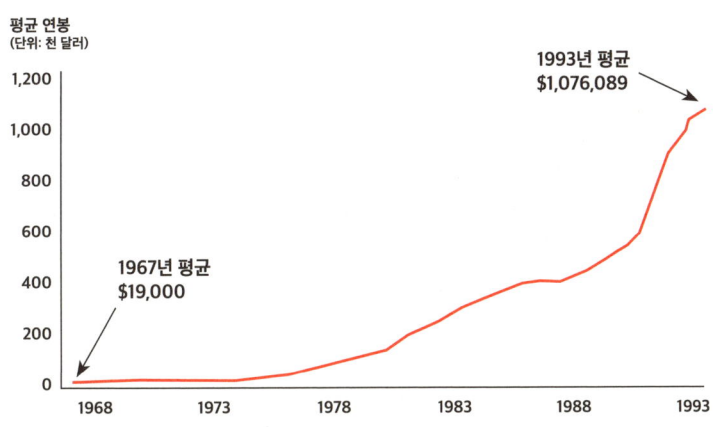

출처: Major League Baseball Players Association, as reported in The Sporting Hews, August 8, 1994, p. 15.

프로야구에 가장 먼저 자유계약선수제가 도입되었기 때문에 야구 선수의 몸값이 가장 많이 상승하는 경향을 보였다. 확실히 프로야구 선수들의 평균 연봉은 상당히 높아서 비교적 실력이 떨어지는 선수도 연봉 100만 달러는 너끈히 받는다. 예를 들어 1990년 LA 다저스의 유격수인 알프레도 그리핀(Alfredo Griffin)은 2할 2푼 1리로 내셔널리그 유격수 중 타격 11위를 기록했고 26회의 내야수 범실을 저질러 이 부문 공동 1위를 기록했음에도 100만 달러나 되는 연봉을 받았다.[51]

다른 스포츠팀에도 수백만 달러의 연봉을 받는 선수들이 속속 등장했다. NBA에 속한 선수 중 27명이 1990~1991년 시즌에 최소 200만 달러를 받았다.[52] LA 레이커스의 제임스 워디(James Worthy)는 1994~1995년 시즌에 720만 달러로 최고액을 기록했지만[53] 다음 시즌에 950만 달러를 받은 뉴욕 닉스의 센터 패트릭 유잉(Patrick Ewing)에게 곧바로 추월당했다.[54] 래리 존슨(Larry Johnson)이 최근 샬럿 호니츠와 맺은 계약에 의하면 향후 12년간 8,400만 달러를 벌어들이게 된다.

미식축구 선수들은 오랫동안 미국의 3대 주요 스포츠 선수 중에서 가장 낮은 연봉을 받아 왔다. 그러나 선수와 구단 모두 1993년에 제한적이나마 자유계약선수제를 도입하기로 합의하면서 선수들의 연봉도 오르기 시작했다. 존 얼웨이(John Elway)는 1993년 3월 덴버 브롱코스와 4년간 2천만 달러에 계약했다. 댈러스 카우보이의 쿼터백 트로이 애이크맨(Troy Aikman)은 연봉 625만 달러로 1994년 NFL 소속 선수 중 가장 높은 연봉을 기록했다.

심지어 최근까지 텔레비전 중계권 계약을 맺지 않았던 아이스하키에서도 백만장자 선수들이 점차 늘어나고 있다. 아이스하키의 최고 고소득자인 웨인 그레츠키(Wayne Gretzky)는 1993~1994년 시즌에 800만 달러가 넘는 수입을 올렸다.[55]

사치품의 인기: 비쌀수록 좋다

앞에서도 지적했지만 소득 불평등이 심화되면서 전체 국민소득 중에서 부자가 소비하는 재화와 용역에 대한 지출이 증가했다. 이는 소비 패턴이 바뀐다는 뜻이다. 즉, 국민소득 중 식품 등 생필품에 대한 지출은 줄어들지만 별장 같은 사치품에 대한 지출이 늘어난다는 의미다. 따라서 사치품의 가격은 상승하고 사치품 생산자들의 수입도 증가한다.

사치품 같은 위치재의 가격 동향을 추적하기는 힘들다. 어떤 시기에는 사회적으로 높은 지위의 상징이던 상품이 다른 시기에는 유행에 뒤떨어진 것으로 취급되기 때문이다. 그러나 상당 기간 사회적 지위의 상징으로 여겨지는 상품들도 있다. 예를 들어 러시아산 캐비어는 오랫동안 최고 부자들이나 먹는 음식이었고 재규어에서 제작한 스포츠카는 최근 인기가 약간 떨어지고 있지만 여전히 많은 국가에서 사회적 지위를 나타내는 상징물로 통한다. 1992년 말 〈이코노미스트(The Economist)〉에서 이런 위치재의 가격 동향을 실었다. 재규어 스포츠카는 최근 몇 년간 판매가 부진했지만 비교의 연속성을 위해 포함시켰다. 다음 페이지에 나오는 표2에 요약된 내용은 이 상품들의 가격상승률이 물가상승률을 한참 초과할 것이라는 예상을 확인시켜 준다.

대가의 명화야말로 가장 전형적인 위치재다. 일반적으로 그림 가격은 변화가 심해서 갑자기 상승하거나 하락했다가 상당 기간 움직이지 않기도 한다. 그러나 장기적으로는 상당히 올라갔을 뿐만 아니라 그 상승 속도도 빨라졌음을 알 수 있다. 피터 왓슨(Peter Watson)은 그의 책에서 1700년대 이후 미술품 가격의 상승에 대해 자세하게 기록하고 있다.[56] 가장 비싸게 팔린 작품을 살펴보면, 1715년 니콜라 푸생(Nicolas Poussin)이 그린 〈칠성사(Seven Sacraments)〉는 1992년 달러 가치로 121,680달러에 팔렸다. 라파엘(Raphael)이 그린 〈알바의 성모(The Alba Madonna)〉는 1836년에 이미 1992년 달러 가치로 1,381,613달러에 팔렸다. 1990년 5월 맨해튼의 크리스티 경매장에서는 청중들이 숨죽여 지켜보는 가운데 반 고흐(Van Gogh)의 작품

표2. 위치재의 가격 상승

품목	가격(당해 연도) (1992년도 달러화 기준)	가격(1992년) (1992년도 달러화 기준)	연평균 증가율
러시아산 캐비어(2온스)	20.37(1912)	129	2.3
최고급 재규어 스포츠카	1만 1143(1932)	7만 3545	3.2
파커 듀오폴드 만년필	60(1927)	236	2.2
최고급 퍼디샷건	7312(1901)	3만 8380	1.8
던힐 '롤라가스' 라이터	92(1958)	205	2.4
루이비통 가방	422(1912)	1670	1.7
카르티에 탱크 시계	1223(1921)	4180	1.7
모든 상품과 서비스 기본 인덱스	1.00(모든 연도)	1.00	0.0

출처: 〈The Economist〉 December 26, 1992, p.96

〈가셰 박사의 초상(Portrait of Dr. Gachet)〉이 역사상 가장 비싼 가격인 8,250만 달러에 낙찰되었다(1992년 달러 가치로 88,533,285달러에 해당). 왓슨은 1800년대 중반 그림 가격이 가파르게 상승했다가 1980년대에 다시 한번 가격이 뛰었다고 주장한다.

미술품 시장은 지금까지도 그랬고 앞으로도 계속 승자독식시장으로 남아 있을 것이다. 이 시장 최고의 승자들은 거의 다 오래전에 세상을 떠났다. 조금 규모가 작기는 하지만 살아 있는 화가들을 위한 승자독식시장도 있었다. 예를 들어 장루이 메소니에(Jean-Louis Meissonier)의 〈프리드란드의 전투(Friedland)〉는 1887년에 1만 3,500파운드에 팔렸는데(지금 가치로 150만 달러에 해당한다) 덕분에 그는 그 시대에 살아 있는 화가 중 가장 비싼 화가가 되었고 오늘날의 기준으로 봐도 상당한 부자였다.[57]

지금까지 살펴본 승자독식시장과 관련된 사례는 단편적이고 상당 부분 정확한 증거 자료가 있는 것은 아니다. 그러나 앞으로 살펴보겠지만 체계적인 증거를 통해 특정 직업의 수입이 일관적인 패턴을 가지고 있다는 것을 알게 될 것이다.

5장

마이너리그의 슈퍼스타들

● 　수백만 달러의 연봉을 받는 사람이 폭발적으로 급증했다고는 하지만 사실 그런 연봉을 받는 사람은 얼마 되지 않는다. 지금까지 슈퍼스타들의 엄청난 수입은 사실 소득 불평등이 확산하는 데 그렇게 엄청난 기여를 하지는 않았다. 소득 불평등의 또 다른 원인은 세일즈맨, 관료, 회계사, 의사 그리고 각 분야의 틈새시장을 지배하는 수많은 '마이너리그 슈퍼스타들'의 소득이 급증했기 때문이다.

　이들의 소득은 왜 그렇게 급격하게 증가했을까? 이와 관련해 여러 연구가 있지만 아직 많은 부분이 설명되지 않는다. 전통적인 경제학 이론에서는 교육, 훈련, 경험 그리고 기타 요소가 영향을 미친다고 주장한다. 이런 것이 중요한 요소인 것은 확실하다. 그러나 이런 요소 때문에 소득 불평등이 심화된 것은 아니다. 오늘날의 고소득자들이 가지고 있는 기술은 15년 전 고소득자들의 기술과 별 차이가 없다.

진정한 변화는 사람이 아니라 기술의 차이를 소득의 차이로 전환하는 방식에서 생겼다. 이런 전환은 유명 인사 노동시장(celebrity labor markets)을 출현시켰던 것과 동일한 원인에서 생겨났다. 그리고 유명 인사 노동시장의 경우와 마찬가지로 최고 실력자를 얻기 위한 공개 경쟁은 제도적·사회적 트렌드에 의해서 더욱 강화되었다. 최고 실력자들은 예전보다 더욱 가치가 높아졌으며 그들은 이런 상황을 마음껏 누리고 있다. 비록 승자독식 현상이 유명 인사 노동시장에서 가장 두드러지게 나타나고 있지만 그 중요성은 이 책을 읽는 대부분의 독자가 속해 있는 일반적인 노동시장에서 더욱 크게 나타난다.

불평등의 심화

베트남 전쟁이 벌어지던 시대는 사회적·정치적 혼란에도 불구하고 노동자 대부분에게 경제적으로 유리한 환경을 제공했다. 제2차 세계대전이 끝난 뒤 시작된 생산성과 임금의 지속적인 성장이 이 시기에 하나의 트렌드로 확실히 자리 잡았다. 전반적으로 소득수준이 상승해 많은 사람이 교외의 단독주택, 자동차 두 대, 자녀들의 대학 교육으로 상징되는 아메리칸드림이라는 함정에 빠져들었다.

1974년 이슬람 국가들이 석유 수출을 제한하면서 이 모든 것이 끝났다. 그 이후 임금과 봉급은 인플레이션을 따라잡지 못했고, 이런 경향은 중간 정도의 교육과 기술을 갖고 있는 남성 노동자들의 경우 더 심해졌다. 우리 대부분은 생활 수준이 조금씩 올라가는 것에 너무나 익숙해져서 임금수준이 절정을 이루었던 20년 전 수준을 아직도 회복하지 못하고 있다는 것에 충격을 받는다. 그 뒤로 여성들이 노동시장에 참여하면서 남성 노동자들의 손실을 만회해 왔다. 그런 노력에도 불구하고 가구당 평균수입은 1970년대 초와 비교해서 거의 증가하지 않았다.

반면에 중산층이 소득수준을 유지하려고 애쓰는 동안에도 부자는 점점 더 부유해졌다. 가구당 소득의 양극화는 중산층의 소득 정체만큼이나 골치 아픈 사회 문제가 되고 있다. 경제학자 폴 크루그먼(Paul Krugman)은 1977년부터 1989년 사이에 발생한 개인소득 증가분의 70퍼센트가 소득 상위 1퍼센트의 부유층 가구에 돌아갔다고 주장한다.[1] 레이건 행정부 말기에 이 엘리트 집단의 평균 소득은 중산층 가정보다 20배나 더 많았다.[2]

가구당 소득에 나타나는 이런 트렌드는 주로 개인소득의 약 70퍼센트를 차지하는 임금이 변화했기 때문에 발생했다. 1980년대에 상위 10퍼센트의 노동자와 하위 10퍼센트의 시간당 임금 격차는 남성은 약 20퍼센트, 여성은 약 25퍼센트 증가했다.[3] 반면에 중위 노동자의 실질소득은 거의 변하지 않았다. 1983년 언론인 로버트 커트너(Robert Kuttner)는 소득 양극화 현상이 심각해지자 "이 나라가 꿈꾸던 중산층 사회가 위험에 빠졌다"라며 경고했다.[4] 그 후 상황은 더욱 안 좋아졌다.

이 같은 소득 변화의 원인에 대해 여러 설명이 있었다. 제조업 부문의 고용 감소로 노조가 쇠퇴하고 이에 따라 중산층의 라이프스타일을 유지해 줄 만한 '양질의(good)' 블루칼라 일자리가 줄어들었다는 것이다. 무역 장벽이 무너지면서 미국의 노동자들은 공산권과 제3세계의 저임금 노동자들과 다국적기업의 제품 생산을 두고 경쟁하게 되었다. 소득 불평등이 심화된 또 다른 중요한 요인은 주로 컴퓨터 혁명과 관련된 기술의 변화다.[5] 제조업과 서비스 산업의 고용주들은 점차로 교육 수준이 높고 문제 해결 능력이 뛰어난 노동자들을 필요로 했고 이로 인해 1980년대에는 대졸자의 소득이 상대적으로 상승했다.[6]

그러나 소득 불평등이 심화된 원인은 아직도 미스터리로 남아 있다. 소득 변화와 관련한 최근의 연구 결과에서 경제학자 프랭크 레비(Frank Levy)와 리처드 머네인(Richard Murnane)은 "가장 풀리지 않는 수수께끼"는 1970년 이후 소득의 잔차분산(residual variation), 즉 학력이나 직업, 인구통계학적 원인을 제외한 기타 변수가 계속 증가하는 현상이라고 주장했다.[7]

우리가 조사한 바에 의하면 화이트칼라 사이에서도 소득 불평등이 상당히 심화하는 현상이 나타났다. 심지어 평균적인 화이트칼라의 급여가 겨우 물가상승률을 따라잡는 수준인 상황에서도 고소득 노동자들의 수는 급격하게 증가했다.

상위 1퍼센트 집단의 패턴

소득 상위 1퍼센트에 속하려면 1년에 얼마를 벌어야 할까? 1989년에는 약 12만 달러였다. 미국의 직장인 중 단지 107만 명만이 그 정도의 돈을 벌었다.[8] 이 엘리트 집단을 '센추리언 클럽(Centurion Club)'이라고 부르자. 인구통계 자료를 이용하면[9] 어느 직업군이 제일 많은지 그리고 과거 자료와 비교해 지난 10년간의 성장 추이도 추적할 수 있다. 다행히 1979년과 1989년은 경기 변동 주기상 비슷한 지점(호황의 절정기)에 있었다.

이 클럽 안에 어떤 직업이 제일 많은가? 당연하게 의사와 변호사가 가장 많았다. 1989년에 의사의 40퍼센트, 변호사의 20퍼센트가 여기에 속했다. 이 둘을 합치면 전체 구성원의 거의 30퍼센트에 달한다.

영업직과 중역으로 이루어진 또 다른 직업 집단은 의사나 변호사보다 평균 소득은 훨씬 낮았다. 두 직업 모두 1989년에 12만 달러를 벌어들이는 사람은 20명 중 1명도 안 되었다. 그러나 이 직업군은 인원이 매우 많기에 센추리언 클럽에서 큰 비중을 차지한다. 특히 중역과 관리직은 센추리언 클럽의 34퍼센트를 차지하며 영업 관리와 영업직이 19퍼센트, 회계사나 컨설턴트처럼 관리직과 관련된 직업이 7퍼센트를 점유한다.

센추리언 클럽에서 다른 직업군이 차지하는 비율은 훨씬 적지만 무시할 수 없는 수준이다. 예를 들어 작가, 연기자, 음악가, 화가, 운동선수가 포함되어 있는 미술계와 연예계에서는 단지 2퍼센트(1만 6천 명)가 1989년에 12만 달러 이상을 벌었고 대학교수 중에는 1.4퍼센트(5,800명)만이 그런 혜택을 얻었다.

1979년 7만 달러의 소득이 1989년 12만 달러와 동일한 구매력을 지니고 있으므로[10] 7만 달러를 기준으로 하면 1979년 센추리언 클럽의 인원은 53만 8천 명에 지나지 않았다. 1989년에 이 수치가 2배로 증가한 것은 부분적으로는 앞서 언급한 직종에 종사하는 사람들의 수가 증가했기 때문이다. 두 번째 이유는 물가상승률을 반영한 중위소득의 증가다. 이는 특히 법률 분야와 몇몇 전문 분야에서 두드러졌다. 그러나 센추리언 클럽의 회원 수가 증가하는 데 가장 중요한 역할을 한 것은 단연코 소득 불평등의 확산이었다. 앞에서 다룬 직업군에서도 소득은 점차 최상층부에 집중되었다.

1979~1989년 센추리언 클럽 회원 수가 78퍼센트나 증가한 치과의사의 경우를 살펴보자. 개업 치과의사의 수는 1980년대에 약간 줄었으므로 단순히 치과의사의 수가 늘었기 때문이라는 설명은 통하지 않는다. 그렇다고 물가 상승을 고려하면 치과의사들의 중위소득이 특별히 증가한 것도 아니다. 다만 1980년대에 치과의사들의 소득분포가 엄청나게 달라졌을 뿐이다. 적당하게 많은 6~12만 달러의 소득을 올리는 사람은 줄어든 반면 소득분포 곡선의 최고점과 최저점에 위치한 치과의사의 수는 급격하게 증가했다.

이런 방식으로 화이트칼라 직종을 살펴본 결과 역시 동일한 패턴을 발견할 수 있었다. 이 모든 직종을 종합적으로 검토한 뒤 우리는 다음과 같은 충격적인 결론을 내릴 수밖에 없었다. 즉, 1979년과 1989년 사이에 증가한 센추리언 회원의 63퍼센트는 소득 불평등의 심화가 원인이었다.[11]

마지막으로 혹시 이들 직종의 연령과 경력의 변화로 인해 소득 불평등이 심화된 것은 아닌지도 점검했다. 그러나 대학 교육을 받은 35~54세의 풀타임 남성 노동자로 분석 대상을 좁히더라도 결론은 마찬가지였다. 이처럼 대상을 줄여도 소득 불평등은 1980년대에 심해졌고 새로운 고소득 노동자의 절반 정도는 바로 이런 원인으로 탄생했다.

1명의 천재가 압도적인 성과를 가져온다면?

치과의사, 변호사 그리고 그 밖의 직업에서 소득 불평등이 증가했다는 사실은 시장이 최고 실력자의 서비스를 더 높이 평가하고 있다는 것을 의미한다. 그렇지만 그들이 그렇게 많은 돈을 버는 이유는 도대체 무엇일까? 우리는 전반적으로 승자독식시장을 일으킨 요소들이 강화되었기 때문이라고 생각한다. 이런 주장은 소득 불평등에 대한 기존의 설명과는 매우 다르다. 그리고 소득 불평등의 문제는 너무나도 긴요한 정치적 문제이기 때문에 다른 설명도 주의 깊게 검토할 필요가 있다.

경제학자들은 고소득을 올리는 최고 실력자들이 어쨌든 동료들보다 (시장가치를 높이는 무언가를 가졌다는 의미에서) '우수했기' 때문에 불평등이 심화되었다고 말한다. 이런 주장은 지배적인 임금 결정 이론인 인적자본이론(human capital theory)에 근거하는데 이는 교육, 훈련, 경험, 지능, 동기 등 기타 생산성에 영향을 주는 인적 요인 때문에 임금에 차이가 난다는 이론이다.

앞에서 말한 요인들을 인적자본이라고 부르는데 이는 금융자본이나 실물자본과 비슷한 방식으로 작동한다. 금융자본이 자본시장에서 가격을 결정하는 것처럼 인적자본 역시 노동시장에서 가격을 결정한다. 은행에 1만 달러를 예금한 사람이 5천 달러를 예금한 사람보다 이자를 2배 더 받듯 다른 사람보다 인적자본이 2배 풍부한 노동자는 임금도 2배 더 받는다는 것이다.

인적자본이론은 노동시장에 나타나는 수많은 특징을 잘 설명한다. 예를 들어 교육에 많이 투자하는 사람이 적게 투자하는 사람보다 평균적으로 더 높은 수입을 올린다는 것이다. 겉보기에는 그럴듯하나 이 이론만으로는 설명되지 않는 부분도 많다. 크리스토퍼 젱크스(Christopher Jencks)는 그의 저서 《불평등(Inequality)》에서 교육 등 인적자본과 관련된 변수는 개인소득의 차이에서 차지하는 비중이 15퍼센트에 불과하다고 주장했다. 따라서 인적자본의 변동이 최근의 소득 불평등 현상을 설명해 주지 못한다고 하더라도 그리 놀랄 일은 아니다.

인적자본이론은 일자리보다 근로자에게 초점을 맞춘다. 그러나 아무리 인적자본을 갖춘 사람이라도 적당한 범위 내에서 기회가 주어져야만 자신의 인적자본 가치를 발휘할 수 있다. 동유럽을 방문해 본 서양인은 이 원칙을 바로 체험할 수 있을 것이다. 그곳에는 고등교육을 받았지만 공산주의의 유산으로 임금이 매우 낮은 사람들이 많다. 예컨대 루마니아의 의사들은 한 달에 100달러밖에 벌지 못한다. 그래서 하루에 10달러씩 받고 부쿠레슈티에 있는 서유럽 주재원의 집을 청소하고 수입을 보충하기도 한다. 루마니아 사람뿐만 아니라 다른 동유럽 사람들은 현재 받는 급여보다 20배에서 100배 많은 돈을 버는 미국인들 못지않은 자질을 갖추고 있다.

미국의 노동자 사이에서도 비슷한 현상이 나타나면서 비슷한 수준의 인적자본을 축적한 사람들 사이에서도 소득 차이가 매우 크게 나타난다. 이처럼 엄청난 차이가 발생하는 원인을 이해하려면 승자독식적 관점에 따라 개별 노동자들의 특징보다는 그들의 지닌 직위의 특징을 먼저 눈여겨봐야 한다. 모든 조직은 엄격한 위계질서를 갖추고 있어 직위별로 책임 정도와 분야를 반영해 급료를 책정한다. 엄청난 노력을 해야 하는 직위일수록 급여가 높아진다. 이런 자리에 있는 사람들은 성과가 조금만 차이가 나도 기업의 수익성이 엄청나게 달라지기 때문이다. 기업은 이런 영향력 있는 직위에 적합하고 유능한 후보자를 찾기 위해 애쓰고 그들에게 기꺼이 두둑한 대가를 지불한다.

인적자본이론에 영향을 받은 경제학자라면 아마 이렇게 질문할 것이다. 터무니없이 높은 급여를 지불하고 최고 실력자를 끌어들이는 대신 평범한 사람 2명을 고용해서 돈을 절약하면 안 될까? 실물자본이라면 그런 논리가 통할지 모르지만 인적자본은 아니다. 2명의 평범한 외과의사, CEO, 소설가, 쿼터백은 절대로 1명의 천재적인 외과의사, CEO, 소설가, 쿼터백을 대체할 수 없다.

따라서 개인의 뛰어난 능력이 기업이나 시장에 엄청난 가치를 유발하는 직위의 경우 시장이 반드시 그 개인의 인적자본에 비례해 보상하지는 않는다. 인간의 재능이 최대한으로 발휘되는 이런 직위[12]의 경우 미세한 추가 재능만으로 엄청난 가치를 가지며 정상적인 경쟁시장에서 더욱 크게 보상받는다. 이것이 소득 불평등 심화에 대한 우리의 설명에서 핵심을 차지한다.

물론 가장 재능 있는 사람들이 높은 소득을 올리지 못하는 상황도 있다. 군대의 장교들은 야구 선수가 보류 조항에 묶여 있었던 것처럼 바깥세상을 모른다. 고용주들이 장교를 확보하기 위해 경쟁을 벌이지 않기 때문에 가장 오랫동안 복무한 장교조차 얼마 안 되는 급여를 받는다.

또 어떤 분야에서는 가장 유능한 사람들을 두고 경쟁을 벌이는 것이 법이나 관습 또는 내부 규율에 의해 제한받기도 한다. 예를 들어 미국 행정부의 장관들은 연방공무원으로 임용된 대졸 초임자와 급여 차이가 6배밖에 나지 않는다. 이렇게 얼마 안 되는 급여 차이는 1974년 이후 변하지 않았다. 마찬가지로 일부 비영리단체도 최고 책임자들이 조직에 아무리 기여를 하더라도 많은 보수를 금지한다. 그 때문에 1992년 비영리 자선단체인 유나이티드 웨이(United Way)의 총재가 45만 달러나 되는 연봉을 받는다는 사실이 밝혀지자 엄청난 논란이 일기도 했다.

그러나 시장원리가 자유롭게 작동할 수 있는 여건이라면 고용주를 선택할 수 있는 (또는 자신의 사업을 펼치는) 재능 있는 개인들이 결국 최대 승리자가 될 것이다.

성공이 성공을 낳는 직업

언뜻 보면 영업 사원이나 치과의사 같은 직업은 승자독식적 보상 구조와 관계가 없는 것처럼 보일 수 있다. 영업 사원이 받는 수수료는 보통 그가 판매한 상품의 개수에 비례한다. 마찬가지로 치과의사도 시간당 3개의 이를 치료하는 의사가 1개를 치료하는 의사보다 3배 많은 수입을 올릴 것이다.

그러나 이런 관찰은 우리를 잘못된 판단으로 이끌 수 있다. 이는 동일한 작업을 수행하는 개인의 생산성에만 초점을 맞추고 있기 때문이다. 어느 직업이든 평생 소득의 편차는 상당 부분 무슨 일을 하느냐에 따라 결정된다. 가장 단순한 직업을 제외한다면 사실 모든 직업에서 성공은 일련의 '시도(trials)'를 통해 달성된다. 성경에 나오는 달란트처럼 책임이 적은 직위에 있을 때 업무를 잘 수행한 금융 분석가, 변호사, 관리자는 좀 더 책임이 큰 직위로 승진한다.

예를 들어 영업직의 경우 고용주는 직원의 실적을 검토한 뒤 우수 직원에게 더 수익성이 좋은 권역을 맡긴다. 《거짓말쟁이의 포커(Liar's Poker)》라는 책에서 마이클 루이스(Michael Lewis)는 런던의 살로몬 브라더스에서 채권 판매인으로 일할 때 이야기를 들려준다. "내 고객들은 다른 직원의 고객들과는 달랐습니다. 그들은 1억 달러 이하의 돈을 가진 소규모 기관투자자들로 한 번 투자할 때 금액은 몇백만 달러를 넘지 않았습니다."[13] 그 후 루이스는 운과 실력에 힘입어 이 고객들에게 만족스러운 성과를 안겨 주었고 빠르게 승진도 했다. "성공이 또 다른 성공을 낳더군요. 회사는 내가 더 큰 수익을 올릴 수 있다고 기대하고 곧바로 나를 다른 판매인의 대형 고객과 연결해 주었습니다. 입사 6개월 되던 1986년 6월에 나는 유럽에서 가장 큰 투자 펀드 회사를 맡았습니다."[14]

루이스가 살로몬 브라더스에서 성공한 것은 동일한 고객들을 상대로 동료보다 더 많이 팔았기 때문이 아니다. 경영진이 그의 비범한 영업 능력을 알아보고 대형 고객과 연결해 주면 더 큰 수익을 가져오리라 판단했기 때문이었다. 그런 대형 고객은 많지 않았기 때문에 루이스가 그들과 연결될 수 있었던 것은 순전히 그가 직접적인 경쟁자들, 즉 살로몬 브라더스의 다른 영업 사원보다 실적이 더 좋았기 때문이다.

자영업자도 이와 비슷한 과정을 겪는다. 그들이 성공할 가능성은 그들의 서비스를 원하는 시장에 달려 있다. 다시 말해 회계사, 변호사, 척추 지압사, 치과의사의 서비스에 대한 수요는 그 사람이 쌓은 평판에 달려 있고 이는 다시 추천이나 입소문을 통해 퍼져 나간다. 확실한 명성을 쌓아 센추리언 클럽 수준의 소득을 올리려면 능력은 필요조건이지만 결코 충분조건은 아니다.

교육 수준과 능력이 비슷한 2명의 임상심리사가 개업을 했다고 가정해 보자. 한 사람은 의사나 치료사가 그의 교육이나 능력을 좋게 보고 환자들에게 추천해서 처음부터 환자가 많았다. 소개받은 환자 대부분이 치료가 효과가 있었다고 생각해 친구들에게도 추천했고 결국 이런 식으로 성공이 성공을 낳는다. 임상심리사는 경험을 쌓을수록 치료 기술이 향상되며 고객층이 넓어질수록 그의 서비스를 원하는 시장도 확대된다. 그러므로 매우 높은 진료비를 받고 치료를 할 수 있다.

한편 똑같은 능력을 갖추고 있지만 자신을 추천해 줄 만한 인맥이 부족한 임상심리사는 출발부터 늦다. 그의 실력을 인정하는 환자도 있지만 그의 서비스를 퍼뜨릴 만큼 충분한 고객을 처음부터 확보하지 못한다. 결국 그는 개업의로서의 성공적인 경력을 포기하고 그저 그런 연봉을 받고 대형 병원에 취직한다.

이런 사례들이 보여 주듯 전문직도 경력을 발달시키려면 인적자본을 실제적인 생산성으로 전환시키는 다양한 자기강화적 과정이 필요하다. 이 과정이 구체적으로 어떤 것인지는 불분명하다. 물론 모든 단계에서 능력과 노하우가 중요한 것은 맞다. 그러나 경험 많은 치과의사, 임상심리사, 회계사, 전문 판매인 등의 집단에서 보이는 소득분포는 최초 능력별 분포보다 훨씬 더 심하게 분산되어 있으며 그 과정에서 마주치는 온갖 우연의 영향을 받는다. 그리고 가장 유능한 사람 중에서 승자가 선택된다. 전문 서비스 시장에서는 명성이 중요하므로 최고의 명성을 얻고 있는 사람이 명성이 약간 떨어지는 사람보다, 객관적인 능력 차이가 거의 없더라도 성공할 가능성이 높다.

어느 업계에나 승자가 있다

그렇다면 소득수준이 높은 곳으로 사람들이 몰리는 이유는 무엇일까? 레비와 머네인이 주장한 잔차분산이라는 문제는 어떻게 해결해야 할까? 인적자본이론의 관점에서 보면 측정 불가한 변화가 경제적 재능의 분포에 널리 발생했다는 사실을 알 수 있다. 반면 승자독식적 관점에 의하면 최고 능력자가 발휘할 수 있는 능력에 변화가 생겼다는 것을 알 수 있다. 1979년과 1989년을 비교해 보면 승자독식현상이 나타나는 데 기여한 기술 같은 요인이 변하면서 최고직에 있는 사람들이 광범위하게 재능을 발휘했다는 것을 알 수 있다. 많은 경우 이런 재능의 가치가 높아지면서 개인이 높은 보수를 요구하게 된 것이다.

1980년대에 가장 호황을 누린 산업은 투자금융 산업이다. 당시 유가증권 판매인들은 현대판 골드러시를 마음껏 누렸다. 1989년 투자금융 산업의 총매출액은 770억 달러로 1980년에 비해 거의 4배나 증가했다. 마이클 루이스는 1980년대 전반 채권시장에서 겪은 엄청난 성장과 변화를 자서전적 소설에서 이렇게 묘사한다. "살로 몬 브라더스에 어떤 변화가 있어서 직원들이 더 유능해진 것은 아 니었다. 다만 거래량과 횟수가 폭발적으로 증가했다. 전에는 일주일 에 500만 달러의 채권을 운용하던 직원이 요즘에는 하루 평균 3억 달러를 움직인다."[15] 이런 상황에서 중개인의 능력이 더 중요한 역할 을 하게 되었고 덕분에 유능한 중개인은 회사에 매년 수백만 달러 의 이익을 가져다주었다. 루이스에 따르면 살로몬 브라더스에서 이 들이 창출해 내는 가치에 상응하는 보너스 지불을 주저하자 경쟁사 인 퍼스트 보스턴사(First Boston)와 드렉셀 번햄사(Drexel Burnham)가 더 높은 연봉으로 이들을 스카우트했다고 한다. 1980년대 이후 비 록 보너스가 다소 줄기는 했지만 뉴욕의 투자금융 회사 소속 중개 인들은 여전히 수십만 달러의 연봉을 받는다.[16]

앞에서도 보았듯 영업직의 소득은 매우 불평등해져 센추리언 클 럽의 회원수는 1979년과 1989년 사이에 2배 이상 증가했다. 이런 현상은 단지 금융시장에 한정되지 않았다. 1980년대에 호황을 누렸 던 자산 시장에서는 특히 부유한 고객들을 상대하는 부동산 중개 인들이 점점 커지는 거래액의 일정 비율을 수수료로 받으면서 높은 소득을 올렸다. 다른 분야와 마찬가지로 부동산 중개업에서도 기술 의 변화로 중개인들의 생산성이 증가했다.

한 보고서에 따르면 1980년대에 일어난 판매 기술의 주된 변화 는 컴퓨터와 전화의 이용 증가와 관련이 있다고 한다.[17] 컴퓨터 덕분 에 주문 접수, 재고 파악, 고객 관리, 의사소통, 시간 관리가 더욱 편 리해졌다. 또한 자동응답기의 보급과 합리적인 가격의 휴대폰 도입과 더불어 전화 요금이 인하되면서 고객들과의 의사소통에 수반하는 비용과 불편함이 줄었다. IBM을 포함한 수많은 대기업의 영업 사원들은 이제 사무실을 가지고 있지 않다. 그들은 다양한 전자기기를 이용해 본사와 연락하고 기존 고객과 잠재 고객을 상대하며 현장에서 시간을 보낸다.

이런 변화는 확실히 영업 사원들의 생산성을 증대시켰다. 그들은 더 많은 고객과 접촉할 수 있게 되었고 다른 직원의 지원에 의존할 필요도 없어졌다. 그 결과 영업 사원 1명이 담당하는 권역이 더욱 커졌다. 따라서 가장 설득력이 뛰어나고 능력이 좋은 직원들은 더 많은 거래를 성사시키고 능력이 다소 떨어지는 직원은 틈새시장을 찾느라 고생하게 된다.

다른 분야처럼 영업 분야도 최고 실력자들이 벌어들이는 소득은 그들이 창출하는 가치에 정확히 비례하지 않는다. 어떤 회사는 영업 사원의 수입이 다른 직원의 수입과 너무 차이 나지 않도록 수당에 상한선을 두기도 한다. 물론 그런 회사들은 급여의 형평성을 중시하지 않는 경쟁사에 최고의 영업 사원을 빼앗길 수 있다.

판매만을 전문으로 하는 기업에 외주를 주어 이런 문제를 해결하기도 한다. 한 보고서에 따르면 제조업자들의 절반 이상이 판매 전문 회사를 이용하는데 1970년대부터 이런 관행이 생겼다고 한다.[18] 외부의 판매 전문 직원에게는 고액의 수당을 지불해도 내부 영업직 사원에게 동일한 액수를 지불했을 때만큼 시기와 우려가 생기지 않는다고 한다.

1980년대 영업직은 소득 불평등이 가장 크게 나타난 직종 중 하나다. 그렇다면 거의 비슷하게 소득 불평등이 증가한 치과의사는 어떤가? 그 직종에는 어떤 원리가 작동했는가? 조사 결과 최근에는 치과의사와 관련된 경제 논문이 거의 없기 때문에[19] 단편적인 정보에 기초해 추론할 수밖에 없었다. 다만 다른 의료 분야와 마찬가지로 전문화가 추세로 보인다. 하버드대학교 치과대학의 체스터 더글러스(Chester Douglas)에 따르면 미국에서 매년 치대에 입학하는 학생 수는 1982년 6천여 명에서 1994년 4천여 명으로 줄었다고 한다. 그러나 같은 시기에 구강외과, 교정치과, 치주학과 등 전문학과의 신입생 수는 매년 1,250명 수준을 유지했다. 따라서 고소득을 올릴 수 있는 치과 분야를 선택하는 치대 졸업생의 비율이 크게 증가한 셈이다. 이는 1979년보다는 1989년에 더 많은 치과의사가 센추리언 클럽에 속하게 된 이유를 설명해 준다. 그러나 이것으로는 센추리언 회원의 절대 인원이 증가한 이유를 설명할 수 없다.

더 그럴듯한 설명은 전반적으로 치과 서비스에 대한 수요가 늘었기 때문이라는 것이다. 수요가 증가한 것은 치과 치료에 대한 보험 혜택이 확대된 것도 있지만 그보다 훨씬 더 중요한 원인은 인구의 노령화다. 베이비붐 세대가 중년이 되면서 치과에 대한 수요가 가장 커지는 시기에 접어든 것이다. 이에 더해 요즘의 노인들은 이전 세대보다 치아를 오랫동안 잘 간직하고 있다. 예를 들어 1970년대에 뉴잉글랜드 지역의 주민들을 조사한 결과 70대 노인이 평균적으로 자기 치아를 7개밖에 가지고 있지 않았지만 요즘에는 평균 17개를 가지고 있다고 한다.

노스캐롤라이나대학교의 〈치의학 교육 저널(Journal of Dental Education)〉

의 편집장 짐 베이더(Jim Bader)는 치약에 불소를 사용하면서 기본적인 치과 서비스에 대한 수요는 다소 감소했으나 치아 미백이나 치열 교정, 크라운 등 미용 목적의 치과 서비스에 대한 수요가 증가했다고 주장한다. 치아 성형 시장은 세라믹 재질로 치아의 원래 모습을 복원해 주는 새로운 컴퓨터 기술이 출현하면서 더욱 커졌다. 첨단 소프트웨어를 갖추고 있는 의사들은 치료가 끝난 후 웃을 때의 모습이 어떤지 미리 보여 줄 수도 있다.

베이더는 연방거래위원회에서 의료 광고를 허용한 조치도 치아 성형 분야가 성장한 또 다른 원인이라고 말한다. 그러나 여기에 추가해서 다른 분야 최고 실력자들의 소득이 증가한 것도 하나의 원인이다. 이것이 중요한 이유는 두 가지인데, 첫째 소득 증가로 마음 놓고 치아 성형을 할 수 있게 되었으며, 둘째 최고 실력자가 되기 위한 경쟁이 심화되면서 외모가 경쟁력 강화에 도움이 된다는 것을 깨달았기 때문이다.

이런 변화로 치과 분야에서도 다른 분야와 유사한 자기강화적 과정이 많이 생겼다. 물론 이런 과정이 어느 정도까지 치과의사 사이의 소득 불평등을 초래했는지 정확히 측정할 수는 없지만 자료 검토 결과 인적자본의 변화가 불평등의 주요 원인은 아니었다.

법조계 최고 실력자들의 소득이 급증한 것도 승자독식현상에 그 원인이 있다고 본다. 경제학자 셔윈 로젠(Sherwin Rosen)은 최근 미국의 변호사 시장에 대해 이렇게 말했다.

—— 몇몇 자료에 의하면 법조계에 발생한 변화, 예를 들어 대

형 로펌의 성장, 성공 보수의 일반화, 집단소송의 증가 등이 원인이 되어 다른 엘리트 집단에 비해 상대적으로 규모가 작은 변호사 집단의 소득이 큰 폭으로 증가했다. 이러한 '스타성(star quality)'은 새로운 개념이 아니라 최근 들어 그 규모와 빈도가 더욱 중요해졌다고 할 수 있다. … 단기적으로는 소송이 증가하고 법률 서비스에 대한 수요가 증가한다면 변호사의 희소한 능력을 이용하는 비용도 상승할 것이다.[20]

미국에서 불법행위에 대한 소송이 급증했음을 입증하는 자료는 매우 많다.[21] 보통 원고 측 변호사는 의뢰인이 받는 손해배상금의 30~50퍼센트를 성공 보수로 받기로 하고 사건을 맡는다. 민사 소송을 맡은 변호사들의 수입은 그가 맡은 사건의 건수와 승소할 확률 그리고 손해배상액에 의해 결정된다. 이 세 가지 요소는 1960년 이후 크게 증가했다.

제품 불량으로 육체적 상해를 입었다며 제기한 소송 건수는 1976년과 1986년 사이에 4배가 증가했으며 1987년 이전 10년 동안 역사상 가장 많은 의료 소송이 제기되었다. 시 정부를 상대로 한 손해배상 청구는 1982년부터 1986년 사이에 2배가 증가했으며 연방 정부를 상대로 한 소송은 1985년 한 해에만 전년 대비 30퍼센트 증가했다. 제조물 책임과 관련된 사건의 경우 원고 측의 승소율은 1960년대 20~30퍼센트에서 1980년대에는 50퍼센트 이상으로 증가했다. 배상금도 크게 증가해 판결 금액은 실질 가치 기준으로 1960년대 초 5만 달러에서 1980년대 초에는 25만 달러 이상으로 늘어났다.

모든 전문 분야에 뛰어난 재능으로 엄청난 수입을 올리는 사람이 있듯 법조계 역시 피라미드의 최상층을 차지하고 있는 사람들만이 자신의 재능에 예외적으로 높은 보상을 받는다. 예를 들어 휴스턴에서 변호사로 일하는 조 자마일(Joe Jamail)은 1988년 한 해에만 최소 4억 5천만 달러에서 6억 달러를 벌어들였을 것으로 추정된다.[22] 1989년 〈포브스〉에서는 1987년과 1988년에 각각 최소 200만 달러 이상의 수입을 올린 변호사 62명을 발표했고 추가로 100만 달러에서 200만 달러를 벌어들인 변호사 50명을 발표했다.[23]

4장에서는 기업 경영자, 컨설팅, 패션계, 언론계, 출판계, 스포츠계, 연예계 등 여러 시장에서 심화되는 소득 불평등을 다루었다. 시장별로 경제 환경이 바뀌면서 상대적으로 책임이 큰 직책에 더 큰 보상이 주어졌음을 알 수 있었다. 통계자료에 의하면 이런 현상이 유명 인사 노동시장뿐만 아니라 일반적인 노동시장에서도 발생하고 있다고 한다. 이것이 특히 중요한 이유는 최근 수십 년 동안 소득 불평등 현상의 심화가 주로 일반 노동시장에서 발생했기 때문이다.

우리는 소득 불평등이 심화된 이유가 대체로 승자독식시장이 널리 퍼졌기 때문이라고 주장한다. 이와 가장 대치되는 주장은 인적자본의 분포가 달라졌기 때문에 소득 불평등이 심화된다는 설명이다. 그러나 지금까지 아무도 인적자본이 어떻게 달라졌는지를 밝혀내지 못했다.

인적자본 모델은 확실히 근거를 제시하지 못하지만 지금까지 살펴본 증거에 의하면 소득 불평등의 심화가 부분적으로는 승자독식시장과 무관한 요소 때문일 수도 있다. 그러나 역시 그 무관한 요소가 무엇인지 명확히 밝혀낸 사람은 없다. 최소한 우리는 데이터가 대체로 승자독식시장의 설명과는 일치하지만 반대 주장과는 전반적으로 일치하지 않는다고 말할 수 있다.

  모든 것을 고려했을 때 승자독식시장의 중요성이 시간이 가면서 점차 커졌다면 뒷장에서 우리가 제기할 문제들은 더욱 큰 의미를 지닐 것이다. 그러나 승자독식시장이 넓게 확산되지 않는다 하더라도 분명 우리 경제에는 중요한 역할을 하고 있다. 이것만으로도 독점 시장이 가져올 결과를 더 많이 아는 것이 의미가 있다고 생각한다.

6장

경쟁자가 너무 많다고요?

● 1994년을 기준으로 미국의 연극배우조합, 영화배우조합, 텔레비전 및 라디오예술가연맹의 회원 수는 모두 합해 15만 명이 넘는다. 게다가 이런 전문 연예인 단체에 가입할 자격을 갖추지 못하고 연극, 영화, 텔레비전 등에서 경력을 쌓고 싶어 하는 연예인 지망생의 수 역시 수십만 명이나 된다. 물론 이들 중에는 연예 활동에 진정한 애정을 가진 사람도 있지만 단지 연예 활동이 줄 수 있는 부와 명예만을 추구하는 사람들도 많다. 그러나 이들 중 극소수만이 조금 유명해질 따름이고 그 외 사람들은 겨우 생활비만 벌며 근근이 살아간다. 작년 기준으로 영화배우조합 회원 중 12퍼센트만이 영화 출연료를 받았고 그중 90퍼센트는 출연료가 5천 달러 이하였다.[1] 대부분의 지망생은 수년간 웨이터나 택시 기사로 생계를 유지하다가 결국에는 꿈을 포기하고 다른 직업을 찾는다.

앞에서도 보았지만 연예 산업에서 볼 수 있는 승자독식적 보상 구조가 점차 다른 부문에도 확산되고 있다. 이런 보상 구조 때문에 많은 사람이 생산적인 근로활동을 포기하고 최고의 보상만을 추구하게 되었다. 이 장에서는 노동시장이 잘못된 방향으로 나아가게 된 이유를 살펴볼 것이다.

몇 명이 싸워야 적당할까

어떤 경제든 단 하나의 가장 중요한 과제는 재능이 가장 큰 가치를 발휘할 수 있는 자리에 근로자들을 배치하는 것이다. 단지 경제적인 관점에서 볼 때 이상적인 인력 배치란 재화와 용역의 총가치가 극대화되도록 하는 것이다. 또한 이런 인력 배치는 모든 취업자가 벌어들이는 총소득을 극대화한다. 따라서 승자독식시장이 너무 많은 경쟁자를 끌어들인다는 주장은 사람들이 이 시장에서 경쟁하지 않고 다른 직업을 선택한다면 사회의 총소득이 증가할 것이라는 뜻이다.

이런 주장에 오해를 없애기 위해 우리는 승자독식시장이 완전히 해로운 경제적 재난이거나 부정적 요소라고 주장하지 않는다는 점을 우선 강조하고자 한다. 결국 매우 중요한 일을 맡겨야 할 때 처음에 누가 가장 잘할지 모르겠으면 그런 사람을 찾아내는 장치가 필요한데 자본주의 경제에서는 그 역할을 승자독식시장이 하고 있다. 승자독식시장 또는 이와 유사한 기능의 시장이 없었다면 자본주의 경제는 지난 200년간 엄청난 발전을 이루지 못했을 것이다. 우리가 승자독식시장이 지나치게 많은 경쟁자를 끌어들인다고 주장하는 것은 별로 뛰어나지 못한 재능을 가진 지망생들이 다른 직업을 택하면 우리 사회가 더 발전할 수 있다는 의미다.

그런데 이런 제한적인 주장조차 결코 명백하게 입증된 것이 아니다. 90퍼센트 이상의 배우들이 자신의 재능만으로는 생계를 유지할 수 없다는 사실 자체가 배우 지망생이 지나치게 많다는 주장을 입증하지는 않기 때문이다. 배우가 되려는 사람이 많을수록 그들의 공연을 즐길 기회가 많아진다. 배우 지망생이 아주 적은 사회가 있다고 해 보자. 그곳에는 딱 배역에 필요한 만큼의 배우 지망생만 있으므로 우리는 형편없는 연기에 만족해야 할 것이다. 그렇게 되면 사람들은 조금 더 돈을 내더라도 더 나은 오락물을 찾을 것이다.

극단적인 경우로 배우 지망생들이 지나치게 많은 사회도 상상해 볼 수 있다. 비현실적이기는 하지만 모든 사람이 배우를 직업으로 선택했다고 가정해 보자. 이 경우 분명 엄청난 스타 군단이 등장하겠지만 대신 보건, 교통, 주택, 생필품 등 없어서는 안 될 재화와 서비스가 매우 부족해질 것이다. 이 사회의 사람들은 이런 필수품을 얻기 위해 기꺼이 오락의 질이 떨어지는 것을 받아들일 것이다.

이 양극단 사이에 연예적 재능과 다른 재화와 용역의 가치를 극대화하는 적절한 균형점이 존재한다. 이렇게 이상적인 균형과는 대조적으로 시장의 힘은 종종 너무 많은 개인을 독점 시장으로 유인하는 반면 다른 필수 직업에는 사람이 몰리지 않게 만든다. 이런 현상이 벌어지는 것은 자신의 승리 확률을 기대하는 인간의 나약한 속성 때문이라고 할 수 있다. 이 문제는 바로 다음에 다루겠지만 설사 모든 사람이 자신의 승률에 완벽한 정보를 가지고 있더라도 승자독식시장으로 뛰어드는 것을 막지는 못할 것이다.

지나친 자기 과신: "나는 할 수 있어"

어찌 보면 승자독식시장에 뛰어드는 것은 복권을 사는 것과 비슷하다. 여기서 승리한다면 리스크가 적은 직업에 종사할 때보다 몇 배, 아니 수백, 수천 배 많은 돈을 벌게 된다. 그러나 패배한다면 소득은 확 줄어든다.

말할 것도 없이 이런 게임에 참여할 것인지를 결정하려면 승률에 대한 지식이 필요하다. 그러나 대규모 현대 경제 사회에서 사람들은 자신의 상대적 장점과 약점은 말할 것도 없이 경쟁자의 수조차 알지 못한다.

그러나 경쟁자의 수를 정확히 알고 경쟁자의 능력을 객관적으로 파악하더라도 이길 확률을 정확히 예측하기는 불가능하다. 오히려 우리는 자신의 능력과 행운을 이상하리만큼 과대평가해 왔다. 애덤 스미스는 다음과 같이 설명한다.

> ─ 시대를 불문하고 철학자와 도덕주의자들은 사람들이 자신의 능력에 대해 가지는 지나친 자만심을 악덕이라고 지적했다. 그러나 자신에게는 행운이 따라온다는 생각은 그 정도까지 비난받지는 않았다. 어쩌면 이것은 보편적인 현상일지 모른다. 육체와 정신이 온전한 사람이라면 모두 이런 성향을 가지고 있다. 사람들은 이득을 볼 가능성은 과대평가하고 손해를 볼 가능성은 과소평가하며 손실 가능성을 있는 그대로 보는 사람은 거의 없다.[2]

매우 안 된 일이지만 사람들은 가장 중요한 인생의 기로에서 가장 심하게 자신을 과신한다. 애덤 스미스는 이렇게 표현했다. "젊은 이들이 처음 직업을 선택할 때 위험을 무시하고 성급하게 성공을 기대하는 성향이 가장 많이 나타난다."[3]

애덤 스미스가 200년 전에 정확하게 파악한 인간 본성은 오늘날도 마찬가지다. 최근 한 뉴스에 의하면 NCAA 1부 리그 대학의 신입생 농구 선수 중 60퍼센트 이상이 언젠가 NBA 선수가 될 것이라 믿지만 실제 꿈을 이루는 비율은 5퍼센트도 안 된다고 한다. 선수들이 생각보다 부풀려서 이야기했을 수도 있다. 그러나 과신이 만연되어 있음은 다른 여러 자료에서도 입증된다.

대부분의 사람은 자신이 다른 사람보다 더 많이 알고[4] 운전을 더 잘한다고 생각한다.[5] 또한 근로자들에게 동료와 비교해 자신의 생산성을 백분율로 평가해 달라고 하자 자신이 상위 23퍼센트 안에는 들어간다고 대답했고 90퍼센트 이상은 자신이 평균적인 생산성보다 더 생산적이라고 응답했다.[6] 또한 고등학교 3학년생 100만 명을 조사한 결과 70퍼센트 이상이 자신이 평균 이상의 리더십을 가지고 있다고 생각했고 단지 2퍼센트만이 평균 이하라고 생각했다. 다른 사람과의 친화도에 대한 질문에서는 거의 모든 학생이 평균 이상이라고 응답했으며 그중 60퍼센트는 10퍼센트에, 25퍼센트는 자신이 상위 1퍼센트에 속한다고 응답했다.[7] 또 다른 조사에서는 대학 교수의 94퍼센트가 자신이 동료 교수보다 더 능력이 있다고 대답했다.[8] 사람들은 또한 자신이 동료보다 더 많은 연봉을 받을 것이며 이혼을 하지도, 폐암에 걸리지도 않을 것이라고 응답했다.[9] 최근 실시된 연구에 의하면 향후 경기가 좋아질 것이라고 예상한 응답자는 25퍼센트에 불과했지만 절반 이상은 자신이 더 잘 풀릴 거라고 대답했다.[10]

심리학자 톰 길로비치(Tom Gilovich)는 게리슨 케일러(Garrison Keillor)의 소설에 등장하는 미네소타의 신비로운 마을 이름을 따서 이러한 현상을 '워비곤 호수 효과(Lake Wobegon Effect)'라고 불렀다.[11] 이 마을 여자들은 강하고 남자들은 잘생겼으며 아이들은 평균 이상이다. 워비곤 호수 효과는 사람들이 자신을 과대평가하면 심리적 만족감을 얻을 수 있기 때문에 나타나는 현상이다.[12] 즉, 사람들은 자신이 평균 이하라고 생각하는 것이 유쾌하지 않기 때문에 평균 이상으로 생각하는 간단한 해결책을 택한다. 이런 주장을 뒷받침하는 연구 결과도 있는데 우울증에 걸린 환자는 자신의 능력과 기술을 매우 정확하게 평가하지만 정상인 사람은 자신을 상당히 과신한다는 것이다.[13]

그러나 워비곤 호수 효과에도 인지적 측면의 문제가 있다. 심리학자 아모스 트버스키(Amos Tversky)와 대니얼 카너먼(Daniel Kahneman)은 사람들이 어떤 사건의 발생 가능성을 예상하는 것은 기억에서 그와 비슷한 사건을 얼마나 쉽게 불러내느냐에 달려 있다고 주장했다.[14] 그러나 유사한 사건이 자주 일어났다면 기억하기는 쉽겠지만 다른 요인도 영향을 미친다. 어쩌다 한 번 일어난 사건일지라도 유난히 특이하거나 생생하다면 쉽게 기억해 낼 수 있기 때문이다. 월스트리트의 펀드매니저인 조지 소로스(George Soros)는 대단한 유명인사는 아니었지만 1993년 11억 달러의 소득을 올리며 야심만만한 대학생들의 상상력을 사로잡았다.[15] 큰 성공을 거둔 소수의 예를 떠올리기는 쉽지만 성공하지 못한 수많은 이름 없는 예를 떠올리기는 훨씬 더 어렵다. 따라서 사람들은 자신의 성공 가능성이 더 높다는 편향된 인식을 갖게 된다.

보이지 않는 손 이론은 시장의 기본 원리를 잘 알고 풍부한 정보를 통해 스스로 결정을 내려야 사회적으로 최적의 직업을 선택할 수 있다고 주장한다. 그러나 동시에 이 이론은 사람들이 승자독식시장에서의 성공 가능성을 과대평가하면 사회적으로, 심지어 개인적으로도 최적의 직업을 선택하지 못한다고 주장한다. 그 원인이 무엇이든 워비곤 호수 효과는 승자독식시장에 뛰어드는 것이 매력적으로 보이도록 참가자를 호도한다.

가상 경제 속, 어떤 직업을 선택하시겠습니까?

자유시장주의자들은 사람들이 부정확한 정보에 기초해 직업을 선택하면 효율적인 결과를 얻을 수 없다고 생각한다. 하지만 완벽하게 예측 가능하고 매우 합리적인 세계에서도 수많은 사람이 승자독식시장에 뛰어든다.

이를 확인하기 위해 가상의 경제를 만들어 놓고 거기에서 사람들이 직업을 선택하는 과정을 한번 살펴보자. 이 경제는 매우 단순해서 복잡한 현대 경제와는 어떤 연관성도 없는 허구의 산물이다. 그럼에도 우리는 단순한 가상의 경제를 통해 승자독식시장이 우리 경제에 제기하는 문제의 핵심을 잘 포착할 수 있다.

우리의 가상 경제에서는 두 가지 직업만이 존재하고 사람들은 반드시 그중 하나를 골라야 한다. 하나는 진흙으로 도자기를 빚는 도공이고 다른 하나는 음반 계약으로 많은 돈을 벌 수 있는 가수다. 도자기 시장은 전통적인 노동시장이다. 도공은 전 세계를 대상으로 도자기를 판매하고 고정적인 임금을 받는다. 반면 음반 시장은 승자독식시장이다. 만약 당신이 경쟁에서 승리하면 도공보다 훨씬 많은 돈을 번다. 당신이 받게 될 정확한 보수는 뛰어난 목소리로 제작한 음반의 판매량에 달려 있다. 비록 당신이 차점자여서 승자와의 차이가 거의 나지 않는다고 하더라도 일단 패배하면 단 한 푼도 벌지 못한다. 이렇듯 절대적 실력에 의해 보수가 결정되는 도공 시장과 달리 가수 시장에서는 절대적 능력과 상대적 능력 모두로부터 영향을 받는다. 그리고 가수와 도공 모두 중간에 직업을 변경할 수 없다.

전지전능한 관찰자가 있어서 이 가상 경제 안에 사는 사람을 한 번만 훑어보면 가장 뛰어난 목소리를 식별해 낼 수 있다고 하자. 그렇다면 가장 적절한 인력 배치는 목소리가 가장 좋은 1명을 음반 시장에 배치하고 나머지 사람은 모두 도공 시장에 넣는 것이다. 이렇게 하면 수입이 극대화된다. 그러나 현실 세계에서는 그 누구도 누가 최고의 가수인지 정할 수 없다. 그 때문에 가수 지망생들은 경쟁할 수밖에 없다. 따라서 도자기를 만들어야 할 시간에도 노래 연습을 해야 한다. 우리의 목적이 사회의 총소득을 극대화하는 것이라면 가수 시장에 몇 명의 경쟁자가 있어야 하는가?

경쟁자가 많을수록 가수 시장에서 승리한 사람의 실력은 더 뛰어나고 따라서 가치 역시 높을 것이다. 이는 전교생이 1,000명인 학교에서 배출한 가수가 500명인 학교에서 배출한 가수보다 더 뛰어나다는 단순한 논리에 근거한다. 그러나 대부분은 경쟁자가 늘어나는데도 성과가 그만큼 늘어나지 않는 지점에 도달하게 된다. 예를 들어 경쟁자가 1,000명에서 1,100명으로 늘어나면 500명에서 600명으로 늘어났을 때보다 목소리가 크게 좋아졌다는 느낌을 받지 못할 것이다.

그러나 경쟁자가 추가된다고 해서 비용이 줄어들지는 않는다. 가수 지망생이 1명 더 추가될 때마다 그가 도공으로서 벌었을지도 모르는 소득은 날아간다. 만약 두 시장의 총기대소득을 극대화하고 싶다면 최고 가수의 추가 소득이 도공의 소득과 같아질 때까지 경쟁자를 늘려야 한다. 따라서 도공의 소득이 1만 달러인데 음반 시장에 1명의 경쟁자가 추가됨으로써 가수의 소득이 1만 1천 달러로 늘어난다면 경쟁자를 추가하는 것이 맞다. 1만 1천 달러가 잃어버린 도공의 소득 1만 달러를 상쇄하고도 남기 때문이다. 그러나 경쟁자를 1명 더 추가해서 가수의 가치가 9천 달러밖에 증가하지 않는다면 가수보다는 도공을 시키는 것이 낫다. 가수의 추가 소득이 도공의 소득 1만 달러와 같아질 때가 사회적으로 가장 적절한, 그리고 수익을 극대화하는 경쟁자의 수다.

그러나 안타깝게도 개인이 기대소득을 극대화하려고 직업을 선택하면 절대 이런 수가 나올 수 없다. 합리적인 경쟁자라면 자신이 참여해서 최고 가수의 가치에 어떤 영향을 미치는가보다는 자신이 벌어들일 수 있는 수입에 초점을 맞출 것이다. 예를 들어 이미 99명의 가수가 경쟁하고 있는 시장에 100번째 참가자가 진입해서 승자의 가치가 단지 1천 달러, 즉 199만 9천 달러에서 200만 달러로 증가했다고 가정해 보자. 100번째 선수가 승자가 되어 200만 달러를 벌어들일 확률은 100명 중 1명이므로 1퍼센트다. 이는 도공 수입의 2배인 2만 달러짜리 복권이나 마찬가지다. 만일 100번째 참가자가 경쟁이 공정하다고 생각하면 분명히 가수 시장에 뛰어들 것이다. 그러나 경제적인 관점에서는 그가 도공이 되는 것이 더 낫다. 사회의 총기대소득이 9천 달러 더 많아지기 때문이다.[16]

사람들이 기대소득이 높은 직업에만 몰린다면 사회의 총소득은 가수가 될 기회가 없어졌을 때와 동일해질 것이다. 이는 가수 시장에 경쟁자가 늘어나서 추가로 기대되는 소득이 도공으로 벌어들였을 소득수준과 같아질 때까지 가수 지망생의 수가 늘어난다는 의미다. 만일 가수의 소득이 더 높다면 도공이 추가로 경쟁에 참여할 것이다. 그러나 가수의 소득이 더 적다면 기존의 가수 경쟁자 중 몇몇은 도공으로 직업을 바꿀 것이다. 사실상 밀집으로 인해 발생한 손실이 승자가 받는 보상을 완전히 상쇄하게 된다.

이는 마을 사람들이 공유지에 지나치게 많은 소를 놓아 발생하는 그 유명한 '공유지의 비극(tragedy of the commons)'과 유사한 상황이다.[17] 공동 소유의 초지에 소를 1마리 더 풀어 놓으면 소의 몸무게가 늘어나므로 주인 입장에서는 이익이다. 풀어 놓지 않아도 어차피 다른 소들이 그곳의 풀을 다 먹게 되어 있다. 목초지에는 다른 사람의 소만 있으므로 소 주인은 자신의 소를 보냈을 때의 이익만 생각하고 소를 보낸다. 다른 사람이 치러야 할 비용은 생각하지 않고 소를 1마리 더 방목했을 때 자신이 얻게 될 이익이 마을 전체의 손실보다 더 중요하다고 생각한다. 마찬가지로 자신이 가수 시장에 진입했을 때 다른 참가자들의 승리 확률이 줄어들지만 이를 무시하기 때문에 자신이 승리할 거라고 착각한다.

공유지의 비극 문제, 더 크게 보면 승자독식시장에서의 과잉 밀집 문제는 환경오염 문제와도 유사하다. 사람들이 개인적인 동기로만 행동하면 다른 사람에게 전가하는 공해 비용을 무시하기 때문에 환경문제가 더욱 심각해진다. 마찬가지로 자신의 추가적인 시장 진입이 서로의 기회를 축소한다는 사실을 생각하지 않고 지나치게 많은 사람이 배우나 가수 그리고 변호사를 지망한다.[18]

재능이 부족한 참가자들이 경쟁을 포기하고 엔지니어, 교사, 제조업 근로자 등으로 이직해도 승자독식시장에서 최고 실력자의 능력은 크게 떨어지지 않을 것이다. 그리고 그 덕분에 우리는 더욱 가치 있는 재화와 서비스를 추가로 얻게 된다. 결국 개인적인 동기는 지나치게 많은 경쟁자를 승자독식시장에 끌어들여 다른 시장의 산출물을 희생시킨다.

현실이 작동하는 법

우리의 가상 경제는 단순한 풍자만화 같다. 하지만 그 단순성은 승자독식시장의 과잉 밀집 현상을 매우 분명하게 보여 준다는 점에서 유용하다. 이를 염두에 두고 복잡한 현대 경제에서 진로 결정이 어떻게 이루어지는지 살펴보자.

• **미래의 기회**

우리가 설정한 가상 경제에서 가장 비현실적인 부분은 가수 지망생이 성공하기 전에 자신의 모든 경력을 경쟁에 쏟아부어야 한다는 사실일 것이다. 그러나 사람들이 삶의 일부만을 경쟁에 바친다면 상황이 어떻게 달라질까? 우리의 수명은 길기 때문에 가수나 도공 중 하나의 직업을 선택하면 그것으로 끝이 아니다. 한동안 가수를 선택했다가 가능성이 없어 보이면 몇 년 후 도공으로 직업을 바꿀 수 있다. 이렇게 되면 음반 계약을 따내기 위해 경쟁했던 가수 지망생들도 평생 도공으로서 벌어들일 수 있는 수입을 모두 잃어버리는 것이 아니라 단지 가수를 지망했던 시기 동안만 손해를 보는 것이다. 따라서 과잉 밀집에 따른 비용도 감소된다.

그러나 대가가 계속되는 경우도 있다. 승자독식시장에서는 자질이 있는지를 파악하는 데 수년이 걸리는 경우가 많다. 더 중요한 것은 경쟁에 참여한다고 결정하면 다른 귀중한 기회를 완전히 잃어버린다는 점이다. 예를 들어 점프슛을 연습하기 위해서 수학과 과학 수업을 빼먹은 학생이 NBA에서 뛸 수 없다는 것을 알게 된 후 다시 처음으로 돌아가 공대에 입학할 수는 없다. 이렇게 놓친 기회에 대한 비용은 사람이 살아가는 한 계속 누적될 것이다. 사람은 오래 살기 때문에 손실을 일부 완화시킬 수는 있겠지만 여전히 상당한 손실이 남는다.

• 패자의 대가

가상 경제에서 음반 계약을 따내지 못한 참가자는 아무것도 얻지 못했다. 과장이라고 생각하겠지만 사실 승자독식시장에서는 이런 일이 실제로 벌어진다. 최근 음반 업계는 신인 록가수가 첫 앨범의 생산비와 유통비를 모두 부담하는 것이 추세가 되었다. 그 금액이 수십만 달러에 달하기 때문에 대개는 본전도 찾지 못한다. 만일 경쟁에서 진 패배자가 실질적인 손실을 본다면 승자독식시장에 뛰어드는 것이 개인적으로나 집단적으로나 별로 매력적이지 않을 것이다. 결국은 비용 문제로 소수만이 승자독식시장에 뛰어들게 된다.

반면 어떤 승자독식시장에서는 경쟁에 실패한 사람에게 약간의 보상이 주어지기도 한다. 예를 들어 예술가들은 웨이터나 택시 기사 같은 부업으로 생계를 유지한다. 이런 경우 앞서 살펴본 가상 경제보다 더 많은 사람이 경쟁에 뛰어들 것이다. 게다가 경쟁 비용이 적어서 더 많은 사람이 경쟁에 참여할 것이다.

이처럼 참가자들이 보수를 받는지 여부에 따라 승자독식시장의 실질적인 경쟁자 수뿐만 아니라 이상적인 경쟁자 수까지도 변화한다. 그러나 이렇게 보수를 받아도 지나치게 많은 경쟁자를 유인하는 승자독식시장의 특성이 바뀌지는 않는다.

'배고픈 예술가(starving artist)' 신드롬을 생각해 보면 승자독식시장의 수많은 패배자(경쟁에서 진 배우, 화가, 소설가, 음악가 등)가 다른 직업을 가졌을 때보다도 더 나쁜 상황에 처하는 경우를 쉽게 볼 수 있다. 또 어떤 승자독식시장에서는 패배자들이 다른 직업을 가졌을 때보다 더 잘하는 것처럼 보일 수도 있다.

거액이 걸린 소송을 생각해 보자. 원고와 피고 양측은 가장 뛰어난 변호사를 고용하려 하고 뛰어난 변호사는 많은 수임료를 받는다. 그러나 평범한 변호사조차 보수가 나쁘지 않으며 가장 적게 받는 변호사도 대부분의 사람보다는 많이 번다. 그러므로 대중문화에서 '배고픈 변호사' 신드롬을 다루는 일은 거의 없다.

우리의 가상 경제에서 음반 업계의 패배자들이 도공으로 일했다면 받을 보수보다 더 많이 받는다고 가정해 보자. 예를 들어 외국의 광고업체에서 로열티를 내고 그들의 노래를 광고에 사용할 수도 있다.[19] 그러면 어떤 일이 일어날까? 당연히 모든 사람이 음반 업계에 뛰어들어 경쟁할 것이다. 게다가 사회 전체의 소득을 극대화하는 것이 목적이라면 당연히 모두가 음반 업계에 뛰어들어 경쟁해야 한다. 도공만큼 재미있는데 돈까지 더 벌 수 있다면 누가 도자기를 굽겠는가?

그러나 실제는 시장원리 때문에 패배자들이 받는 보수가 그들이 다른 직업을 가졌을 때 벌어들일 수 있는 수입보다 크지 않다. 사람들이 다른 직업을 포기하고 승자독식시장에 뛰어들면 냉엄한 수요 공급의 원리에 따라 다음과 같은 일이 발생할 수 있다. 첫째, 승자독식시장에서 패배자가 받게 될 임금은 감소하고 둘째, 그가 포기했던 직종의 임금은 상승한다. 만일 모든 사람이 금전적인 보상에만 관심을 가진다면 이런 추세는 패자의 임금이 그가 포기했던 직종의 임금보다 낮아질 때까지 계속될 것이다.

실제로 법률, 컨설팅, 금융, 기업경영 분야의 패배자들이 받는 임금이 높은 이유는 이들이 덜 위험한 다른 직종에 진출했다면 양질의 근로조건과 임금을 누릴 수 있었기 때문이다. 미국의 주요 로스쿨과 경영대학원에 입학하려는 학생들은 매우 우수하고 성실한 학생들이다.

게다가 비화폐적 측면까지 고려하면 고위험 시장에서 패배자가 받는 보상은 더욱 매력이 떨어진다. 예를 들어 재능 있고 활동적인 사람은 유언장을 작성하고 이혼소송을 접수하거나 성과가 별로 없는 작은 부서의 일상 업무를 하는 데 만족하지 못한다.[20]

요약하자면 어떤 승자독식시장의 패배자가 금전적으로는 좋은 성과를 거둔다고 해도 그 시장은 우리가 설정한 가상 경제의 승자독식시장과 본질적으로 차이가 없다. 이 시장들 역시 지나치게 많은 경쟁자를 끌어들이기 때문이다.

• 지위 동기

앞의 사례에서 우리는 금전적 이익이 승자독식시장에서 경쟁을 불러일으키는 유일한 동기라고 가정했다. 실제로 그렇기도 하다. 그러나 대중에게 알려진 사람에게는 그 외에도 더 중요한 것이 많다. 예를 들어 명예라는 유혹은 운동선수, 배우, 작가, 음악가 지망생들을 움직이는 요인이다. 그리고 기업 임원, 변호사, 컨설턴트, 투자은행가들은 대중적으로 큰 명성을 누리지는 못하지만 크게 성공한 사람들은 상당한 사회적 지위를 누리기도 한다.

지위 동기(status motive)는 승자독식시장이 지나치게 많은 인적자원을 끌어들인다는 우리의 결론을 뒷받침해 준다. 우리의 가상 경제에서 경쟁자들이 음반 계약을 성사시킴으로써 얻게 되는 금전적 보상뿐 아니라 명성에도 관심이 있다고 가정해 보자. 그러면 경쟁자들의 기대소득에 현금 보상이 추가된 것과 비슷한 효과가 나타날 것이다. 그 결과 더 많은 사람이 이 시장에 뛰어든다.

그러나 지위 동기는 승자독식시장에서 경쟁자의 수는 늘리지만 효율적인 경쟁자 수에는 전혀 변화를 주지 못한다. 경쟁자의 숫자가 효율적이려면 그 지위가 가져다주는 암묵적인 가치까지 포함해 승자의 소득 증가분이 도공이 되었으면 벌어들였을 수입과 같아질 때까지 경쟁자들이 추가되어야 한다. 하지만 지위라는 프리미엄이 추가되어도 참가자의 수에 따라 승자의 보상이 증가하는 비율에는 아무런 변화가 없기에 사회적으로 효율적인 참가자의 수에는 아무런 변화가 일어나지 않는다.

따라서 지위 동기는 승자독식투쟁에 제로섬적인 특성을 더한다. 매년 7월 윔블던대회의 챔피언은 세계적인 관심을 받는다. 확실히 이는 프로테니스 선수 지망생들이 더욱 훈련에 집중하게 만드는 동기가 된다. 그러나 프로테니스대회에서 1만 명의 선수가 경쟁하든 1천 명의 선수가 경쟁하든 챔피언은 스포트라이트를 받게 되어 있다.

어쩌면 최고가 되기 위해 물리쳐야 할 경쟁자의 수가 많을수록 승자에게 더 큰 영광이 돌아간다며 앞의 주장에 반박할 수 있다. 확실히 큰 대회에서 우승하는 것이 작은 대회에서 우승하는 것보다 더 큰 명예를 준다. 그러나 모든 대회의 경쟁자 수가 갑자기 반으로 줄었다고 가정해 보자. 경기의 절대적인 수준은 낮아질지 모르지만 월드컵, 슈퍼볼, 투르 드 프랑스, 월드시리즈, US오픈, NBA 결승전 등은 여전히 중요한 행사로 남을 것이다. 대회의 중요도에 따라 우승으로 얻는 유명세가 달라지기는 하지만 중요도는 절대적인 것이 아니라 상대적인 것이므로 경쟁에서 지위 요소는 제로섬 경쟁이라고 주장할 수 있다.

지위 동기는 얼마나 중요할까? 연구에 따르면 지위에 대한 관심이 보수에 실질적인 영향을 미친다고 한다.[21] 잠시만 생각해 봐도 대부분의 사람에게 타인의 인정과 승인이 인간 만족의 심오한 원천이라는 것을 알 수 있다. 생계유지만 할 수 있을 정도의 돈을 받으면서 2년간 치열하게 준비한 끝에 카네기홀에서 갈채를 받고, 100미터 달리기에서 올림픽 금메달을 따고, 아카데미상을 수상하고, 퓰리처상이나 사이 영 상을 타는 등 화폐적 보상 없이 영예만을 얻게 된다고 상상해 보라. 그만한 가치가 있을까? 대부분의 사람이 주저하지 않고 그렇다고 말하는 것은 지위가 엄청난 가치가 있다는 증거다. 사람들이 지위에 더 큰 가치를 부여할수록 승자독식적 보상 구조가 초래하는 비효율성은 커질 것이다.

• 기타 비화폐적 동기

물론 지위가 사람들을 승자독식시장으로 이끄는 유일한 비화폐적 동기는 아니다. 예를 들어 음악가 지망생들은 단순히 연주할 수 있다는 이유만으로도 승자독식시장에 뛰어들어 유명해질 가능성이 매우 적어도 오랜 시간 연습에 몰두한다. 마찬가지로 운동선수도 경기를 할 수 있다는 자체만으로도 오랜 훈련 시간에 대한 충분한 보상을 받았다고 느낀다.

훌륭한 음악 연주나 치열한 스포츠 경기에 주어지는 본질적인 보상은 사람들이 금전적 보상만 중요하게 여길 때보다 더 많은 사람을 승자독식시장으로 유인한다는 점에서 지위 동기와 유사하다. 그러나 지위라는 요소와 달리 이런 종류의 보상은 제로섬적인 결과를 가져오지 않는다. 오직 소수의 운동선수만이 스타로서 명성을 누리는 반면 경쟁에서 얻는 기쁨은 누구나 누릴 수 있기 때문이다.

이런 비화폐적 동기가 과잉 밀집에 미치는 효과를 보면, 긍정적인 패자가 받는 보상은 기능적으로는 동일하다. 비화폐적 동기는 더 많은 경쟁자를 승자독식시장으로 끌어들이지만 동시에 효율성 원리에 기초한 경쟁자들의 수도 증가시킨다. 지위 동기와 달리 이들은 과잉 밀집 문제를 악화시키지도, 완화시키지도 않는다.

• 관찰 가능한 재능의 차이

직업이 둘밖에 없는 가상 경제의 또 다른 비현실적인 면은 경쟁자들이 음반 계약을 따낼 수 있는 상대적 승률에 대한 정보를 가지고 있지 않다는 점이다. 그러나 현실의 승자독식시장에서는 승률에 영향을 주는 여러 가지 정보를 얻을 수 있다. 예를 들어 테니스 경기에서는 상대 선수는 서브가 강하다거나 그라운드 스트로크가 날카롭다는 걸 단번에 알 수 있다.

그러나 재능의 차이를 관찰할 수 있다고 하더라도 그것만으로 대회의 결과를 정확하게 예측할 수는 없다. 우승을 꿈꾸는 테니스 선수는 강한 서브와 날카로운 그라운드 스트로크 능력 외에 다른 사람은 물론이고 자신에게서도 찾기 어려운 다양한 자질을 겸비하고 있어야 한다. 관찰 가능한 실력의 차이가 여러 분야에서 매우 중요하지만 절대로 결정적인 요소는 아니다.

반면에 잠재적인 경쟁자들의 실력 차이를 관찰할 수 있으면 가장 뛰어난 경쟁자들만이 각축을 벌일 것이므로 보다 효율적으로 자원을 배분할 수 있을 것이다. 경쟁의 질은 높아지고 참여자의 수는 감소할 것이다. 이로 인해 경제 내의 총소득은 증가할 것이다. 그러나 실력의 차이가 승자독식시장의 비효율성을 감소시킬 수 있지만 완전히 없애지는 못한다. 다른 시장에서 본 것처럼 과잉 밀집은 지속된다.[22]

• 상대적 성과가 매우 중요한 영역

어떤 영역에서는 상품의 절대적인 질이 구매자의 유일한 관심사다. 예를 들어 공장 기계를 구매하는 사람들은 10퍼센트를 더 내더라도 10퍼센트의 추가 수익을 내는 기계를 선호한다. 그러나 다른 영역에서는 상대적인 능력 차이가 구매자에게 가장 중요하다. 유료 시청 텔레비전 덕분에 상금이 늘어나자 권투 선수를 꿈꾸는 사람들의 수가 엄청나게 증가했고 오늘날 헤비급 권투 선수들은 초창기 챔피언들보다 더 민첩하고 강해졌다. 그러나 이런 절대적인 경기 수준의 향상이 팬들에게도 중요하게 받아들여지는지는 확실치 않다. 대부분의 팬은 그저 타이틀매치에서 승리하기 위해 최선을 다하는 모습을 보고 싶어 한다. 지금처럼 양적으로 팽창한 헤비급 권투경기에서 진 튜니(Gene Tunney)나 잭 뎀시(Jack Dumpsey) 같은 과거의 유명 선수들이 우승하기는 어렵겠지만 나이가 많은 팬들은 이 둘 사이에 벌어진 1927년 타이틀 재대결보다 더 흥미진진한 시합은 없었다고 주장한다.

절대적인 경기 수준의 향상이 오히려 팬들에게는 가치가 감소한 것으로 여겨지기도 한다. 오늘날 남자 테니스는 체중 조절과 체력 훈련, 최첨단 라켓 그리고 선수층의 증가로 이전 시대의 챔피언들보다 훨씬 우수한 선수들이 많이 배출되었다. 그러나 팬들은 잔디 코트처럼 공이 빠른 코트에서 펼쳐지는 경기가 재미가 없다고 느낀다. 1994년 윔블던대회의 남자 결승전에 피트 샘프러스(Peter Sampras)와 고란 이바니셰비치(Goran Ivanisevic)가 진출했지만 이 경기에서 올린 수백 점의 득점 중 4 스트로크까지 간 것은 단 한 번이었다.

상대적인 실력 차이에 대한 관심은 스포츠 분야에서 가장 두드러지지만 다른 분야도 정도만 다를 뿐 종종 나타난다. 상품의 품질에 대한 인식은 결국 상황에 좌우되기 마련이다. 예를 들어 컬러텔레비전에 대한 만족도는 절대적 화질뿐 아니라 다른 텔레비전과의 상대적 비교로 결정된다. 오늘날 기술적으로 가장 뒤떨어지는 텔레비전도 30년 전의 텔레비전에 비하면 화질이 훨씬 밝고 선명하다. 당시에는 많은 구매자가 엄청난 프리미엄을 내고서라도 오늘날 가장 낮은 화질의 텔레비전을 기꺼이 구매했지만 현대의 시청자는 지금의 화질을 당연하다고 여긴다.

마찬가지로 스포츠카에 대한 구매자의 만족 역시 절대적 성능뿐 아니라 다른 차와 비교한 상대적 성능에 좌우된다. 예를 들어 터보차저가 없는 도요타 수프라에 대한 〈모터 트렌드(Motor Trend)〉의 평가를 살펴보자. "다소 부당하게 들릴지 모르지만 터보차저가 없는 이 수프라는 지금 시장을 장악하고 있는 수프라 터보의 순한 버전이라고밖에는 생각되지 않는다(우리는 얼마나 변덕스러운가! 이 자연흡기방식의 수프라는 모든 면에서 전 세대 수프라보다 뛰어나지만 우리는 그저 애완용 고양이 정도로 생각하고 있다)."[23]

만약 구매자에게 중요한 것이 상대적 품질이라면 모든 승자독식 시장은 경쟁자 수를 최소화하는 것이 사회적으로 가장 이상적이다. 경쟁자 수가 늘어나면 승자독식시장에서 생산되는 재화와 용역의 절대적 품질은 향상되겠지만 모든 소비자가 상대적 품질만 본다면 경쟁자의 증가는 자원 낭비일 뿐이다.

물론 현실에서는 소비자가 절대적 질과 상대적 질 모두에 신경 쓴다. 다만 소비자나 시장에 따라 그 균형이 달라질 뿐이다. 만일 다른 조건이 동일하다면 과잉 밀집으로 인한 손실은 상대적 능력 차이가 가장 중시되는 승자독식시장에서 가장 크게 발생할 것이다.

• 위험 회피

가수와 도공으로 구성된 우리의 가상 경제에서 사람들은 소득을 극대화해 주는 직업을 선택한다. 이는 사람들이 공정한 도박을 원한다는 뜻으로 경제학에서는 '위험 중립적(risk-neutral)'이라고 표현한다.

사람들은 실제로 위험 중립적인가? 안타깝지만 위험에 대한 태도와 관련된 사람들의 행동은 모순으로 가득 차 있다. 예기치 않은 돌발 상황에 대비해 보험에 드는 것을 보면 위험을 싫어하는 것 같다. 그러나 인생에서 가장 중요하고 분명한 위험 요소에 대해서는 보험을 들지 않는 경우도 많다. 예를 들어 홍수가 잦은 지역에 사는 사람들은 정부에서 보조금을 지원해도 수해보험에 들지 않는다.[24] 1992년에는 건강보험이 없는 미국인이 무려 4천만 명에 달했다. 가입할 능력이 없는 사람도 있었지만 그저 다른 곳에 돈을 쓰려고 가입하지 않는 사람도 많았다. 소득이 많은 사람도 질병재해보험에 들지 않은 채 운에 맡기고 있으며 위험에 대비해 재산책임보험에 가입한 사람은 매우 드물다. 대부분까지는 아니어도 많은 사람이 승률이 상당히 낮은 경우에도 도박을 즐긴다. 또한 스카이다이빙, 행글라이딩, 번지점프, 암벽등반, 래프팅 등 실제로 위험하지는 않더라도 위험 요소가 많은 활동에 상당한 시간과 돈을 투자한다. 한마디로 사람들이 위험을 바라보는 태도와 행동에는 일관성이 없다.

이런 태도가 승자독식시장 참가자에게는 어떠한 영향을 미치는가? 위험을 싫어하는 사람은 위험 중립적인 경쟁자들보다 승자독식시장에 덜 끌릴 것이며 위험 중립자는 승산이 없을 때도 도박을 하는 위험 선호자보다 승자독식시장에 매력을 적게 느낄 것이다. 결국 위험 선호자가 많은 경제는 위험 중립자로 구성된 경제보다 승자독식시장에 더 많은 경쟁자를 끌어들인다. 그리고 위험 중립자가 많은 경제는 위험 기피자가 많은 경제보다 승자독식시장에 더 많은 경쟁자를 끌어들인다.

위험을 대하는 태도는 승자독식시장에 뛰어들고 싶어 하는 사람의 수에 영향을 미칠 뿐만 아니라 효율적인 경쟁자의 수에도 영향을 미친다. 사람들이 위험 중립적일 경우보다는 위험 선호적일 때 사회적으로 최적인 경쟁자의 수가 늘어날 것이다. 한편 사람들이 위험 중립적일 경우보다는 위험 기피적일 때 사회적으로 최적인 경쟁자의 수가 감소할 것이다.

이 모든 요인을 감안해도 승자독식시장에서 실제 경쟁하는 사람의 수가 사회적으로 최적인지는 알 수 없다. 하지만 한 가지는 자신

있게 말할 수 있다. 즉, 민간 기관은 경쟁자가 부족할 때는 승자독식시장으로의 진입을 자극할 수 있지만 경쟁자의 수가 과다할 때는 시장으로의 추가 진입을 막을 수 없다는 점이다.

사람들이 일반적으로 위험을 기피하는 성향 때문에 소수의 사람만이 특정한 승자독식시장에서 경쟁한다고 가정해 보자. 누군가 협동조합을 설립해 승자가 벌어들인 보수를 모든 경쟁자가 공유하면 도박을 보상으로 전환할 수 있다. 그렇게 되면 개개인의 위험 회피 성향에도 불구하고 너무 많은 경쟁자가 승자독식시장에 남게 된다. 즉 협동조합을 결성해서 위험이 제거된 셈이다. 이러한 협동조합은 종종 과학자 집단에서 볼 수 있는데 이들은 급여를 보장받는 대가로 미래의 발견에 대한 권리를 양도한다.

반면 조직화되어 있지 않은 승자독식시장에 너무 많은 경쟁자가 있을 경우 민간 기관은 진입을 제한할 방법이 없다. 예를 들어 세계복싱협회는 헤비급 타이틀에 도전하기 위해 학교를 포기하는 도시의 젊은이들을 막을 힘도, 그럴 이유도 없다.

결론적으로 승자독식시장은 사람들이 위험을 회피할 때도 지나치게 많은 경쟁자를 끌어들인다.

• **승자독식시장의 분할 혹은 통합**

앞의 사례에서는 오직 하나의 승자독식시장만이 존재했다. 그러나 몇 가지 기술적 요소를 더하면 단일한 공급자가 참여하는 승자독식시장을 다른 종류의 공급자가 참여하는 몇 개의 소규모 시장으로 나눌 수 있다. 예를 들어 유선방송이 증가하면서 몇 명의 코미디언이 비슷비슷한 내용으로 공연하던 스탠드업 코미디 시장이 수십 명의 코미디언이 각각 틈새시장을 공략하는 고도로 세분화된 시장으로 바뀔 수 있다.

하나의 커다란 승자독식시장 대신 10개의 작은 시장이 생겨 원래 상금의 10분의 1씩 준다면 무슨 일이 일어날까? 경쟁만 공정하다면, 참가자들은 각각의 소규모 시장에서 기대되는 보수가 다른 시장에서 벌어들일 수 있는 보수와 같아질 때까지 이 소규모 시장에 진입할 것이다. 이 경우 효율성 감소는 하나의 대형 승자독식시장과 정확히 같을 것이다. 따라서 소규모 승자독식시장에서 생산되는 총서비스의 가치는 해당 시장으로의 과잉 진입에 의해 감소될 것이다.

커다란 하나의 승자독식시장을 다수의 소규모 시장으로 분할해도 과잉 밀집 문제에 영향을 미치지 않지만 경쟁자 간의 소득분배에는 상당한 영향을 미친다. 크게 성공한 1명의 승자가 여러 명의 작은 승자로 대체되면 소득 불평등은 줄어들게 마련이다.

몇 개의 작은 승자독식시장이 하나의 큰 시장에 통합된다면 이런 변화는 자연스럽게 반대 방향으로 진행된다. 시장이 통합되어도 경쟁자의 수에는 변화가 없겠지만 불평등은 증가할 것이다.

• 가격과 사회적 가치의 격차

우리의 가상 경제에서는 우승한 가수가 받는 출연료를 그가 생산하는 서비스의 가치에 대한 정확한 척도로 삼았다. 이것은 자유시장경제가 가장 많은 사람에게 최고의 선을 가져다준다는 애덤 스미스의 주장에 내재되어 있는 기본 전제로, 현대경제학자 대부분은 가격을 재화와 서비스의 사회적 가치를 측정하는 합리적 척도로 보고 있다. 그러나 가격과 사회적 가치가 현저한 차이를 보이는 시장도 있다. 법률과 연구 분야에서 찾아낸 다음 사례들은 그런 차이가 발생하는 경우를 보여 준다.

포드사가 특허권 침해를 이유로 GM을 상대로 100억 달러의 손해배상 소송을 제기했다고 가정해 보자. GM이 정말로 특허권을 침해했는지에 대한 확실한 증거는 없으며 포드사가 승소할 확률은 50퍼센트다. 즉, 사회적 측면에서 볼 때 어느 편이 승소하든 상관없다고 가정해 보자.

그러나 소송 당사자들에게 그 소송은 큰 의미가 있다. 양측에 유리한 실체적 쟁점이 똑같이 존재하기 때문에 변호사가 각자의 주장을 얼마나 설득력 있게 제시하느냐가 결정적으로 승패를 가를 것이다. 이제 다른 변호사보다 월등히 뛰어난 존스라는 변호사가 있다고 가정해 보자. 실제로 그는 또 다른 변호사인 스미스보다 조금 더 뛰어날 뿐이다. 그러나 이 두 사람 사이에는 분명 실력 차이가 있기에 존스를 고용하는 측이 분명 승소할 것이다. 따라서 포드사와 GM이 존스를 놓고 치열한 경합을 벌일 것은 뻔하다. 예를 들어 포드가 존스에게 50억 달러의 수수료를 제시했다. GM은 존스를 붙잡지 못하면 100억 달러의 손실이 확실하기 때문에 더 높은 금액을 제시하는 것이 이익이 될 것이다. 스미스를 고용한 쪽이 어차피 패소할 것이기 때문에 스미스는 이 소송에서 큰 가치가 없다. 따라서 그는 더 큰 수입을 목표로 다른 고객을 위해 일하게 될 가능성이 높다.

가장 유능한 소송 변호사를 얻기 위한 경쟁이 심하다 보니 경제계에서 가장 뛰어난 사람들, 즉 다른 분야에 있었으며 엄청난 기여를 할 수도 있었을 존스나 스미스 같은 사람들이 국민총생산에 거의 또는 전혀 도움이 되지 않는 활동에 몰두하고 있다. 소송비용은 서비스의 가치를 심하게 과장한다. 이렇게 되면 승자의 보수가 서비스의 사회적 가치와 동일한 가상 경제보다 비효율성이 훨씬 커질 것이다.

반면 어떤 경우에는 승자가 자신이 생산하는 사회적 가치에 훨씬 못 미치는 보수를 받기도 한다. 트랜지스터를 발명한 벨연구소의 물리학자 존 바딘(John Bardeen)과 월터 브래튼(Walter Brattain)을 예로 들어 보자. 이들의 발명은 3장에서 설명한 정보통신 혁명의 토대가 되었고 수천억 달러 상당의 생산성 증가로 이어졌다. 그러나 그들은 트랜지스터의 특허권자가 아니었다. 설사 특허권자였더라도 그 수천억 달러의 가치 중 극히 일부만을 차지할 수 있었을 것이다. 경제학자 파사 다스굽타(Partha Dasgupta)는 이렇게 말했다. "특허권과 비밀유지권은 발명자와 발견자를 완전하게 보호해 주지 않는다. 모방연구가 만연해 있기 때문이다."[25] 경제학자 에드윈 맨스필드(Edwin Mansfield)와 그의 연구팀에 따르면, 새로운 발명품에 투입된 비용의 65퍼센트면 모방품을 만들 수 있으며 특허권이 있는 발명품 중 60퍼센트는 4년 이내에 모방된다.[26]

새로운 발명은 상당한 외부 수익을 창출하지만 발명가에게 돌아가는 수익이 적으므로 누구도 기술혁신을 원하지 않을 수 있다. 동시에 발명품 시장은 승자독식적 보상 구조를 보이는 경우가 많고,

따라서 지나친 경쟁이 발생하기 쉽다. 그러므로 상반된 요소 중 어느 쪽이 더 큰 영향력을 발휘하느냐에 따라 결과가 달라질 것이다. 종종 그렇듯 가격과 사회적 가치의 격차가 크다면 연구와 혁신 때문에 승자독식시장에 너무 많은 자원이 몰린다는 우리의 주장이 안 맞을 수 있다. 이 장의 제목이 의문문인 이유는 이 예외의 중요성을 강조하기 위해서다.

세금이라는 고삐가 필요한 이유

승자독식시장과 공유지의 비극의 유사성에서 우리는 승자독식시장으로의 과잉 진입 때문에 발생하는 비효율을 직접적으로 감소시킬 방법을 찾을 수 있다. 공유지의 비극은 개인적인 동기로 인해 지나치게 많은 소가 공동 목초지에 방목된다는 것이다. 만약 사회적 관점에서 볼 때 어떤 경제활동에 대한 시장의 보상이 지나치게 높다면 가장 간단한 방법은 세금을 부과해 이익을 줄이는 것이다. 공동 목초지에 방목하는 소 1마리당 세금이나 방목비를 부과하면 될 것이다.

앞에서 말한 가수와 도공 경제에서 승리한 가수의 소득에 세금을 부과한다고 가정해 보자. 그래도 세금을 공제 후 기대소득이 도공의 임금보다 크면 사람들은 경쟁을 벌일 것이다. 하지만 세금으로 승자가 받는 보상이 감소하면 경쟁 가수의 수도 감소할 것이다. 물론 세금만이 개인의 잘못된 시장 유입을 축소할 유일한 방법은 아니다. 공유지의 비극을 해결할 수 있는 또 다른 방법은 최고의 입찰가를 부른 사람만 이용할 수 있도록 방목권을 제한하는 것이다. 우리의 가상 경제라면 음반 계약을 맺을 수 있는 자격을 경매에 붙일 수 있다. 자본시장이 완전하고 거래 비용이 없다면 세금과 경매는 비슷한 효과를 발휘한다.

그러나 실질적으로는 조세가 보다 선호된다. 경매를 하려면 잠재적 경쟁자들이 경매에 응할 자원을 가지고 있어야 한다. 만약 그럴 여력이 없고 자본시장도 불완전하다면 경매는 비효율적인 수단이다. 게다가 소득세를 징수하는 행정기관이 이미 존재한다면 경매를 위해 추가 비용을 발생시키는 것보다 이 기관을 이용하는 것이 효율적이다.

승자독식시장에서 경쟁자 수를 제한하려는 모든 정책에는 위험이 따른다. 경쟁자 수가 많으면 최고의 실력을 지닌 사람이 그 안에 포함되어 있겠지만 경쟁이 끝날 때까지는 누가 이겼는지 알 수 없으므로 가장 뛰어난 실력자가 남아 있을 가능성이 적다. 따라서 참가의 매력을 떨어뜨리는 정책을 펴면 최고의 가수가 탈락할 가능성이 있다. 참가자 수를 제한하면 잃는 것보다 얻는 것이 더 많기는 하지만 대회에 대한 매력이 떨어지므로 루치아노 파바로티(Luciano Pavarotti) 같은 최고 실력자가 참가하지 않을 가능성도 있다.

경쟁에 들어가기 전에 부분적으로나마 재능의 차이를 관찰할 수만 있다면 실력자가 참가하지 않을 가능성은 줄어들 것이다. 이 경우 조세 효과가 재능이 없어서 처음부터 경쟁에서 패배할 가능성이 높은 사람부터 선별적으로 낙오시키기 때문이다. 세금을 부과하면 지망자 수가 줄어들고 그들이 다른 직업을 선택하므로 경쟁 비용(참가자들이 다른 부문에서 생산할 수 있었던 성과)을 줄이면서 동시에 그 핵심

이익(최고의 성과를 내는 사람의 식별)을 감소시키지 않는 효과가 있다.

형평성을 택하면 효율성이 희생된다?

경제학자들은 공평한 분배를 이루려면 항상 그리고 어디서나 효율성을 희생할 수밖에 없다고 주장한다.[27] 누진적인 세금제도가 경제적 동기를 약화한다는 주장은 그리 새로운 것이 아니지만 최근 들어 그렇게 생각하는 사람들이 더 많아졌다. 1950년대와 1960년대에 밀턴 프리드먼(Milton Friedman)을 위시한 시카고대학교 교수들은 세금이 경제성장을 저해한다는 주장을 하며 정책 입안자들을 설득하기 위해 외로운 싸움을 벌였고 1981년 로널드 레이건(Ronald Reagan)이 취임한 뒤에야 그 싸움이 끝났다. 실제로 레이건 행정부 관리들은 세율 인하가 경제를 활성화해 총세수가 증가한다는 '래퍼곡선(Laffer Curve)'을 받아들일 정도로 세율 인하가 경제성장에 도움이 된다고 생각했다.

하지만 지난 10년간 발생한 여러 가지 사건으로 인해 세율 감축이 경제를 성장시킨다는 생각이 타당한지에 대한 의심이 생겨났다. 승자독식시장의 분배 효과에 대한 우리의 분석에 따르면 애당초에 형평성과 효율성 사이의 절충은 발생할 수 없는 것이었다. 승자독식시장의 고소득자에게 조세를 부과하면 그 시장으로 참가자들이 많이 모이지 않고 이는 사회의 총소득을 증가시키기 때문이다.

그렇다고 세율을 높이면 투자와 모험이 위축된다는 공급 중시 경제학자들의 주장이 틀렸다는 것은 아니다. 그러나 적어도 누진세가 경제적 효율성을 희생시킨다는 기본적 주장들은 재검토해 볼 만하다. 승자독식 효과가 중요한 경제에서는 고소득자에 대한 세율을 인상해도 산출물이 감소하기는커녕 오히려 급격하게 증가할 것이다.

지금까지는 승자독식시장에서 발생하는 비효율에 초점을 맞추었지만 최고 실력자가 더 큰 시장에서 서비스를 제공할 때 사회적 이익이 확대될 수 있다는 사실을 다시 한번 강조해야 할 것 같다. 그러나 아무리 정밀하게 고안된 사회적 제도라도 아무 비용도 치르지 않고 최고 실력자를 가려낼 수는 없다. 시장의 인센티브 하에서 승자독식시장이 비효율적이라는 말은 이러한 인센티브가 최고 실력자를 가려내는 데 드는 비용을 최소화하지 못한다는 의미다.

7장

투자라는 이름의 도박

수십 년 전부터 미국의 여러 도시에서는 무동력자동차 경주대회가 열리곤 했다. 아버지와 아들이 바퀴가 4개 달린 작은 무동력자동차를 만들고 아들이 차에 타 특수 제작된 경사로를 가장 빨리 내려가는 차가 승리하는 경주였다.

이 대회에 걸린 상금은 많지 않았지만 참가자들은 매우 진지하게 참여했다. 이들은 조금이라도 경쟁 우위를 확보하기 위해 많은 노력을 기울였다. 승리의 비결은 공기역학적으로 날렵한 차체를 만들어 공기저항을 최대한 줄이는 것이었다. 머지않아 나무판자 대신 특수 유리섬유로 만든 차체가 등장했고 경질 고무 타이어도 장착했다. 그러나 무엇보다도 문제는 베어링이었다. 사람들은 마찰 계수가 조금이라도 더 낮은 베어링을 달기 위해 엄청난 금액을 지출했다.

제작 비용이 올라가면서 대회 참가자들의 기술이나 아마추어 엔지니어의 결단력이 아닌 재력에 의해 우승이 결정되는 경우가 점차 많아졌다. 그러자 주최 측은 제작 비용에 제한을 두기 시작했다. 제작 비용을 통제하는 것이 쉽지는 않았지만 덕분에 무동력자동차 경주대회는 초창기의 순수한 모습을 되찾을 수 있었다.

무동력자동차 경주대회는 승자독식경쟁이다. 이제 이런 승자독식경쟁이 왜 상호 상쇄적이며 사회 전체적으로 어떻게 낭비가 되는지, 어떻게 비효율적인 과잉 밀집이라고 불렀던 투자 경쟁을 유발하는지 살펴보자.

죄수의 딜레마

여기서 기본적인 문제는 성능 향상에 투자하려는 동기 때문에 승자독식시장의 참가자들이 현대사회학 이론의 가장 강력한 비유 중 하나인 죄수의 딜레마에 봉착한다는 것이다. 이 이론은 수학자인 앨버트 터커(Albert Tucker)가 처음 언급한 이야기에서 그 이름을 따왔다. 이야기에 의하면 실제 범죄를 저지른 두 사람이 격리된 채 독방에 갇혀 있고 유죄판결을 받으면 두 사람 모두 20년을 감옥에서 보내야 한다. 그런데 문제는 검찰이 확보한 증거가 불충분하므로 경미한 과실죄로 1년 형밖에는 선고받지 않을 것이라는 데 있다.

이 문제를 해결하기 위해 담당 검사는 두 용의자에게 이런 제안을 한다. "만일 당신의 공범이 범행을 자백하지 않고 당신만 자백하면 당신을 석방하겠다. 그러나 공범이 자백했는데도 당신 혼자 침묵을 지킨다면 당신은 20년을 감옥에서 썩게 될 것이다. 만약 당신과 공범 둘 다 자백한다면 두 사람 모두 5년 형만 살게 될 것이다." 죄수의 관점에서 볼 때 최선의 선택은 침묵을 지키는 것이다. 그러면 검찰은 경미한 과실에 대한 증거밖에 없기 때문에 두 사람은 1년만 수감 생활을 하면 된다. 당신이 두 죄수 가운데 하나가 되어 조사실에 갇혀 있다면 자백하고 싶은 유혹을 떨쳐 낼 수 있을까? 만약 당신의 공범이 침묵을 지킨다면 당신은 자백함으로써 자유의 몸이 된다. 반대로 공범과 당신이 모두 자백하면 5년 형을 살겠지만 공범은 자백했는데 당신 혼자 침묵을 지킨다면 20년을 감옥에서 썩어야 한다.

동료 역시 똑같은 제안을 받고 자백하고 싶은 강렬한 유혹을 느낄 것이다. 그 역시 당신도 자백하고 싶을 거라고 생각하기 때문이다. 그러나 동료가 어떤 결정을 하든 당신이 자백을 하면 더 가벼운 형을 받게 된다. 그러나 둘 다 자백하면 둘 다 침묵을 지켰을 때보다 긴 5년 형을 선고받게 된다. 여기에 바로 그들의 딜레마가 있다.

죄수의 딜레마는 개인에게 상당히 매력적으로 보이는 행동이 그룹 전체에는 매력적이지 않은 결과를 초래할 수 있다는 문제의 본질을 지적하고 있다. 군비경쟁은 죄수의 딜레마와 같다. 적대 관계에 있는 두 나라가 함께 군비 증강을 하지 않으면 모두 더 잘살 수 있다. 그러나 두 나라는 어쩔 수 없이 투자할 수밖에 없다. 상대방은 군비에 투자하는데 가만히 있으면 어떤 결과가 초래되는지 잘 알고 있기 때문이다.

위치군비경쟁: 손해지만 멈출 수가 없다

승자독식시장에서 참가자들은 절대적인 성과뿐만 아니라 순위에 따라 보상이 달라지는 토너먼트에서 경쟁한다. 6장에서 살펴보았듯 이런 경기의 승패는 참가자들의 재능과 개인 자질에 전적으로 의존한다. 그러나 일반적으로는 참가자의 성과 향상에 대한 투자에 따라 결과가 달라질 수 있다.

법률 소송을 예로 들면 쌍방이 소송에서 이길 확률은 담당 변호사가 얼마나 많은 시간을 할애해 사건 기록을 검토했느냐에 달려 있다. 만약 양측이 동일한 조건에서 시작할 경우 어느 한쪽이 조금만 투자해도 승소 확률이 크게 높아질 수 있다면 이는 다른 모든 참가자에게도 동일하게 적용된다. 물론 투자금과 승소 확률을 수학적으로 계산해 내는 것은 불가능하다. 아무리 많은 연구를 하든 승자는 결국 1명뿐이다. 어떤 경쟁 시장도 마찬가지지만 승자독식시장의 경쟁자들은 일대일 또는 일 대 다수의 죄수의 딜레마에서 벗어나기 어렵다.

능력 향상에 대한 투자가 그 경쟁자의 시장가치를 얼마나 높여주는지는 경우에 따라 달라진다. 무동력자동차 경주대회처럼 어떤 경우에는 개인적인 투자가 최종적인 결과에 아무런 영향을 미치지 못할 수도 있다. 이런 경쟁에서는 결국 모든 참가자가 똑같이 100달러나 1,000달러를 소비하는 단계에 이르러서야 멈춘다.

능력에 대한 투자가 보다 가치 있는 결과를 낳기도 한다. 소프라노 가수들은 몇 안 되는 유명 음반사의 계약을 따내기 위해 발성 연습과 음악 레슨에 매년 수천 달러를 투자한다. 그 결과 소프라노 가수들은 맑은 음색과 다이내믹한 노래를 들려줌으로써 청중에게 더 큰 만족을 준다.

이런 능력 향상은 사회적으로 관심을 불러일으키기도 하지만 거기에도 한계는 있다. 능력 개발에 투자하는 사람들은 가용한 지출 한도 내에서 가치를 높이는 효율적인 투자에 관심을 돌린다. 모든 기회를 다 활용한 다음 그보다 이익이 적은 투자에 눈을 돌린다. 만약 우리의 목적이 사회 전체의 수입을 극대화하는 것이라면 마지막으로 투자한 1달러로 최소 1달러의 추가 수익이 발생하는 한 성과 향상에 계속 투자해야 한다. 만일 마지막으로 투자한 1달러의 추가 수익이 1달러보다 적다면 분야에 대한 투자를 줄이는 게 좋을 것이다.

그러면 보이지 않는 손에 맡겨 두면 개인은 이런 합리적인 판단에 따라 투자할까? 안타깝지만 대답은 '아니오'인 것 같다. 문제는 사회적 관점에서는 최종 제품의 가치에 미치는 영향에 따라 투자가 이루어지기를 바라지만 각 참가자의 관점에서는 누가 승자가 될 것인가에 대한 영향이 가장 큰 관심사라는 점이다.

개인별 동기가 경쟁적 투자를 유도한다는 것은 함정 게임(entrapment game)이라는 간단한 경매 실험을 통해 알 수 있다. 경제학자 마틴 슈빅(Martin Shubik)이 주창한 이 게임은 일반적인 경매와 유사하지만 약간의 변형이 있다. 경매인은 20달러 지폐를 경매에 붙이고 최고가 입찰자에게 낙찰하겠다고 발표한다. 입찰을 시작하면 그 뒤 입찰자는 전 입찰자보다 일정 금액(50센트) 더 높은 가격을 불러야 한다. 다른 경매와 다른 점은 입찰이 끝나면 최고가 입찰자뿐만 아니라 두 번째로 높은 입찰자도 각자의 입찰가를 경매인에게 제출해야 한다는 점이다. 따라서 최고가를 부른 입찰자는 20달러를 차지하지만 차점자는 돈을 내고도 한 푼도 받지 못한다.

예를 들어 최고 입찰가가 9달러이고 두 번째 입찰가가 8달러 50센트라면 경매인은 합쳐서 17달러 50센트를 받는 식이다. 최고 입찰가를 부른 사람은 20달러를 받으므로 11달러의 순이익을 챙기지만 차점자는 8달러 50센트를 손해 본다. 이 게임의 참가자들은 능력 향상을 위한 투자를 고려하는 참가자와 같은 상황에 처한 것이다. 두 경우 모두 경쟁자보다 조금만 더 투자하면 승자가 될 수 있기 때문이다.

이 게임의 참가자는 회사 중역부터 대학생까지 다양했지만 입찰 패턴은 거의 항상 동일했다. 입찰을 시작하면 경매 가격의 절반인 10달러까지 순식간에 올라간다. 여기서 입찰이 잠깐 멈추는데 더 이상 입찰가가 높아지면 최고 입찰가의 합계 금액이 20달러를 넘어서기 때문이다. 이 고비만 넘기면 경매인은 손해 볼 걱정을 하지 않아도 된다. 이때 9달러 50센트를 제시한 두 번째로 높은 입찰자는 확실히 9달러 50센트를 잃으니 조금 더 투자해서 9달러 50센트의 이익을 보는 것이 더 낫다고 생각해 항상 10달러 50센트를 제시한다.

이쯤 되면 나머지 사람들은 포기하고 상위 두 사람만이 남아 빠르게 입찰가를 올린다. 호가가 20달러에 가까워지면 입찰자는 두 번째로 주춤거린다. 이때 최고가를 부른 입찰자는 경매에서 이기더라도 이득이 없다는 사실을 곰곰이 생각해 볼 것이다. 현재 19달러 50센트를 부른 차점자 또한 20달러 50센트를 부를지 말지 고민한다. 그는 이제 양자택일의 기로에 서 있다. 여기서 그만두면 19달러 50센트를 고스란히 잃는다. 그러나 20달러 50센트를 불러서 이긴다면 50센트만 손해 보면 된다. 여기서 그는 상대방이 포기할 가능성이 조금이라도 보이면 경매를 계속 진행한다. 20달러가 넘으면 입찰 속도가 다시 빨라지고 그때부터는 남은 두 입찰자 간의 신경전이 벌어진다. 경매는 보통 입찰가가 50달러에 도달하면서 누군가가 좌절감에 포기하는 경우가 많다.

사람들은 지적이고 정보에 정통한 사람이라면 이런 무모한 경매에 빠져들지 않을 것이라고 생각한다. 그러나 경매에 참여하는 사람 중 상당수는 경험이 풍부한 비즈니스 전문가로 게임 이론과 전략적 상호작용에 대한 정식 교육을 받은 사람들도 많았다. 심리학자 맥스 베이저먼(Max Bazerman)은 세계 최고 수준의 경영대학원인 노스웨스턴대학교 켈로그경영대학원의 학생들을 대상으로 지난 10년간 이 게임을 벌여 모두 1만 7천 달러를 벌었다고 한다. 거의 200회의 경매를 진행하는 동안 상위 2개의 입찰가가 39달러 미만이었던 적은 단 한 번도 없었으며 총 407달러를 기록한 적도 있었다고 한다.[1]

함정 게임은 다른 입찰자보다 조금만 더 많이 입찰하면 낙찰을 확신할 수 있다는 점에서 극단적인 사례에 해당한다. 예를 들어 시의회가 지역 자선단체에 가장 많이 기부하는 지원자에게 케이블 TV 영업권을 주겠다는 계획을 발표한다면 이런 인센티브를 기대할 수 있다.

그러나 일반적으로는 가장 높은 투자자가 반드시 승리할 것이라고 기대하지 않는다. 그 대신 각 참가자의 당첨 확률이 성과 향상에 대한 총투자액의 비율과 같다고 가정해 보자. 이런 방식은 일부 주의 복권 당첨 확률 결정 방식과 유사하기 때문에 '복권 게임(lottery game)'이라고 불린다. 어떤 사람이 발행된 모든 복권의 4분의 3을 사들인다면 그가 당첨될 확률은 75퍼센트다. 마찬가지로 두 사람의 참가자가 있는 복권 게임에서 한 사람이 상대방보다 3배 더 투자했다면 그가 승리할 확률 역시 75퍼센트다.

복권 게임과 함정 게임의 차이는 복권 게임이 투자를 확대하려는 유인이 적다는 것이다. 함정 게임에서는 처음에 동일한 투자금으로 시작한 경쟁자 중 1명이 약간의 추가 투자만으로 결정적으로 결과를 유리하게 바꿀 수 있다. 반면 복권 게임에서는 투자를 늘린 만큼만 당첨 확률이 높아진다.

복권 게임과 같은 투자 방식에 대해서 지금까지 많은 연구가 이루어졌다.[2] 조건이 동일한 2명의 참가자가 확정된 보상을 위해 개별적으로 투자할 경우 각 참가자가 상금의 4분의 1을 능력 개발에 투자한다는 것은 잘 알려진 사실이다. 그 두 사람의 투자액을 합하면 수익의 절반이 상쇄적인 능력 개발에 낭비되는 셈이다. 만약 경쟁자가 2명이 아닌 100명이고 각자 독립적으로 복권 게임의 투자 방식으로 투자하면 능력 개발에 낭비되는 총투자액은 수익금의 100분의 99가 될 것이다. 승자독식시장에서 경쟁자의 수가 많을수록 총투자액은 빠른 속도로 총수익에 접근한다. 따라서 복권 게임의 인센티브가 약하기는 하지만 여전히 성과 향상에 대한 상호 상쇄적 투자가 상당 수준 발생한다.

실제로 경쟁자들의 실력 향상에 대한 투자는 최종 소비자에게 이익이 되는 경우도 많다. 예를 들어 가수들이 경쟁적으로 발성 훈련에 투자하면 청중들은 더 좋은 음악을 감상할 수 있다. 그러나 이런 사례에 대한 면밀한 이론적 분석에서 알 수 있듯 성능 향상에 대한 투자 수준은, 최종 제품의 가치가 투자와 무관할 때보다는 적지만 여전히 과도하다.[3]

상식적인 사고나 경험적 관찰 또는 투자 유인에 대한 이론적 분석 등 다양한 방식을 동원해도 결론은 동일하다. 즉, 능력 개발을 위한 투자가 개인의 승률에 영향을 미치는 승자독식경쟁에서 개개인의 투자는 서로의 투자 효과를 상쇄하는 방향으로 작용하며 이는 사회적으로 비효율적이다.[4] 이런 투자 방식이 전통적인 군비경쟁에서 무기를 구매하는 것과 구조적으로 유사하기 때문에 우리는 이 패턴을 '위치군비경쟁(positional arms race)'이라고 부른다. 몇 가지 예를 살펴보자.

운동선수들: 과도한 훈련, 과도한 투자

올림픽 대표 선수들의 훈련은 매우 힘들어서 선수들은 매일 6시간씩 운동장에서 녹초가 되도록 연습해야 한다. 모두가 알다시피 실전에서의 아주 작은 차이가 엄청난 소득의 차이로 이어지기 때문이다. 미국인들은 한동안 1984년 올림픽 체조 금메달리스트인 메리 루 레턴(Mary Lou Retton)의 얼굴을 매일 아침 휘티스 시리얼 박스에서 볼 수 있었다. 레턴은 금메달을 딴 후 수백만 달러의 광고 계약을 맺었다. 그러나 1984년 올림픽에서 레턴에게 근소한 점수 차로 패하고 은메달을 딴 선수는 사람들에게 완전히 잊혀 그 이름을 기억하는 사람은 아무도 없다.

이렇게 작은 성적 차이에 따라 보상이 크게 달라지는 상황에서 선수들이 무슨 방법을 써서라도 실력을 향상시키려고 노력하는 것은 당연한 일이다. 금전적 수익이 엄청나게 커지면서 훈련도 더욱 혹독해졌다. 이런 경향은 스무 살 이전에 최고의 기량을 발휘할 수 있는 수영, 피겨 스케이팅, 체조 등 여성 스포츠에서 특히 심하다.

체조 선수 크리스티 필립스(Kristie Phillips)는 한때 메리 루 레턴의 뒤를 이을 유망주로 주목받았다. 불과 여덟 살 때 집을 떠나 휴스턴의 체조학교에서 벨라 카롤리(Bela Karolyi)의 지도를 받았다. 벨라 카롤리는 메리 루 레턴의 코치였고 그전에는 루마니아의 유명한 금메달리스트 나디아 코마네치(Nadia Comaneci)도 가르쳤다.[5] 필립스는 카롤리 코치가 사춘기가 되어 늘어나기 시작하는 몸무게를 인위적으로 줄이기 위해 자신과 동료 선수들에게 설사약과 갑상선약 그리고 이뇨제를 강제로 먹였다고 폭로했다. 필립스는 체중 조절의 강박관념에 시달리는 여자 선수들에게 흔히 나타나는 거식증에 시달렸다. "몸무게가 44킬로그램인데도 빵빵한 크리스마스 칠면조가 내 별명이었어요." 필립스의 말이다.[6]

강도 높은 훈련으로 필립스는 부상을 달고 살아야 했다. 왼쪽 손목의 골절로 인한 통증을 줄이기 위해 하루에 소염진통제인 애드빌 12알과 나프로신 6알을 먹었다. 그녀는 "약을 먹으면서 3년간 훈련했어요. 손목이 다 나을 때까지 기다릴 시간이 없었거든요"라고 말했다.[7] 이런 노력에도 불구하고 필립스는 1988년 올림픽 선발전에서 탈락했다. 몇 달 뒤 그녀는 손목을 칼로 그어 자살을 시도했다.

물론 고된 훈련이나 체벌이 운동선수의 기량 향상에 도움이 될 수도 있으며 이 때문에 그런 훈련이 정당화되기도 한다. 우승에는 엄청난 보상이 따르는데 손가락 하나 까딱하지 않고 그런 과실을 딴다면 불공평한 일이 될 것이다. 만약 금메달을 땄다면 필립스 역시 고생한 보상을 받았다고 느꼈을지 모른다.

그러나 극소수의 엘리트 선수만이 이런 가혹한 훈련의 피해자가 되는 것은 아니다. 최근의 한 연구에 따르면 여자대학 운동선수 가운데 32퍼센트가 거식증, 폭식증과 설사약, 이뇨제, 다이어트약의 사용 등 최소한 한 가지 이상의 섭식 장애에 시달리고 있다고 한다. 여자대학 체조 선수들 가운데에는 66퍼센트가 같은 문제로 시달리고 있다. 한 연구에 의하면 여자대학 운동선수의 3분의 2 이상이 생리불순이나 무월경증에 시달린다고 한다. 생리불순은 골밀도를 떨어뜨려 골절과 골다공증, 척추만곡증의 원인이 된다. 페퍼다인대학교의 오릴리아 나티브(Aurelia Nattiv) 박사는 여자 체조 선수들의 생리불순을 연구한 결과를 이렇게 말한다. "20대 여자 선수들의 골밀도가 폐경기를 넘긴 50대 여자의 골밀도와 비슷합니다."[8]

극단적인 경우, 여자 선수들의 섭식 장애는 매우 심각해서 생명을 빼앗는 일도 있다. 1994년 7월 26일 올림픽 체조 유망주였던 22세의 크리스티 헨리치(Christy Henrich)는 거식증과 폭식증으로 인한 합병증으로 사망했다. 사망하기 전 몸무게가 27킬로그램까지 줄어 병원에 입원했을 때 헨리치의 어머니는 기자들에게 이렇게 말했다. "크리스티가 이렇게 된 건 99퍼센트가 무리한 훈련 탓이에요. 모든 초점이 몸에 맞추어져 있었으니까요."[9]

경쟁에서 승리한 대가가 무엇이든 사회적인 관점에서 볼 때 혹독한 훈련 방식이 낭비인 것은 확실하다. 선수들은 하루에 8시간씩 훈련할 수도 있고 아니면 4시간만 훈련할 수도 있다. 부상으로 진통제를 복용하며 훈련할 수도 있고 휴식을 취할 수도 있다. 설사약과 이뇨제를 복용할 수도 있고 아닐 수도 있다. 하지만 결국 누군가는 올림픽 금메달리스트가 되거나 대회 챔피언이 되기 마련이다.

아나볼릭 스테로이드를 복용하는 것 또한 경쟁력을 확보하기 위한 또 다른 일반적인 방법이다. 이 약물이 경기력 향상에 별 도움이 안 된다는 주장도 있기는 하지만 도움이 된다는 사실에 의문을 제기하는 선수는 거의 없다.

동독의 스포츠의학 전문가들은 수년간 스테로이드가 운동 능력에 미치는 영향을 체계적으로 연구했다. 헬무트 볼(Helmut Bohl) 교수는 스테로이드를 복용하면 100미터 달리기에서는 0.5초, 800미터 달리기에서는 3초 정도 기록을 단축하며 투포환의 경우 1미터 더 멀리 던질 수 있다고 주장했다.[10] 이 수치를 1992년 올림픽경기에 대입해 보면 각각 금메달리스트와 은메달리스트의 기록 차이의 8.33배, 75배, 1.35배에 해당한다.[11]

따라서 세계적인 운동선수들이 아나볼릭 스테로이드를 복용하는 것은 놀라운 일이 아니다. 다만 그 사실을 감추고 있을 뿐이다. 기술의 발달로 스테로이드 복용을 적발하기가 거의 어려워 이런 관행이 얼마나 만연해 있는지는 알기 어려우며 특별한 경우가 아니면 거의 적발되지 않는다. 대표적인 예가 캐나다의 단거리 육상 선수 벤 존슨(Ben Johnson)이다. 그는 1988년 서울올림픽 100미터 달리기에서 우승했으나 누군가 그의 소변 샘플을 조작한 것이 밝혀지면서 우승을 박탈당했다. 마찬가지로 1990년 100미터 세계 챔피언이었던 독일의 카트린 크라베(Katrin Krabbe)는 자신과 다른 두 선수의 소변 샘플이 실제로는 한 선수의 소변인 것으로 드러나면서 약물 검사에서 불합격했다. 이렇게 약물복용 사실을 밝혀내기가 어려움에도 불구하고 1980년대만 해도 최소한 6명의 올림픽 금메달리스트가 스테로이드를 복용했다가 적발되었다.[12]

약물복용이 일반화되어 있다는 간접적인 증거도 있다. 예를 들어 약물복용을 적발해 내는 새로운 기술이 발견되었다는 발표가 나오면 운동선수들은 새로운 은폐 기술이 나올 때까지 스테로이드 복용을 중단한다고 한다. 1990년 부다페스트에서 열린 세계역도선수권대회에 약물복용을 적발하는 최신 '스테로이드 프로파일' 검사법이 도입되자 약물복용이 현저하게 줄어든 것이 그 좋은 예다. 이 대회에 참가한 역도 선수들은 "평소 자신들의 기록보다 훨씬 낮은 중량에 도전했으며 단 한 선수만이 세계신기록에 도전했다."[13]

스테로이드는 경기력을 향상시키지만 단기적으로는 탈모, 피부 질환, 공격성 강화 등의 부작용을 불러일으키며 심각한 정신이상을 일으키기도 한다. 스테로이드를 장기간 복용할 경우 나타나는 부작용은 정확한 연구가 이루어지지 않았지만 지금까지 알려진 단편적인 증거에 의하면 순환기 계통의 질환, 고환위축, 이상정자증, 높은 암 발생률과 관계가 있다.[14]

스테로이드 복용은 심각한 의학적 피해를 일으킬 잠재적 가능성이 있다. 관중 입장에서도 스테로이드를 복용한 선수들의 경기가 더 볼 만하다는 보장이 없으므로 경쟁적인 약물복용은 군비경쟁처럼 인류 전체의 관점에서 볼 때 부정적인 결과만 낳을 뿐이다.

금전적인 인센티브의 증가로 인해 대학의 재정 건전성을 위협하는 다양한 위치군비경쟁이 생겨났다. 텔레비전이 대학 풋볼과 농구를 대형 엔터테인먼트 산업으로 변모시키기 전에는 대학의 스포츠 프로그램의 예산이 비교적 적었고 대부분 티켓 판매 수익으로 충당되었기 때문에 수익이 크지 않은 프로그램이라도 대학에 큰 부담을 주지 않았다. 하지만 앞으로 살펴보겠지만 더 이상 그런 일은 발생하지 않고 있다.

대학 대회에서 우승하는 것이 매우 매력적인 것은 틀림없는 사실이다. 대회를 성공적으로 치르면 큰 이익이 남을 뿐 아니라(4장 참조) 간접적인 이익도 상당하다. 그중 하나는 우수한 학생을 끌어들인다는 점이다. 예를 들어 1983년 NCAA 농구 대회에서 우승한 노스캐롤라이나 주립대학교는 입학 지원자가 40퍼센트나 늘었다.[15] 보스턴 대학교는 1984년에 입학 지원자가 1만 2,500명이었으나 1984년 더그 플루티(Doug Flutie)가 최고의 선수에게 수여되는 하이즈먼 트로피를 받자 1985년에는 입학 지원자가 1만 6,200명으로 늘었다.[16] 지원자가 많아지면 대학은 그만큼 우수한 학생을 뽑을 수 있다. 어떤 연구에 따르면 한 종목에서 특정 대학의 승률이 높아지면 그 대학 신입생들의 SAT 점수도 올라간다고 한다.[17]

그러나 고등교육이라는 넓은 관점에서 볼 때 우수한 신입생을 끌어들이기 위해 한 종목에 투자하는 것은 대가가 너무 크다. 축구든 농구든 승자가 있으면 패자가 있기 마련이다. 전체 지원자 중 우수한 학생은 한정되어 있으며 이들이 스포츠 명문 대학에 몰리는 것은 사회적 목적에 부합하지 않는다.

더 나은 학생을 유치해 수익이 증가하면 개별 대학에는 유리하겠지만 고등교육 전반에 이익이 되는 것은 아니다. 수익이 증가하면 대학의 스포츠 프로그램이 그들을 후원하는 고등교육 기관에 더 많은 기여를 한다고 생각하는 것이 당연해 보일 수 있다. 하지만 대학들의 재정적 부담은 계속 가중되어 왔다. 언론인 머리 스퍼버(Murray Sperber)는 이렇게 지적한다.

> 만약 일반 기업체에서 하듯 손익계산을 한다면, NCAA의 회원 대학 802개, 미국대학체육연맹(NAIA)의 회원 493개 대학 그리고 1,050개의 비회원 초급대학 중 기껏 10~20개의 대학만이 약간의 이익을 꾸준히 내고 있으며 20~30개의 대학은 간신히 손익분기점을 넘기거나 이익을 낸다. 나머지 2,300여 개의 대학은 매년 최소 몇 달러에서부터 최대 수백만 달러까지 손해를 본다.[18]

겉보기에는 모순적인 이런 상황은 위치군비경쟁 논리하에서는 필연적일 수밖에 없다. 대학 대회든 다른 대회든 거액의 상금이 걸려 있다면 참가자들은 승률을 높이기 위해 금전적 투자를 아끼지 않을 것이다. 비록 소수의 우승자가 나오기는 하지만 참가자 대부분은 차라리 투자를 안 하느니만 못한 상태가 된다.

물론 스포츠에서 선수들의 역할은 결정적이므로 선수들의 스카우트 비용이 기하급수적으로 치솟는 것도 놀라운 일은 아니다. 대부분 각 팀의 연고지와 가까운 주에서 선수들을 스카우트하는 데 그치는 반면 인기 종목의 경우에는 전국적으로 스카우트 경쟁이 펼쳐져서 스카우트 담당 코치가 별도로 있을 정도다. 대학미식축구 1부 리그에 속해 있는 대학의 경우 1985년 지출 예산의 대부분이 스카우트 비용으로 쓰였는데 이는 1973년에 비해 286퍼센트나 증가한 금액이다.[19]

NCAA 규칙을 위반하는 사례가 늘고 있는 것도 대학 스포츠에서 위치군비경쟁이 증가하고 있다는 증거다. 최근에는 운동선수에게 주는 불법적인 부당이득을 폭로하는 보도도 늘고 있다.[20] 어떤 경우에는 운동선수들의 캠퍼스 방문을 유도하기 위해 '데이트'를 주선하는 경우도 있을 정도다.

―― 종종 대학의 체육부가 조직한 클럽에서 이런 데이트를 주선하는데, 데이트에 나온 여자들은 서비스의 대가로 일종의 보수를 받는다. 플로리다대학교의 '게이터 게터스(Gator Getters)'가 이런 클럽의 원조 격으로 오늘날에는 많은 대학에 이와 유사한 조직이 있다. 오스틴에 있는 텍사스대학교의 텍사스 엔젤스(Texas Angels)라는 클럽은 선수 후보자들과 데이트한 후 하루에 1번씩 편지를 보내 대학팀에 오도록 설득하는 등 연락을 계속한다.[21]

일부 조직에서는 데이트 상대가 지역 여학생이 아니라는 사실까지 드러나기도 했다. "텍사스크리스천대학교의 관계자가 후보 선수를 지역 모텔로 데려가 계약할 때까지 숙박과 식사 그리고 매춘부까지 제공했다고 NCAA 보고서는 폭로하고 있다."[22]

우승하기 위한 과잉투자로 적자가 늘어나자 대학은 새로운 수익원을 찾기 위해 적극적으로 노력하기 시작했다. 기업체들은 자사의 로고가 새겨진 대학 경기를 후원할 수 있는 권리를 얻기 위해 거액을 기부했다. 그 결과 보험회사가 후원하는 USF&G 슈가볼, 투자회사가 후원하는 존 행콕 선 볼, 그리고 해양공원이 후원하는 시월드 할리데이 볼 등이 생겼다.

대학들은 체육 예산 적자를 메우기 위해 학생들에게도 부담을 지웠다. 예를 들어 매릴랜드대학교 체육부는 학생들에게 의무적인 체육 기금을 거두어 총예산의 3분의 1을 충당했다.[23] 1982년 감사 결과 휴스턴대학교에서 340만 달러의 적자가 발생하자 "대학 스포츠 프로그램에 관심이 없는 재학생들의 항의에도 불구하고 학생회비 충당금을 40만 달러에서 약 200만 달러로 증가시켰다. 학생들의 70퍼센트는 평생대학이나 야간대학 재학생이었다."[24]

대학들은 심지어 주 정부에 지원을 요청하기도 했다. 1985년 대학미식축구 1부 리그 소속 대학들은 평균 73만 6천 달러의 공공자금을 지원받았고 NCAA 소속 공립대학의 3분의 2 이상이 국고 지원을 받았다.[25] 공립대학의 운동부 코치가 체육교육부에서 급여를 받는 경우 역시 주 정부로부터 간접적인 지원을 받는 셈이다.

그러나 위치군비경쟁으로 인해 새로 확보된 재원 역시 경쟁력 강화를 위한 투자로 소진되고 이에 따라 운동부의 적자는 다시 증가한다. 대학미식축구협회의 조사에 의하면 1983~1988년 대학 운동부의 운영비는 36퍼센트 증가한 반면 관련 수입은 27퍼센트밖에 증

가하지 않았다고 한다.[26]

전통적으로 스포츠 부문이 강한 대학들조차 적자에 시달리고 있다. 오랫동안 미식축구와 농구에서 상위권을 지켜온 미시간대학교는 1988년과 1989년에 250만 달러의 적자를 냈다.[27] 노트르담대학교의 축구팀인 파이팅아이리시가 사우스밴드시의 한 신문에 실린 다음과 같은 헤드라인을 보고 얼마나 실망했을지 상상해 보라. "노트르담대학교는 올해 운동부에 지원하지 않기로 결정했다."[28]

대학은 이런 딜레마를 야기하는 구조적인 문제에 눈을 돌리기 시작했다. 유티카대학교 총장인 랜싱 베이커(Lancin Baker)는 1988년 가장 경쟁이 치열한 NCAA 1부 리그에 참가하는 것이 얼마나 부담스러운 일이었는지 털어놓았다. "포커 게임과 같아요. 당신 손에는 잘해야 2등이나 3등밖에 못 할 패가 들어 있는데 계속 판돈을 올려 더 이상 지탱할 수 없는 지경에 몰리는 상황입니다."[29]

실제로 이렇게 커지는 판돈을 따라잡지 못하고 그만두는 대학도 생겨나고 있다. 캘리포니아 소재 산타클라라대학교는 늘어나는 적자를 감당하지 못하고 1993년 1월 미식축구팀을 해산했다.[30]

증권시장의 수익 예측 경쟁

증권시장은 미국 자본시장의 토대나 마찬가지다. 이익잉여금, 시중 은행의 대출, 회사채 매각 수익과 함께 주식 매각 수익은 미국 경제를 움직이는 기계와 장비를 구매하고 유지하는 주요 수단이다.

한 기업의 주식을 소유한다는 것은 사실상 그 기업의 현재와 미래의 수익을 나누어 가질 자격을 보유한다는 것이다. 따라서 모든 조건이 같다면 미래에 더 많은 수익을 올릴 것으로 예상되는 기업의 주식이 그렇지 못한 기업의 주식보다 잘 팔린다. 이는 경제적 효율성 측면에서 당연한 일이다. 이런 메커니즘에 따라 시장은 '적당한 가격에 필요한 상품을 공급할 수 있는' 기업에 자본을 공급한다.

한 기업의 미래 수익은 항상 불확실하므로 그 기업의 주가는 수익에 대한 주식시장의 판단에 따라 달라질 수밖에 없다. 이는 기업의 수익률 변동을 남들보다 정확하게 예측할 수 있는 사람이 막대한 돈을 벌 수 있다는 의미다. 예를 들어 한 애널리스트가 어느 기업의 예상 수익률이 증권시장의 일반적인 추정치보다 20퍼센트 높다는 사실을 알았다고 하자. 이 기업의 주식이 시장에서 100달러에 거래되고 있다면 이 정보가 일반에게 알려지는 순간 주가는 120달러로 올라갈 수 있다. 따라서 이 정보를 가장 먼저 입수한 애널리스트와 그의 고객은 금전적으로 큰 수익을 올릴 기회를 잡은 것이다. 이제 할 일은 빠른 시일 내 그 주식을 가능한 한 많이 사들이기만 하면 된다. 만일 현재 가격으로 5만 주를 매수할 수 있다면 그들은 몇 시간 또는 며칠 만에 100만 달러를 벌어들이게 된다.

문제는 기업의 미래 수익률에 관해 믿을 만한 정보를 입수하기가 어렵다는 데 있다. 우선 내부자거래를 법률이 금하고 있기 때문에 기업체의 직원들로부터 비공식적으로 정보를 얻는 방식은 불가능하다. 그러므로 정보는 반드시 공개된 데이터를 분석해 얻어야 한다. 그러나 엄청난 수익이 걸려 있는 관계로 다른 분석가들도 똑같은 자료를 놓고 분석에 여념이 없다. 만약 살로몬 브라더스가 수십만 달러를 들여 기업의 수익률을 예측하는 컴퓨터 프로그램을 사들였는데 바로 며칠 전에 모건 스탠리가 동일한 프로그램을 구입했다면 살로몬 브라더스는 아무 이익도 얻을 수 없다. 이런 조건하에서 증권사는 더 정확하고 신속하게 수익성을 예측하는 방법에 집중적인 투자를 할 수밖에 없다.

그러나 사회 전체의 관점에서 볼 때 수익 예측의 신속성과 정확성은 그다지 중요하지 않다. 한 기업의 수익이 증가하리라는 사실을 빠르고 정확하게 예측하는 것이 지니는 사회적 의미란 기껏해야 그 기업체로 흘러 들어가는 자금의 흐름이 원활해져서 자금 사정을 개선시킨다는 것뿐이다. 수익 예측이 조금 부정확하거나 늦다고 해서 사회적으로 크게 잃는 것은 아니다. 예측이 며칠 늦어지더라도 사회의 희귀한 자본은 적절한 기업에 알아서 배분될 것이기 때문이다.

대량의 주식을 유리한 조건에 거래함으로써 얻을 수 있는 엄청난 이득을 고려할 때 수익 예측 업계가 최초의 대규모 위치군비경쟁에 뛰어드는 것은 전혀 놀라운 일이 아니다. 미국의 금융업계는 수익 예측에 매년 수십억 달러를 지출하고 있으며 이보다 훨씬 많은 금액을 비공식적인 경로로 같은 목적에 투자하고 있다. 운동선수들의 스테로이드 복용과는 달리 이런 투자가 모두 사회적 낭비라고 할 수는 없다. 그러나 수익률 예측에 대한 지출을 대폭 삭감한다고 해도 자본시장의 효율성이 떨어지는 것은 아니다.

광고 시장: 돈을 쏟아부어야 돈이 벌린다

텔레비전 토크쇼가 도서 홍보에 이용될 수 있다는 가능성은 1959년 출판된 알렉산더 킹(Alexander King)의 《나의 적은 늙어간다(Mine Enemy Grows Older)》부터 시작되었다.[31] 타고난 재담꾼이며 편집자 겸 화가였던 킹은 당시 잭 파(Jack Parr)가 진행하던 NBC의 〈투나잇 쇼(Tonight Show)〉에 초대 손님으로 자주 출연했다. 이 책은 그가 마약중독을 극복한 과정을 담은 회고록이었는데 〈투나잇 쇼〉에서 파와 함께 이 책에 대해 한참 이야기를 나누었고 그 후 책은 〈뉴욕타임스〉의 베스트셀러 목록에 올랐다. 킹은 두 번째 책인 《이 집이 호랑이로부터 안전하기를(May This House Be Safe from Tiger)》도 〈투나잇 쇼〉에서 열심히 홍보했고 성공을 거두어 하드커버로 15만 부 이상 팔려 나갔다. 아트 링클레터(Art Linkletter)의 《아이들이 참 황당한 말을 하네요(Kids Say the Darnest Things)》는 텔레비전 홍보가 책 판매에 어떤 영향을 미치는지를 단적으로 보여 준다.

이후 프렌티스홀 출판사에서 링클레터의 책을 편집했던 버나드 가이스(Bernard Geis)는 독립해서 "텔레비전 쇼의 진행자나 초대 손님을 통해 소개할 만한" 책을 전문적으로 출판하는 출판사를 차렸다.[32] 텔레비전에 정기적으로 출연해서 책을 홍보할 수 있는 유명 인사들과 계약을 맺는 전략으로 가이스는 1950년대 후반부터 1960년대 중반까지 일련의 히트작을 냈다.

1966년에는 재클린 수잔(Jacqueline Susann)의 《인형의 계곡(Valley of the Dolls)》으로 엄청난 성공을 거두었다. 이 책은 낭만과 성공을 찾아 뉴욕으로 온 3명의 여성에 관한 소설이다. 가이스는 편집자들의 조언을 무시하고 이 책을 출판했는데, 비교적 자유분방했던 편집자들조차 《인형의 계곡》을 '쓰레기 같은 문학'이라고 비난할 정도였다. 지금까지 낸 책의 저자와 달리 재클린 수잔은 책이 출판될 당시 유명 인사가 아니었다. 그러나 그녀는 텔레비전이나 라디오 프로그램, 언론 인터뷰, 대형 서점과 쇼핑몰에서의 사인회 등 책을 홍보하기 위한 전국적인 캠페인을 벌이면서 유명 인사가 되었다. 가이스의 표현에 의하면 수잔이 라디오와 텔레비전 쇼에 너무나 많이 나오자 "틀어도 재클린 수잔이 나오지 않는 것은 수도꼭지뿐"이라는 말이 있을 정도였다고 한다.[33]

그 결과는 엄청났다. 《인형의 계곡》은 하드커버 단행본 시장의 베스트셀러 목록에 거의 18개월이나 머무르며 35만 부가 팔려 나갔고 1967년 밴텀 출판사가 내놓은 페이퍼백은 또다시 요란한 홍보 여행 덕분에 2,200만 부 이상 팔렸다.

가치가 의문스러운 원고조차 매스컴을 타면 대형 베스트셀러가 될 수 있다는 사실을 출판계는 잘 알고 있다. 오늘날 모든 대형 출판사는 공격적인 홍보 조직을 두고 자신들의 책이 매스컴의 주목을 받을 수 있도록 노력한다. 매년 수많은 작가가 자신감 있고 매력적이며 카리스마가 넘치게 보이도록 정신 무장을 하고 희망에 부풀어 매스컴의 문을 두드린다. 신문 등 인쇄 매체를 통한 광고 비용도 만만찮다. 200만 명 정도의 구독자가 보는 〈뉴욕타임스〉 서평란에 전면 광고를 실으려면 1만 5천 달러는 필요하다.

그러나 아무리 많은 출판사가 광고와 홍보에 돈을 뿌리더라도 피할 수 없는 수적인 한계가 있다. 〈뉴욕타임스〉의 베스트셀러 목록에 오르는 책은 매주 15권의 소설과 15권의 비소설이 전부다. 따라서 이 목록에 포함되었을 때의 영향력을 고려할 때 1권의 책을 올리려면 다른 책들을 희생해야 한다. 만약 모든 출판사가 홍보비를 조금씩만 줄인다면 작가와 출판사가 더 많은 수익을 올릴 수 있을 것이다. 그러나 위치군비경쟁에 따르면 어떤 책에 대한 광고와 홍보를 중단하는 것은 그 책이 더 이상 베스트셀러의 자리를 지킬 수 없다는 의미이기 때문에 광고비나 홍보비는 절대 줄어들지 않는다.

물론 한정된 소비자의 관심을 끌기 위해 치열한 경쟁을 벌이는 분야가 출판계만은 아니다. 프록터 앤드 갬블은 치약, 비누, 세제 등 다양한 자사 제품의 광고에 매년 20억 달러 이상을 지출한다. 필립 모리스 역시 여러 브랜드의 담배 광고에 거의 비슷한 금액을 집행한다. 켈로그도 매년 5억 달러 이상을 시리얼 등 제품 광고에 퍼붓고 있으며 안호이저부시도 맥주 광고에 거의 같은 금액을 쓰고 있다. 미국의 상위 100대 광고주들은 1991년에만 총 500억 달러에 가까운 광고비를 집행했다.[34]

비판적인 사회학자들은 시장경제에 나타나는 가장 심한 사회적 낭비의 표본으로 광고를 지목해 왔다. 이런 시각은 유용한 상품 정보를 제공해 주고 라디오, 텔레비전, 신문의 재정에 도움을 주는 등 광고가 지닌 긍정적인 효과는 무시하는 극단적인 견해다. 그러나 가장 열렬한 광고 옹호자라도 기업체가 광고를 하는 동기가 사회적이라기보다는 개인적이라는 사실을 부인할 수는 없을 것이다.

예를 들어 1971년 의회에서 텔레비전에 담배 광고를 금지하는 법률이 제정되자 그다음 해 담배 회사의 총광고비는 20퍼센트 떨어졌고 담배 업계의 이윤은 급증했다. 그러나 위치군비경쟁의 냉혹한 압력에서 벗어나지 못한 담배 회사들은 그해부터 새로운 홍보 전략을 찾아야 했다. 1991년 필립 모리스만 해도 텔레비전 광고가 금지되기 전 한 해 동안 업계 전체가 지출한 것보다 더 많은 금액을 광고에 지출했다.

만약 모든 산업에서 광고비와 홍보비를 줄인다면 비용과 이익이 모두 줄어들 것이다. 그러나 위치군비경쟁의 논리에 따르면 이렇게 광고비 삭감을 통해 얻는 집단적인 이익은 집단적인 손실을 능가할 것이다.

노동 경쟁: 야근을 자처하는 이유

위치군비경쟁은 투자은행, 연예, 출판, 스포츠 등 고위험 분야뿐 아니라 소득분포도상 개인의 위치를 유지하거나 향상시키기 위한 일상적인 경쟁에서도 관찰된다. 자연과학과 사회과학 분야에서 풍부한 증거를 찾아볼 수 있듯 다른 사람과 비교한 상대적인 수입은 심리적·육체적 행복에 결정적인 역할을 한다.[35] 2장에서 이미 살펴보았듯 수입 그 자체에 무관심한 사람조차 소득분포도상 자신의 위치에 관심을 가지는 이유가 있다. 예를 들어 자녀 교육을 매우 중시하는 부모라면 자신들이 상대적으로 높은 수입을 올리고 있을 때 학군이 좋은 곳에 집을 사서 그 목표를 달성할 수 있다.

2장에서는 초기의 작은 차이가 승자독식 노동시장에서는 종종 결정적인 차이로 나타나는 것을 보았다. 이런 상황에서 사람들은 경쟁자보다 앞서기 위해 다양한 선택을 한다. 더 많은 교육 또는 더 고급 교육을 받을 수도 있고(다음 장에서 다룰 것이다), 더 위험하거나 조금 덜 유쾌한 직업을 받아들일 수도 있고, 더 오래 일할 수도 있다. 여기서는 장시간의 노동에 대해 살펴볼 것이다.

일반적인 경제학 이론에 따르면 1시간 더 일할지 결정할 때 그 수입이 1시간의 여가 시간을 포기하는 것보다 더 가치 있는지 비교한다. 이런 식으로 수입과 여가 시간을 비교하는 논리는 추가 수입으로 살 수 있는 것이 다른 사람들이 구매하는 것과 상관이 없으며, 노동에 대한 개인적·사회적 인센티브가 단일하고 동등하다는 가정에 기초하고 있다. 그러나 만족도나 승진 가능성이 절대적인 노력뿐만 아니라 상대적인 노력에 따라 달라진다면 보이지 않는 손은 그 기능을 상실한다. 예를 들어 노동자 개인의 차원에서 좀 더 오래 일하는 이유가 승진 때문일 수 있다. 경제학자인 로트 베일린(Lotte Bailyn)은 이런 전략이 비교적 쉽게 성공할 수 있는 이유에 대해 경영자가 노동자의 노동시간을 계산해서 보상하는 것이 실제 생산량을 계산하는 것보다 쉽기 때문이라고 설명한다.[36] 그러나 만약 모든 노동자가 이런 전략을 선택한다면 승진할 수 있는 자리는 한정되어 있기에 좌절할 수밖에 없다.

반면 노동시간을 줄이는 전략도 그다지 매력적이지 않다. 경제학자인 줄리엣 쇼어(Juliet Schor)는 "노동시간을 줄인 사람들은 경력 관리상 크나큰 대가를 치른다"라고 말한다. 즉 "고용주에게 충성을 다하지 않는다는 신호"로 여겨질 수 있다는 것이다.[37] 그러므로 상대적인 평가가 보수의 중요한 기준이 되는 경우 노동자는 늘 과로할 수밖에 없다.[38] 이것이 노동시간을 단축시키는 연장근무 관련법이나 국경일 휴무 규정 같은 집단적 조치가 매력적으로 보이는 이유다. 이런 정책에 관해서는 11장에서 자세히 다룰 것이다. 여기서는 최근 소득 증가와 소득 불평등으로 인해 위치재에 대한 수요가 늘어나면서 개개인이 더 오랜 시간 일할 수밖에 없다는 점만 살펴볼 것이다. 쇼어는 자신의 저서에서 미국인이 20년 전보다 더 오랜 시간 일하고 있다고 주장했다. 이런 경향은 남녀의 구별이 없는데, 특히 여성의 경우 1987년에는 1969년에 비해 평균 22퍼센트 더 많은 시간을 일한다고 한다.[39]

우리가 현재보다 적게 일하면 소득은 줄어들 것이다. 그러나 모든 사람이 노동시간을 줄인다면 우리가 필요로 하는 소득도 줄어들 것이다. 왜냐하면 우리에게 필요한 소득은 다른 사람의 소득에 의해 결정되는 부분이 있기 때문이다. 물론 모든 사람이 일을 더 적게 하도록 개인이 결정할 수는 없다. 우리는 다른 사람의 선택에 아무런 영향도 미칠 수 없으므로 각자 알아서 선택할 수밖에 없다. 이런 이유로 사람들은 노동시간을 연장하는 선택을 한다.

승자의 후광: 좋은 이미지를 남기기 위한 노력

여러 승자독식시장에서 최정상에 선 사람들은 소득에 맞는 방식으로 소비한다. 할리우드에서 성공한 사람들의 드레스룸에는 커다란 옷장이 있고 그 안에는 아르마니의 정장이 잔뜩 걸려 있다. 사무실에 출근할 때는 페라리 테스타로사를 타고, 시계는 순금 롤렉스를 차며, 저녁은 스파고 레스토랑에서 먹는다. 집은 숲이 우거진 브렌트우드의 대저택이며 주말에는 말리부 해변의 별장이나 콜로라도 주 아스펜의 통나무집에 간다. 이런 사치스러운 재화들은 소유자에게 성공한 사람이라는 후광을 만들어 준다. 이런 생활은 지방은행의 부행장조차 누리기 어려운 수준이다.

사회집단은 고도로 계층화되어 있고 각 계층마다 다양한 성공의 상징을 가지고 있다. 최하위 계층은 최상위 계층의 생활방식을 흉내 내기 힘들지만 각 계층 내에는 적어도 어느 정도 움직일 수 있는 여지가 있다. 저축을 줄이거나 대출을 더 많이 받으면 더 멋진 정장이나 더 좋은 차를 살 수 있고 따라서 자신의 집단 내에서 드러내는 위치를 바꿀 수 있다.

역설적이지만 개인의 관점에서 볼 때는 이것이 좋은 투자일 수 있다. 한 사람의 능력과 그가 벌어들이는 소득 사이에는 연관성이 있고 그런 이유로 한 사람이 소유하는 재화와 외부인이 내리는 평가 사이에도 연관성이 생기기 때문이다. 의류 판매상들이 주장하듯 좋은 첫인상을 줄 수 있는 기회는 다시 오지 않는다. 기업의 입사 지원자들이 면접을 볼 때 그저 깨끗한 옷보다는 성공한 사람처럼 보이는 옷을 입는 것이 선택될 확률을 높인다.

중요한 직책일수록 외모에 신경을 쓰는 것이 더 중요하고 비용도 더 많이 든다. 할리우드에서 대행사를 차리려는 사람이 8년 된 포드 에스코트를 타고 점심 약속에 나타나는 것은 바람직하지 않다. 만약 그런 차를 탄다면 자신이 포르쉐 카레라를 살 형편이 못 될 뿐 아니라 그런 사실을 숨길 여력조차 없다는 뜻이기 때문이다. 승자독식시장에서 좋은 이미지를 만들어 내는 데는 엄청난 투자가 필요하다.

이러한 투자는 참가자 개인의 입장에서는 매우 매력적이지만 전체의 복지에는 거의 기여하는 것이 없다. 문제는 좋은 인상을 남기기 위한 노력에서 중요한 것은 절대적인 성과가 아니라 상대적인 성과라는 점이다. 모든 참가자가 자동차와 옷에 대한 지출을 경쟁적으로 늘린다면 아무도 그전보다 좋은 평가를 받지 못할 것이다. 좋은 인상을 남기기 위한 노력은 단순히 위치군비경쟁에 지나지 않는다.

능력 개발을 위한 투자만이 남보다 앞설 수 있는 유일한 방법은 아니다. 보상이란 상대적인 성과에 달려 있으므로 경쟁자의 성과를 방해하는 것도 하나의 전략이 될 수 있다. 피겨스케이팅 선수 토냐 하딩(Tonya Harding)의 지인이 라이벌 낸시 케리건(Nancy Kerrigan)을 폭행했던 사건이 그 대표적인 사례다. 어떤 형태든 폭행은 불법이다. 그러나 많은 경우 사람들은 법의 정신과는 맞지 않지만 법이 허용하는 한도 내에서 경쟁자를 공격한다. 예를 들어 기업은 경쟁사를 반독점 혐의로 소송을 제기해 조사에 시달리게 할 수 있다.

능력을 개발하기 위한 투자는 최소한 구매자에게 재화나 서비스의 가치를 높이는 효과를 갖는다. 그러나 경쟁자에 대한 공격은 그렇지 못하기 때문에 이와 관련된 위치군비경쟁은 더 큰 손실을 초래한다.

약간의 예외들

여기서 한 가지 주의할 것이 있다. 우리가 말하고자 하는 요점은 다음과 같다. 시장 인센티브가 개인이 성과 향상을 위해 최적의 투자를 하도록 유도하는 경우 상대적 성과에 따라 보상이 달라지면

과도한 투자로 이어질 수 있다. 물론 상대적 성과에 따라 보수가 결정된다고 해서, 심지어 직급에 따라 보수가 결정된다고 해도 항상 과잉투자가 일어난다는 뜻은 아니다. 결국 다른 요인들 때문에 사람들은 능력 개발에 대한 투자를 줄일 수도 있다.

경제학에서 자주 연구 대상이 되는 직원들의 업무 기피 문제를 예로 들어 보자.[40] 전통적인 이론에 의하면 사람들은 일하기를 싫어하므로 그들을 감시하거나 물질적인 보상을 주어야만 열심히 일한다고 한다. 그러므로 감시 비용이 부담돼 제대로 감시하지 않으면 노동자들은 열심히 일하지 않는다. 이 경우 승자독식적인 보수 체계는 개개인의 노력을 부추겨 효율성이 증가할 것이다.

실제로 기업에서는 순전히 승자독식적인 보수 체계가 지니는 이런 장점 때문에 의도적으로 '토너먼트식' 보상 체계를 구성하기도 한다. 분기마다 판매 실적이 가장 뛰어난 대리점에만 보너스를 지급하는 것이 그 좋은 예다. 그러나 우리는 시장경제에서 이런 토너먼트식 급여체계가 개개인의 노력을 부추기는 인위적인 장치가 아니라 자연스러운 장치라고 생각한다. 이 경우 가장 우수한 노동자의 보수가 극단적으로 높다 해도 업무 기피 현상은 심각한 문제가 되지 않는다.

그러나 올림픽 체조 선수 크리스티 필립스가 손목이 부러진 채로 연습을 계속하기 위해 진통제를 삼키게 만든 것과 같은 승자독식체계가 건재하다면 이런 사례는 계속 나타날 가능성이 높다. 과도한 보상은 심각하게 받아들일 필요가 있다.

다만 세계경제의 관점에서는 과잉투자지만 개별 국가로서는 반드시 그렇지 않은 경우도 많다. 예를 들어 식량과 건강 관리에 더 많은 돈을 쓰고 HDTV의 화질 개선에는 적은 돈을 쏜다면 전 세계 인류는 더 나은 삶을 살 수 있겠지만 HDTV 기술을 개발한 국가의 시민에게는 상황이 매우 다르게 보일 수 있다. 텔레비전 기술로 세계시장을 장악하면 거기에 들인 연구개발비를 뽑고도 남기 때문이다. 이 문제는 11장에서 승자독식시장에 대한 개별 국가의 정책을 검토할 때 다시 다룰 것이다. 경쟁에서 이길 확률이 높은 개별 국가는 군비축소의 필요성을 거의 느끼지 못하는 법이다.

8장

학벌 전쟁

● 지난 20여 년 동안 대학교수로 재직하면서 우리는 가장 유능한 학생들의 희망 직업이 계속 변하는 것을 보아 왔다. 과거에는 과학, 공학, 기타 학문 분야의 직업을 선호했지만 이제는 법조계나 금융계에서 받을 수 있는 수십만 달러의 연봉에 더 매력을 느끼는 것 같다. 그리하여 매년 신규 변호사의 수가 1969~1970년 1만 9천 명에서 1989~1990년에는 4만 7천 명으로 증가했다.[1] 반면 같은 기간 미국에서 학사 학위를 받은 사람 중 박사까지 가는 사람의 비율은 0.064에서 0.04 이하로 떨어졌다.[2]

법조계나 금융계의 금전적 보상이 증가함에 따라 그 분야에 진출하려는 경쟁도 치열해졌다. 신입 사원을 뽑을 때마다 월스트리트의 투자금융 회사에는 문자 그대로 수천 명의 우수한 지원자가 몰려 채용 담당자를 곤란하게 만든다. 심지어 1986학년도 예일대학교 졸

업생의 절반가량이 퍼스트보스턴 투자은행의 입사 면접을 치렀다는 이야기도 있다.³

산더미처럼 밀려드는 이력서들을 간추리는 데 드는 비용을 생각하면 기업에서 지원자의 학력에 크게 의존하는 것은 어쩔 수 없는 일이다. 이제 일류 대학의 학위가 없으면 전문직에 진입하기가 어렵다는 것을 모르는 학생은 없다. 또한 일류 대학의 학위는 미국 유명 대학원과 전문대학원에 입학할 때도 중요해졌다. 우리는 이미 1장에서 플로리다주의 작은 대학 출신 학생이 전 과목에서 A학점을 받았고 지도 교수로부터 칭찬 일색의 추천장도 받았지만 하버드대학교 경제대학원에 입학하지 못한 경우를 예로 들었다.

미국의 유명 기업들도 업무 능력과는 상관없이 일류 대학 졸업생들을 채용한다. 〈포춘〉 선정 500대 기업의 최고경영자가 실적이 어려워져서 경영 컨설팅 회사를 고용한다고 가정해 보자. 그는 두 군데 자문 회사와 상담한 후 자신의 우려 사항에 대응하고 초기 전략 계획을 수립하는 능력에 별 차이가 없음을 알게 된다. 그러나 한 회사는 스탠퍼드대학교, 하버드대학교, 시카고대학교 등 명문 대학 졸업생들로 구성되어 있고 다른 회사는 지명도가 다소 떨어지는 학교 출신들로 구성되어 있다.

더 이상 비교할 항목이 없다면 그 최고경영자는 당연히 첫 번째 회사를 선택할 것이다. 그는 이사회에 최고의 자문을 받았다고 말해야 하는데 객관적으로는 자문의 질을 평가하기 어렵다. 하지만 학력은 이사회의 호의적인 평가를 받을 가능성을 높일 수 있기 때문이다. 미국 최고의 경영 컨설팅 회사인 맥킨지 앤 컴퍼니는 가장 수익성이 높은 컨설팅 계약을 독식해 왔다. 하버드 경영대학원의 베이커 장학생, 옥스퍼드대학교의 로즈 장학생, 백악관 장학생, 핵물리학자, 이공계열 박사 등은 이 회사에 입사하기 위한 필수 조건이다.[4]

학생들도 이런 사실을 잘 알고 있다. 학벌이 좋아야 좋은 직업을 가질 수 있다면 학생들 역시 최선을 다해 좋은 학벌을 따려 할 것이다. 실제로도 그랬다. 학벌의 중요성이 커지면서 일류 대학에 들어가려는 경쟁도 치열해졌다. 이전에는 고등학교를 우등생으로 졸업한 학생들이 집에서 가까운 주립대학교에 다니는 것이 보편적이었지만 이제는 점점 더 많은 학생이 소수의 명문 사립대학교에 진학하고 있다.

그렇다고 다른 대학들이 학생 수가 줄어드는 걸 가만히 보고 있지만은 않았다. 학생들이 원하는 것은 명문 대학이라는 지위였으므로 이를 제공하기 위한 방법은 저명하고 영향력이 있는 교수진을 채용하는 것이었다. 결국 우수한 교수에 대한 수요가 점차 늘어났으며 이는 신성한 학문의 전당조차 승자독식시장으로 바꾸어 버렸다. 학생들을 가르치는 시간은 현저히 줄었음에도 불구하고 스타급 교수들의 연봉은 절대적으로나 상대적으로나 엄청나게 올랐다.

이런 경쟁의 압박은 대학을 점점 더 고통스러운 딜레마에 빠뜨렸다. 학문적 업적이 뛰어난 슈퍼스타를 모셔 오려는 노력은 그렇지 않아도 빠듯한 예산에 더 큰 부담을 주었다. 하지만 엄격한 대학 서열을 유지하지 못하면 더 큰 비용을 치러야 하기에 대학은 계속 경쟁에 참여했고 그러다 보니 등록금이 상승할 수밖에 없었다.

명문 대학이 되기 위한 조건

미국에서는 어떤 대학이 명문인지는 익히 알려져 있다. 사회학자 폴 킹스턴(Paul Kingston)과 라이어넬 루이스(Lionel Lewis)는 다음과 같이 말했다. "명성이란 무형적인 자산이다. 명문 대학의 정의가 조금씩 바뀌기는 했지만 시간이 바뀌어도 평가자들이 보는 대학의 순위에는 뚜렷한 지속성과 일관성이 있다."[5] 입시 안내서나 잡지를 보면 약 30~40개 정도의 대학들이 꾸준히 상위권을 차지하고 있다. 1940년 한 연구에서 미국 최고의 대학으로 선정된 11개 학교는 그 이후에 발표된 대부분의 순위에서도 상위권에 올랐거나 그 근처에 머물러 있다.[6]

이 명문 대학 집단에 소속되려면 무엇이 필요할까? 분명 오랫동안 학문적 우수성을 유지하고 있다는 평판이 중요하다. 어떤 경우에는 지나치다 싶을 정도로 중요하다. 예컨대 한 조사에서 응답자들은 로스쿨이 없는 프린스턴대학교를 전국 10대 로스쿨 중 하나로 지목했다고 한다. 그러나 객관적인 증거가 있음에도 불구하고 무한정 명성이 지속될 수는 없다. 학문의 전당 상층부에 위치한 대학들은 학문적 명성에 결정적인 역할을 하는 교수와 학생의 질적 수준이라는 객관적 평가에서 다른 대학보다 일관적으로 높은 점수를 얻고 있다.[7]

학생들의 수준은 학점이나 시험 점수에 의해 부분적으로 측정되지만 그밖에 약간의 비공식적인 기준들에 의해서도 측정된다. 예를 들어 한 명문 대학은 〈뉴요커〉 잡지에 글이 실렸다거나 피겨스케이팅 대회에서 입상을 하는 등 교실 밖에서 두각을 나타냈던 지원자들을 선호한다. 그런 학생들을 유치하는 능력과 그 학생들이 졸업 후에 보여 주는 활동이 학교의 명성을 더욱 높여 주기 때문이다.

그러면 교수진은 어떨까? 어떤 교수의 연구 품질은 일차적으로 논문의 양과 영향력으로 측정된다. 연구의 영향력은 해당 논문이 출판된 저널의 우수성, 다른 학자에게 인용되는 빈도 그리고 노벨상 후보 지명 등 다양한 방식으로 측정된다.

이렇게 일류 대학의 교수와 학생은 서로가 서로의 지위를 결정하는 데 도움을 주는 관계 속에 공존한다. 학생들은 최고의 교수진이 가르친다고 알려진 대학에 다닌다는 것만으로도 자신들의 학문적 지위를 높일 수 있으며 교수는 가장 우수한 학생들이 모이는 대학에서 가르치는 것만으로 자신의 지위를 향상시킬 수 있다.

따라서 둘 중 한쪽의 질적 수준에 변화가 생기면 자기강화 과정이 연쇄적으로 일어날 가능성이 높다.[8] 예를 들어 우수한 학생에게 더욱 풍부한 재정적 지원을 해 주면 직접적으로 그 학교에 지원하는 우수 학생들이 늘어난다. 그러나 여기에는 간접적인 효과도 있다. 우수한 학생을 확보하면 더욱 우수한 교수진을 초빙할 수 있고 우수한 교수진을 확보하면 우수한 학생을 모으기가 더욱 쉬워진다.

다시 말해 우수한 학생을 보유하고만 있어도 계속 우수한 학생을 확보할 수 있다는 뜻이다. 어떤 연구에 의하면 최상위권 고등학생들은 대학의 질을 학생들의 성적을 기준으로 평가하는 경향이 있다고 한다.[9] 또 다른 연구에 의하면 지원자들은 자신보다 우수한 학생들이 다니는 대학을 선호해서 SAT 평균 점수가 자신보다 약 100점 정도 높은 대학에 주로 지원한다고 한다.[10] 스스로를 평균보다 낫다고 과신하는 사람들만 살고 있는 신비한 '워비곤 호수'와 달리 이상적인 대학은 평균 이하의 학생들이 모여 있는듯 하다.

일류대 간판이 주는 이점

어떤 식으로 측정하든 대학의 서열은 학계 안팎에서 자원을 분배하는 대단히 중요한 요소다. 이를 기준으로 1989~1990년도에 민간 재단과 법인 단체가 기부한 34억 달러의 절반 이상을 상위권 대학 40개가 받았으며[11] 최상위권 10개 대학이 그중 20퍼센트 이상을 가져갔다.[12]

정부가 지원하는 연구 사업이나 장학금도 마찬가지로 명문 대학에 집중되어 있다. 1981년 44억 달러에 달하는 연방정부 지원금 중 28퍼센트가 상위 10개 대학에 집중되었다.[13] 2장에서 언급했지만 1988년에 미국과학재단의 장학금을 받은 700명의 학생 중 3분의 2가 상위 10개 대학원 중 한 곳을 선택했다.

일류대라는 명성은 대학뿐 아니라 그곳에 소속된 교수와 학생에게도 도움을 준다. 일류 대학의 교수로 임용되면 높은 사회적 지위뿐 아니라 다양하고도 실질적인 보상이 주어진다. 예를 들어 완전히 똑같은 능력을 지닌 일란성 쌍둥이 자매가 있는데 운명의 장난인지 첫째는 일류대 교수가 되었지만 둘째는 이보다 등급이 떨어지는 대학에서 가르친다고 가정해 보자. 첫째의 논문은 주요 학술잡지에 실릴 가능성이 높으며[14] 〈뉴욕 리뷰 오브 북스(The New York Review of Books)〉에서도 다룰 것이다. 연구 지원금을 신청해도 쉽게 받으며 자문을 해 주고 높은 수익을 올릴 수도 있다. 책을 써도 더 많이 팔리고 여러 곳에서 강연 요청을 받을 것이며 학술회의에 다른 유명한 학자들과 함께 참석해 달라는 요청도 받을 것이다. 또한 재능 있는 동료와 학생과 함께 일하면서 자극을 받을 가능성도 더 높다.

하지만 둘째의 상황은 그리 밝지 못하다. 이처럼 학계에서 경력을 쌓는 과정에서 누적으로 나타나는 부익부 빈익빈 현상에 주목해 사회학자 로버트 머튼(Robert Merton)은 상위권 대학에 자리 잡지 못한 학자들이 직면하는 상황을 다음과 같이 암울하게 묘사했다.

> 그들에게는 자금도 부족하고 장비, 재원, 장비, 유능한 조교, 제도적으로 보장된 연구 시간이 부족하거나 아예 없다. 그 중에서도 주위 사람들의 잠재력을 자극할 만한 동료와의 접촉이 없는 것이 가장 큰 문제다. 또한 학문적 의사소통망의 전략적 중심점에서 얻을 수 있는 미개척 연구 분야의 최신 정보를 전혀 접할 수 없다.[15]

일류 대학에 다니는 학생들 역시 비슷한 이점들을 누린다. 그들은 대학을 졸업하고 명문 대학원이나 전문대학원에 입학해 좋은 일자리를 얻을 가능성이 높아진다. 그리고 어떤 직업을 선택하든 재학 당시 만들어 놓은 인맥이 평생 도움을 줄 것이다.

1990년 〈포춘〉의 설문 조사에 따르면 일류 대학 졸업생들이 얼마나 많이 최고경영자 자리를 차지하고 있는지 알 수 있다.[16] 조사는 〈포춘〉에서 선정한 500대 일반 기업과 500대 서비스 기업(은행, 증권사 등)의 전현직 최고경영자 1,500명을 대상으로 이루어졌다. 이들 최고경영자 대부분(93퍼센트)은 대학 졸업자였고 주로 예일, 프린스턴, 하버드, 노스웨스트, 코넬, 컬럼비아, 스탠퍼드 등 7개 명문 사립대 출신이 많았다. 조사에 응한 최고경영자 중 166명이 이 7개 대학의 학부 졸업생들이었다. 〈포춘〉은 이렇게 지적하고 있다. "아이비리그의 지배력은 점점 더 커지고 있다. 조사 대상자 중 전직 최고경영자의 14퍼센트가 아이비리그의 출신인 데 반해 현직 최고경영자는 거의 19퍼센트가 아이비리그 출신이었다."[17]

물론 어느 대학 출신이든 〈포춘〉 선정 500대 기업의 CEO가 되는 비율은 매우 낮다. 그러나 전반적으로 일류 대학 졸업생들이 노동시장에서 훨씬 더 성공을 거두고 있다. 이는 일류 대학 학생들이 직장 생활의 성공을 예측해 주는 여러 개인적 자질을 기준으로 선발되었다는 점에서 그리 놀라운 일이 아니다.

일류대 졸업장의 가치는 광범위한 표본 집단을 대상으로 한 연구에서 증명된 바, 이 연구는 1972년 고등학교 졸업생들을 대상으로 1986년까지 전국적으로 데이터를 추적했다. 경제학자 에스텔 제임스(Estelle James)와 연구팀은 대학을 졸업하고 1985년에 직장에 고용된 남성 표본 집단을 분석했다. 개인의 점수나 성적을 배제하고 신입생들의 SAT 점수를 기준으로 출신 학교를 분석한 결과, SAT 점수가 평균 100점씩 올라갈 때마다 수입도 약 4퍼센트씩 증가했다. 그리고 명문 여부를 떠나 동부 사립대 졸업생들은 다른 대학의 졸업생들보다 더 높은 소득을 올리고 있었다.

이러한 이점을 고려할 때 가장 우수한 학생들이 일류 대학에 몰려드는 것은 당연하다 할 것이다. 그리고 곧 다루겠지만 이런 현상은 최근 20~30년 동안 더욱 심해졌다.

가까운 주립대학보다 유명한 일류대가 좋다?

각종 국가 대회의 수상자 명단을 보면 우수한 고등학교 3학년생이 가고 싶어 하는 대학을 알 수 있다. 1942년에 시작된 웨스팅하우스과학경시대회(Westinghouse Science Talent Search)는 과학, 수학, 공학에 재능 있는 고교 3학년생을 선발한다. 매년 전국적으로 단지 40명의 최종 선발자가 가려진다. 1960년부터 1989년 사이에 이들 중 절반은 상위권 7개 대학에 입학했다. 하버드에만 전체 학생 중 20퍼센트가 입학했고 MIT, 프린스턴, 스탠퍼드, 예일, 칼텍, 코넬이 그 뒤를 이었다.

미국 대통령 장학생 역시 일류대를 선택한다. 미국 대통령 장학생 프로그램은 '가장 뛰어난 고등학생을 발굴하고 육성하기 위해' 1964년에 도입되었다. 각 주에서 2명씩 선발되며 전국적으로 많을 때는 15명까지 선발된다. 1987~1989년에 선발된 학생들의 데이터를 입수한 결과 웨스팅하우스과학경시대회와 마찬가지로 전체 학생의 절반이 상위 7개 대학을 선택했다. 18퍼센트가 하버드에 입학했고 프린스턴, 스탠퍼드, 예일, MIT, 듀크 그리고 미시간이 그 뒤를 이었다. 이들 중 5개 대학이 양쪽 리스트에 모두 올라 있다.

대학의 순위는 수십 년 전이나 지금이나 변화가 없지만 우수한 학생을 끌어들이기 위한 경쟁에서 일류대 순위의 중요성은 최근 더욱 증가하고 있다. 웨스팅하우스과학경시대회 입상자의 경우 1980년대에는 59퍼센트가 최상위 7개 대학에 입학했는데 이는 1970년대

보다 10퍼센트가량 높아진 것이다.

이런 대회의 수상자는 아니지만 명문 대학에 입학하기 충분한 능력을 갖춘 고교 3학년생에게도 일류대 집중 현상이 나타난다. 어떤 학생이 일류대에 입학할 자격을 갖추었는지는, 상당한 문제가 있기는 하지만 SAT 점수를 보면 알 수 있다. SAT는 최고 명문 대학에 입학하려는 소수의 학생을 제외하고는 거의 모두가 치르는 시험이다.

《피터슨 진학 가이드(Peterson's Guide to Four Year Colleges)》는 신입생을 언어 영역과 수리 영역의 SAT 점수 기준 각각 500점 이상, 600점 이상, 700점 이상으로 나누었다. 그 6개의 집단 중 가장 뛰어난 집단은 언어 영역에서 700점 이상을 득점한 학생들이었다. 1989년 시험을 치른 110만 명의 고교 3학년생 중 단지 1퍼센트 미만인 9,510명만이 이런 점수를 기록했다. 이 학생 중 4,075명(42.8퍼센트)은 《배런스(Barron's)》가 선정한 '가장 경쟁이 치열한' 33개 대학에 입학했다.[18] 수험생 중 단지 2.4퍼센트만이 이들 대학에 진학할 수 있었고 이는 엄청난 수준의 집중도를 보여 준다.[19]

SAT 언어 영역 고득점자라도 그중에는 일류대에 입학할 자격이 없는 학생들도 있으므로 이런 자료만으로는 상황을 정확하게 파악하기 어렵다. 만일 그런 학생들을 배제한다면 일류 대학에 대한 집중도는 훨씬 심할 것이다. 4대 일류 대학(하버드, 프린스턴, 스탠퍼드, 예일)의 신입생은 SAT를 치른 학생의 0.5퍼센트였고 SAT 언어 영역에서 700점 이상을 받은 학생들의 17.5퍼센트였다.

1979~1989년 SAT 언어 영역에서 700점 이상을 받고 《배런스》가 선정한 가장 경쟁이 치열한 대학에 입학한 학생들의 수는 32퍼센트

에서 43퍼센트로 증가했다. 하지만 이들 학교의 입학생 숫자는 이 기간 아주 조금 증가했을 뿐이다.[20]

몇몇 주요 대학에 최우수학생들이 집중되는 현상은 1980년대 훨씬 이전에 이미 시작되었다. 예를 들어 하버드대학교에 입학한 신입생들의 SAT 평균 점수는 1952년에 1,191점이었으나 1965년에는 1,388점으로 상승했다. SAT 점수, 수상 실적, 기타 지표로 측정한 하버드대학교 학생들의 상대적 수준은 그 이후 더욱 향상되었다.

하버드대학교를 비롯한 일류대에 최우수학생들이 집중되는 것은 사립대와 공립대의 학비 차이가 줄었기 때문은 아닌 것 같다. 오히려 일류 사립대의 학비는 꾸준히 증가하고 있으므로[21] 여기에 학생들이 몰리는 것은 일류대에 대한 수요가 증가한 것이라고 보아야 한다.

경제학자 찰스 클롯펠터(Charles Clotfelter)는 이러한 수요 증가가 부분적으로 상위 20퍼센트 가구의 소득과 자산이 증가했기 때문이라고 주장한다.[22] 일류 대학에 다니는 학생들의 상당 비율이 이 가구에 속해 있다는 것이다.[23] 실제로 1977~1987년 상위 20퍼센트에 속하는 가구의 평균 소득은 12.5퍼센트 증가했다. 주식시장과 부동산의 가치 또한 이 기간에 급격히 상승했으며 연방소득세 최고 세율은 두 차례 인하되었다.

그러나 금전적인 여유만으로 모든 것을 설명할 수는 없다. 프린스턴대학교 부총장인 리처드 스파이스(Richard Spies)[24]의 연구에 따르면 최근 가구소득 등 몇몇 부문에서 일정한 특징을 지닌 학생들이 일류 사립대에 지원하는 경우가 많아졌다고 한다.[25] 이런 자료를 이용해 우리는 SAT 점수가 1,400점인 학생이 33개 명문 대학 그룹에 지원할 가능성이 1976년에는 50퍼센트였던 반면 1987년에는 72퍼센트로 증가했다고 추정했다.

스파이스가 연구 대상으로 삼은 일류 대학들은 모두 사립대학으로 등록금이 비싸지만 공립대학 중에도 학문적 명성을 지닌 학교가 많다. 우리는 비교적 유명한 공립대학도 수요가 이동했는지 점검해 보았다. 이를 위해 캘리포니아주립대학교의 8개 캠퍼스에 어떤 학생들이 분포되어 있는지를 조사한 결과 가장 중요한 캠퍼스인 버클리가 1980년대에 가장 우수한 학생들을 유치한 것으로 드러났다. SAT 언어 영역에서 750점 이상을 받은 캘리포니아주립대학교 신입생 중 버클리 캠퍼스를 선택한 학생의 비율이 1980년 36.1퍼센트에서 1988년 71.7퍼센트로 증가했다. SAT 수리 영역 점수가 750점 이상인 고득점자 중 버클리를 선택한 비율은 1980년에는 40.2퍼센트였지만 1988년에는 50퍼센트였다.

요컨대 일류 대학에 입학할 자격을 지닌 학생들이 실제로 일류 대학을 선택하는 경우가 10년 전과 대비해서 1980년대 후반에 훨씬 증가했다는 것이다. 또한 이런 경향이 1980년대 훨씬 이전부터 시작했다는 증거도 있다. 이런 변화는 학비와 기타 비용의 변화만으로 설명할 수 없으며 소득분포의 변화로도 설명 불가하다.

물론 다른 설명도 가능하다. 이 기간에 대학에서는 청년 인구 감소에 대한 우려로 학생 모집에 비용을 더 많이 지출했고 덕분에 고교 졸업생들은 예전 같았으면 생각하지도 않았을 대학에 입학하는 경우가 많았다. 또한 학생들은 대학을 선택하기 위해 더 많은 '쇼핑'

을 했다. 1968년에는 대학 신입생의 15퍼센트만이 3개 이상의 대학에 지원했지만 1988년도에는 이 비율이 37퍼센트로 상승했다.[26]

사회비평가들은 1980년대의 특징을 물질만능주의, 과시적 소비, 유명 브랜드 선호 등이라고 주장한다. 가장 권위 있는 브랜드를 가지고 있는 대학들이 이런 문화적 변화의 최대 수혜자였는지 모른다. 전국적인 대학 순위를 알려 주는 출판물들이 넘쳐나는 것도 이런 변화의 한 측면이다.

우린 일류대 출신만 뽑습니다

또 다른 가능성은 취업시장에서 학벌을 중시하고 지방대 출신에 대한 차별이 두드러지는 트렌드와 관련이 있다. 예컨대 인기 있는 기업이 어느 대학 출신을 선호한다면 우수한 학생들은 그 대학을 매력적인 대학으로 인식할 것이다. 사실 최고의 기업에서는 가장 우수한 학생들이 모인 대학을 선호할 수밖에 없다. 이런 식으로 학생과 기업은 서로를 강화하는 방향으로 선택한다. 우수한 학생들이 명문 대학에 집중될수록 최고 기업은 더욱 그 대학 출신들을 선호할 것이다. 이로 인해 우수 학생들은 명문 대학을 더욱 매력적으로 느낀다.

채용 시 기업의 행동 양상을 보다 자세히 알아보기 위해 조사를 실시했다. 아이비리그 명문인 코넬대학교에서 인재를 뽑는 기업의 구인 활동을 과거, 현재 그리고 예측 가능한 미래로 나누어 조사했다. 선발 대상에 속한 기업들은 자신들이 작년에 방문했던 대학들의 절반가량이 상위 25위권 안에 드는 대학이라고 답했다.[27]

우리는 대상 기업에 과거 10년간 그들이 방문했던 대학 중 명문 대학의 비율이 증가했는지 감소했는지 혹은 그대로인지를 물어보았다. 35퍼센트는 증가했으며 13퍼센트만이 감소했다고 답했으며 나머지 51퍼센트는 변화가 없다고 응답했다. 앞으로 명문 대학 방문 비율이 어떻게 변할 것 같냐는 질문에는 22퍼센트가 증가할 것이라고 답한 반면 10퍼센트만이 감소할 것이라고 답했으며 68퍼센트는 변화가 없을 것이라고 답했다.

이 조사 자료를 분석하는 과정에서 명문 대학에 방문이 더 늘어날 것이라고 대답한 회사는 소위 엘리트 기업이라는 것을 알았다. 여기서 '엘리트'라는 명칭을 붙일 수 있는 기업은 기업 설명회의 70퍼센트가 최상위 25개 대학에 집중되어 있으며 해당 산업에서 가장 큰 기업이거나 직원 입장에서 매력 있는 100대 기업에 속하는 기업을 의미한다. 이 정의에 따르면 조사 대상의 절반인 39개 기업이 엘리트 기업에 속했다.

결과는 우리의 예측과 일치했다. 엘리트 기업의 41퍼센트가 지난 10년 동안 최상위 대학 방문 횟수를 늘렸고 줄인 곳은 단지 8퍼센트였다. 반면 다른 기업 중 최상위 대학에 대한 방문 횟수를 늘린 곳은 30퍼센트, 줄인 곳은 19퍼센트였다.

코넬대학교의 취업 담당자인 토머스 데블린은 20여 년간 특정 대학 출신을 모집하려는 경향이 강해지고 있다고 말했다. 그는 기업이 예전과 달리 지리적인 근접성이 아니라 학생들의 특성에 근거해 대학을 선택하는 것 같다고 말한다. 이 말은 우리가 조사한 기업들의 반응과 일치한다. 우수한 학생들은 엘리트 대학에 다닌다는 것만으로도 그 어느 때보다 얻는 것이 많다는 일반적인 주장을 양자 모두 뒷받침해 주었다.

엘리트 기업에서 신입 사원을 모집할 때 명문 대학에 집중하면서 그렇지 않았더라면 발생하지 않았을 과도한 비용이 발생하고 있다. 예전에는 우수한 학생 중에도 집 근처의 주립대학교를 선택하는 학생들이 많았다. 주립대학교에는 이미 우수한 학생들이 있어 엘리트 기업에서 많이 선발해 갔으므로 지원자 입장에서도 매력적이었다. 그러나 지금은 우수한 학생들이 집 근처의 주립대학교를 포기하고 사립 명문 대학으로 몰리면서 이런 가정은 성립하지 않게 되었다. 만일 어떤 학생이 집 근처의 주립대학교에 입학한다면 그는 엘리트 기업에 고용되거나 명문 대학원에 진학할 기회를 놓칠지 모른다.

비싼 학비를 부담하면서 집에서 멀리 떨어진 대학에 다녀야 한다는 것은 학생들에게 많은 희생을 요구한다. 1994년 봄 미네소타주 로체스터에 있는 존 마샬 고등학교의 수석 졸업생이었던 짐 베소는 고향인 미네소타주에 있는 작지만 명문인 칼튼 칼리지(Carleton College)로부터 전액 장학금을 제안받았다. 당시 그의 아버지는 이미 퇴직했고 어머니는 1년에 겨우 8천 달러를 벌고 있었다. 그러나 그는 전액 장학금을 포기하고 예일대학교에 입학했다. "지금 당장 손해 보면서 대출을 받더라도 명문 대학에 가면 더 좋은 직업을 얻을 수 있으니까요."[28] 1994년도에 예일대학교의 지원자가 21퍼센트가 증가한 것을 보면 많은 학생이 이에 동의하는 듯하다.

똑똑한 학생들만 모여 있으면 어떤 일이 벌어질까

이렇게 일류 대학으로 최우수 학생이 집중됨으로써 교육 서비스의 질에는 어떤 변화가 생겼을까? 분명히 많은 이점이 있다. 우선 가장 재능 있고 가장 의욕적인 학생들이 한곳에 모여 우수한 교과과정을 배우고 도전을 통해 자신의 지적 잠재력을 최대한 발휘할 수 있다. 졸업 후 이들은 다른 동창생들과 끈끈한 인맥을 형성하고 그 동창생 중 다수가 그들의 출세에 도움을 줄 것이다. 그리하여 오늘날과 같은 정보화 시대에서는 가장 많은 것을 제공할 수 있는 사람에게 가장 큰 기회가 주어질 것이다.

또한 명문 대학에 다니면서 얻을 수 있는 장점은 우수한 고등학생들에게 강력한 동기부여 수단이 된다. 그들은 스탠퍼드나 MIT에 합격할 만한 점수를 위해 더 열심히 공부하며 어려운 과목을 수강하려 할 것이다. 자원봉사와 스포츠, 연극, 외국어 공부도 열심히 할 것이다.

그러나 우수한 학생들이 명문 대학에만 몰리면 동시에 대가가 수반된다. 가장 눈에 띄는 점은 SAT 점수를 올리기 위해 사회적으로 자원이 낭비되는 단기 주입식 강의의 도입이다. 또한 이류 대학이나 삼류 대학에 우수한 학생들이 오지 않게 되면서 이 대학에 재학 중인 학생들은 우수한 학생들과 접촉하면서 얻을 수 있는 개인적 또는 조직적인 기회를 빼앗긴다. 특히 여러 대형 주립대학교가 우수 학생들에게 제공하는 우등생 과정(honors curriculum)의 가치가 떨어진다. 경제학자 마이클 맥퍼슨(Michael McPherson)과 모턴 샤피로(Morton Schapiro)는 재능 있는 동료 집단과의 교류를 통해 얻을 수 있는 유익한 효과는 어느 시점이 지나면 줄어든다는 증거를 제시하며 우수한 학생들이 여러 곳으로 분산된다면 전반적인 교육 성취도에 더 많이 기여할 수 있다고 주장한다.[29] 또한 대학 간의 서열화로 뛰어난 교수들이 명문 대학에만 집중되면 비명문 대학의 학생들은 그런 교수에게 혜택을 받을 수 없게 된다.

게다가 대학 서열화로 인해 학문적 잠재력이 대학에 들어간 후에야 드러나는 대기만성형 학생도 기회를 빼앗기게 된다. 앨런 그레그(Alan Gregg)는 이렇게 지적했다.

> ── 성장하는 데 많은 시간이 소요되기 때문에 자연은 인간에게 그 기간 동안 많은 것을 배울 기회를 준다. 그런데 대다수 학생이 여섯 살에 초등학교에 들어가고 열일곱 살 6개월부터 열아홉 살 사이에 대학에 들어가도록 제도를 만들어 놓고 조숙함에 따라 보상을 줌으로써 이런 자연의 혜택을 던져 버린다면 어떤 이득이 있을까? 일단 학생들의 연령대가 같으면 학문적 보상은 … 나이에 비해 유난히 똑똑한 학생들에게 돌아간다. 다시 말해 조숙함을 포상해 주는 셈인데 이 조숙함이 커서 재능을 보일 전조인지는 확실치 않다. 그러므로 당신은 자신도 모르는 사이에 인간의 으뜸가는 교육적 자본인, 성장하면서 성숙할 시간을 무시해 버리는 것이다.[30]

로버트 머튼은 대기만성형 학생의 사회경제적 지위가 낮을 때 더욱 그 대가가 가혹하다고 주장했다.[31]

이같이 우수한 학생들이 명문 대학에 집중되면서 얻어지는 효율성은 사회적 비용을 초래하기 마련이다. 희생자 중에는 대기만성형 학생도 있고 어떤 이유 때문이든 명문 대학 입학에 실패한 우수한 학생도 있다. 하지만 이런 이득과 손실의 상대적 규모를 측정할 방법은 없다.

대학 간 학생 배분은 교육의 효율성뿐만 아니라 형평성 문제에도 영향을 미친다. 몇몇 연구에 따르면 고등학교 성적, 표준화된 입학시험 점수, 부모의 교육 수준 그리고 다른 개인적 특성을 감안하지 않은 순수 가구소득도 명문 사립대학교의 입학 여부를 결정하는 중요한 지표라고 한다.[32] 제2차 세계대전 이후 명문 사립대학의 입학 정책이 실력 위주로 바뀌고 나서도 이런 현상은 여전하다. 그러므로 고소득층 학생들은 엘리트 교육에 투자하고 높은 보상을 받을 수 있는 반면 비슷한 실력을 가진 중산층 학생들은 그보다 적은 보상에 만족해야 했다.

이런 집중화 현상이 바뀔 수 있을까? 명문 대학의 홍보 책자에는 학생 구성의 '다양성'을 강화하기 위한 대학의 노력을 강조한다. 그러나 경험에 비추어 볼 때 이들 대학은 학력과 관련한 다양성을 특별히 미덕으로 인식하는 것 같지 않다. 작고한 네브래스카주 출신 상원 의원인 로먼 흐루스카(Roman Hruska)는 평범한 능력을 가진 사람도 대법관이 될 자격이 있다며 조지 헤럴드 카스웰(George Harrold Carswell)을 지지했다가 엄청난 비난을 받았다. 마찬가지로 명문 대학의 입학사정위원회 역시 인구구성을 반영하기 위해 성적이 그저 그런 학생을 입학시키자고 주장하면 분명 욕을 먹을 것이다. 차라리 축구팀을 만들자고 했으면 그런 비난은 듣지 않을 것이다.

이렇듯 현존하는 사회경제적 원리 때문에 최우수 학생들이 계속 명문 대학에 몰릴 수밖에 없다. 그리고 우리는 어느 지점까지는 이 같은 암묵적인 서열이 교육적으로 의미 있다고 생각한다. 그 고점을 넘어 내리막에 접어들었는지는 아직 알 수 없다. 만약 아직 고점에 도달하지 않았더라도 사회적 이동성과 공정성에 대한 우려는 여전히 존재한다.

학벌 경쟁의 결과물

• 좋은 효과를 거둔 나쁜 결정

대학 교무위원회는 학위 이수에 필요한 필수과목을 지정하는 일이 주 업무였다. 필수과목을 규정하는 이유는 단순하다. 17~22세의 학생들은 어떤 강좌가 자신의 인생에 가장 도움이 될지 거의 알지 못하기 때문이며 설사 안다고 해도 어려운 과목을 듣고 싶어 하지 않을 수도 있기 때문이다.

물론 필수과목을 수강하는 데도 사회적 비용이 따른다. 그 과목들은 학생들이 지혜와 성숙함 그리고 자제력을 갖추고 있어도 모두 다 들어야 한다. 따라서 대부분의 대학은 어떤 타협점을 찾아냈다. 즉, 모든 학생이 필수로 수강해야 하는 과목이 있는가 하면 전공필수 과목이 있고 선택과목도 있다. 이런 제도는 불완전하지만 다양하고 때로 상충적인 목적을 고려해 설계되어 그나마 잘 작동하고 있다.

1969년 브라운대학교는 종래의 필수과목제를 폐지하는 급진적인 제도를 도입했다. 학교 정책에 따라 학생들은 스스로 학위 과정을 설계할 수 있는 자유를 얻었다. 학위 요건에 관한 모든 정책은 타협의 산물이기 때문에 브라운대학교의 새로운 정책에는 분명히 장점이 있었다. 하지만 교육 전문가들은 당시나 지금이나 이를 대단히 회의적으로 생각한다.

이런 새로운 정책에 대한 학생들의 반응은 완전히 달랐다. 그들은 필수과목 없이 아이비리그에 진학할 수 있다는 점을 엄청나게 매력적으로 느꼈다. 대학 지원자 수가 크게 늘었고 많은 지원자가 몰리자 브라운대학교는 더 우수한 학생들을 선발할 수 있었다. 안 그래도 우수한 학생들을 선발하던 브라운대학교는 곧 신입생들의 SAT 점수가 가장 높은 대학이 되었다. 브라운대학교의 인기는 최고였다.

이는 흥미롭지만 모순적인 문제를 야기한다. 논의를 위해 브라운대학교의 새 정책이 학문적으로 잘못된 것이었다고 가정해 보자. 그러면 브라운대학교는 이 정책 때문에 교육의 질이 손상되었어야 한다. 그러나 교과 정책은 교육의 질을 결정하는 수많은 요인 중 하나일 뿐이다. 신입생이 더 똑똑해졌다는 의미는 교수들이 강의실에서 더 도전적인 진도를 설정할 수 있고 학생들은 더 많은 자극을 얻을 수 있다는 의미다. 성공이 성공을 낳는다는 원칙에 따라 똑똑한 학생을 많이 확보하면 더 많은 우수한 교수진과 우수한 학생을 유치하기가 쉬워진다.

이 모든 점을 고려해 볼 때 문제가 된 새 교과 정책 때문에 브라운대학교 교육의 질이 떨어진 것 같지는 않다. 오히려 브라운대학교 교육의 질은 그 어느 때보다 높아졌다고 할 수 있다. 그러나 정책의 변화가 브라운대학교에 효과적으로 작용했다는 사실만 보고 그런 변화가 교육 전반에도 긍정적인 효과를 가져온다고 생각하면 안 된다. 모든 위치군비경쟁이 그렇듯 어느 한쪽에 파격적으로 유리한 정책이 사회구성원 전체에 심각한 해를 끼치는 경우가 종종 있다. 브라운대학교의 정책은 다른 대학으로 갔을지도 모를 훌륭한 학생들과 교수들을 유치하는 데 도움이 되었지만 만일 다른 대학도 브라운대학교를 따랐다면 최초의 인재 배분을 회복했을지 모른다. 물론 실제로 그렇게 한 학교들도 있었다. 그러나 애당초 필수과목을 규정해야 했던 이유가 있었던 만큼 새로운 상황이 이전보다 나빠졌다고 생각할 이유는 얼마든지 있다. 브라운대학교의 정책은 브라운대학교에는 효과적인 나쁜 조치였을지도 모른다. 그렇다면 다른 대학들도 똑같이 나쁜 선택을 하도록 압력을 가한 셈이다.

· 순위 조사에 영합하기

최근 들어 대학 순위 발표가 학생들의 진학 결정에 점점 중요한 역할을 하게 되었다. 경영대학원의 경우 특히 이런 현상이 심한데 그 이유는 등록금을 스스로 해결해야 하는 대부분의 지원자가 어떤 학교에 입학해야 경력에 가장 도움이 될지 극도로 관심을 가지기 때문이다. 그 결과 학생들은 입학 허가를 받은 경영대학원 중 가장 순위가 높은 곳에 입학하게 된다.

〈비즈니스 위크〉의 설문조사는 오랫동안 경영대학원의 순위를 정하는 데 주도적인 역할을 해왔다. 이 잡지는 격년으로 학생들과 기업의 인사 담당자, 그 밖에 MBA 프로그램과 관련된 일에 종사하는 사람들을 대상으로 설문조사를 한다. 또한 시험 점수나 졸업 전후의 연봉 같은 학생들의 성과뿐만 아니라 각 학교의 학생 선발 과정도 평가한다. 각 항목 점수에 가중치를 부여하고 합산해 학교 순위를 매긴다. 격년으로 결과가 발표되는 특별 가을판은 〈비즈니스 위크〉의 가장 중요한 베스트셀러 중 하나다.

〈비즈니스 위크〉의 순위에서 어느 한 학교의 순위가 크게 오르거나 내리면 거의 즉각적으로 지원자 수에 두드러진 변화가 생기고 10개월 후에는 신입생 수준에도 그에 상응하는 변화가 생긴다. 경영대학원의 예산은 주로 학생들이 내는 등록금에 의존하기 때문에 〈비즈니스 위크〉에 실리는 순위는 경영대학원에 매우 중요해졌고 더 높은 점수를 받기 위해 변하기 시작했다.

이런 변화가 교육의 질을 끌어올리는 데 집중되었다면 좋았을 것이다. 일부 그런 효과가 있기는 했지만 사실 그저 순위에만 영향을 주는 것이 많았다. 예를 들어 〈비즈니스 위크〉는 2년마다 졸업반 학생들을 대상으로 조사를 했으므로 어떤 학교는 이를 고려해 자원을 재분배했다. 즉, 가능하면 가장 훌륭한 교수가 〈비즈니스 위크〉 조사 대상 학생들을 가르치도록 했던 것이다. 결국 〈비즈니스 위크〉의 조사는 경영대학원 전반에 투입되는 자원의 양은 변화시키지 않은 채 한 클래스에서 또 다른 클래스로 자원을 이동시킨 학교를 높게 평가하는 결과를 낳았다. 알다시피 자원이 불평등하게 분배될수록 전반적인 교육의 효율성은 떨어진다.

〈비즈니스 위크〉의 조사 대상이 된 학생들은 학교의 취업안내실에서 특별 취급을 받아 전담 관리, 오리엔테이션 세션 등의 서비스를 받는다. 또한 교수들에게는 그 학생들에게 좋은 점수를 주어 학생들의 평가가 나빠지지 않도록 하라는 압력을 주기도 한다. 심지어 〈비즈니스 위크〉 조사에서 졸업반 학생들로부터 나쁜 논평을 받았던 어떤 유명 대학원은 다음번 조사 대상 학생들에게 그들의 평가가 학위의 경제적 가치에 직접적인 영향을 미친다는 사실을 상기시키는 편지까지 보냈다.

이런 행동이 불편하기는 하지만 〈비즈니스 위크〉와 일종의 '게임'을 벌이려는 시도는 이제 막 시작되었을 뿐이다. 예를 들어 입학 전형료를 받지 않는 것만으로도 순위를 올릴 수 있다. 전형료가 면제되면 더 많은 학생이 지원하기 때문이다. 〈비즈니스 위크〉는 지원자 수 대비 합격자 수의 비율로 입학 경쟁률을 평가하므로 점수가 높아질 것이다. 또한 신입생이 200명 이하인 대학원에 50퍼센트의 가산점을 주어 규모가 작은 경영대학원의 약점을 보충해 주는데 학생 수가 이 기준에 근접한 학교들은 보너스 점수를 받기 위해 의도적으로 입학생 수를 줄이기도 한다.

물론 〈비즈니스 위크〉의 조사는 재능 있는 학생들을 최고의 교육기관에 연결시키는 데 도움이 되며 앞서 언급했듯 생산적인 결과를 가져올 수 있다. 따라서 대학 순위 자료의 영향력이 커지는 것이 좋은 것인지 나쁜 것인지는 나중에 판명 날 것이다. 그러나 학생들을 적절하고 공정하게 배치하기 위해 비용이 덜 드는 방법을 찾아보는 것은 분명 가치 있는 일이다.

• 투자한 만큼 상승하는 등록금

텍사스대학교에 진학할 예정이었던 학생이 하버드대학교에 입학하기로 결심했다면 그의 부모는 자식이 매우 자랑스러울 것이다. 그러나 텍사스주 의원과 대학 행정당국은 이 결정을 매우 다른 시각으로 보고 '두뇌 유출(brain drain)'이라고까지 생각한다. 그들은 우수한 학생들이 텍사스주 밖에 있는 대학에 가면 텍사스주에 살면서 취업할 가능성이 줄고 그만큼 세원이 준다는 것을 잘 알고 있다. 더욱이 우수한 학생들이 빠져나가면 주 정부는 고임금에 숙련된 일자리를 제공하는 고용주를 유치하기가 훨씬 더 어려워진다. 대학의 교직원들은 우수한 학생들을 빼앗기면 우수한 학생들을 모집하기가 더 어려워지고 나아가 우수한 교수진을 유치하는 것도 훨씬 힘들어진다며 걱정한다.

이런 우려 때문에 1983년 텍사스주립대학교는 노벨상 수상자인 물리학자 스티븐 와인버그(Steven Weinberg)를 11만 달러라는 거액의 연봉을 주고 초빙했다. 이후 대학에서 수십만 달러의 연봉을 받는 사람들이 많아졌다. 어떤 분야의 권위자가 가르친다는 것만으로도 대학의 명성이 올라가기 때문에 대학에서는 앞다투어 그들을 영입했다.

심지어 엄청난 돈을 주고 학문적 소양이 부족한 저명인사를 강사로 초빙하는 일도 많아졌다. 사우스캐롤라이나대학교는 암살당한 이집트 대통령 안와르 사다트(Anwar Sadat)의 부인 지한 사다트(Jehan Sadat)에게 3학기 동안 이집트 문화 한 과목을 강의하는 대가로 30만 달러 이상을 지불했다.[33] 이 대학은 〈워싱턴 포스트(The Washington Post)〉의 편집장이었던 하워드 시몬스(Howard Simons)에게도 4만 5천 달러를 지불하고 한 학기 동안 주 1회 강의를 의뢰했다.[34]

행동과학 고급연구센터(Center for Advanced Study in the Behavioral Sciences)의 자료를 살펴보면 미국에서 가장 뛰어난 연구 교수들의 연봉이 얼마나 증가했는지 대략 감을 잡을 수 있다. 해마다 이 센터는 사회과학과 행동과학 분야에서 뛰어난 연구 성과를 남긴 학자들을 초대해 스탠퍼드대학교의 목가적인 환경에서 안식년 휴가를 보내게 한다. 이 센터는 대부분의 교수에게 이전 학년도 연봉의 절반을 제공하기 때문에 시간에 따른 연봉의 변화를 알 수 있는 귀중한 자료를 제공한다. 가장 높은 보수를 받은 교수 5명의 평균 연봉은 1986년부터 1992년까지 매년 7퍼센트 이상 증가했지만 전국적으로 교수진의 평균 급여는 연간 4.3퍼센트 증가에 그쳤다.[35]

유명 교수를 둘러싼 경쟁 덕분에 이들의 강의 부담도 감소했다. 1970년대 주요 대학에서는 1년간 4개의 강의를 맡는 것이 보통이었지만 1980년대부터는 3개의 강의가 보편화되었다. 그리고 최고 수준의 연구 교수들은 학생을 전혀 가르치지 않는 경우도 늘어나고 있다.

이런 모든 변화는 결국 대학의 재정을 압박해 꾸준히 등록금을 상승시켰다. 실제로 미국의 고등교육 비용은 의료비를 제외하고는 최근 수십 년 동안 다른 어떤 주요 지출 항목보다 빠르게 상승했다. 1970년부터 1990년 사이에 사립대 등록금은 평균 474퍼센트가 올랐지만 소비자 물가지수는 248퍼센트 상승했다.[36] 이렇게 등록금이 인상된 데는 또 다른 이유도 있는데 교직원들의 급속한 증가(지난 15년간 123퍼센트나 늘었다)[37]와 연구소, 도서관 등에 대한 투자 증가다.[38]

최근 몇 년 동안 유명 연구소의 주가가 특히 높아졌는데 이는 서열을 높이고자 하는 대학에서 기존 연구소를 경쟁 대학에 빼앗기지 않으려고 노력했기 때문이다. 플로리다주립대학교가 엄청난 돈을 들여 MIT의 자기장연구소를 유치하려 했던 것이 그 단적인 예다.[39] 여기에는 이 연구소가 MIT에서 누린 것보다 더 많은 것을 보장해 주겠다고 약속한 플로리다주립대학교와 로스알라모스연구소 외에도 플로리다 주 정부의 적극적인 노력도 한몫했다. 플로리다주는 이 연구소에 6,600만 달러를 지원하기까지 했다. 교원노조 대변인인 데이비드 머코위츠(David Merkowitz)는 이렇게 말했다. "바깥은 정글이다. 이렇게 엄청난 경쟁은 결국은 돈을 위한 것이며 이것이야말로 교육기관에서 재빨리 명성을 쌓는 방법이다. 이것은 자동차 공장을 유치하려는 경쟁과 마찬가지다."[40] 텍사스대학교는 새로운 실험실을 제공하고 기존의 열대질병연구센터와 통합해 주겠다는 약속을 하고 예일대학교에 있던 절지동물매개바이러스연구소를 유치했다. 당시 예일대학교의 홍보 담당인 개리 프라이어(Gary Fryer)는 이렇게 말했다. "프로스포츠와 다를 게 없다. 매우 뛰어난 사람들은 다른 곳으로 옮겨 갈 수도 있는 것이다."[41]

학벌 경쟁은 필연적으로 많은 결과를 수반한다. 그중에는 긍정적인 것도 있고, 부정적인 것도 있다. 그러나 이런 경쟁으로 교육 비용이 계속 상승할 것이라는 점은 확실하다. 11장에서는 교육 부문에서 나타나는 위치군비경쟁의 부정적 결과를 줄일 방법을 찾아볼 것이다.

9장

낭비적 경쟁을 그만두는 법

● 100년 전만 해도 유럽의 신사들은 누군가 자신을 모욕하면 결투로 해결했다. 결투 당사자들은 각자의 입회인을 동행하고 주로 새벽에 결투를 치렀는데 몇 가지 공식적인 규칙이 있었다. 첫째는 총을 발사하는 순간에 결투자 사이에는 물리적인 거리가 있어야 했다. 우선 등을 맞대고 서 있다가 몇 걸음 앞으로 나아간 후 돌아서서 총을 쏘아야 했다. 둘째는 사용되는 총의 특성에 관한 것이다. 특히 나선형의 홈이 없는 활강형이어야 하고 반드시 단발총이어야 했다.

이런 규칙은 결투자의 사망률을 줄이기 위한 것이었다. 결투자가 일정 거리를 걸은 후 돌아서서 총을 발사하게 한 것은 명중 가능성을 낮추기 위한 것이었고 총신이 활강형이어야 하는 이유는 총알의 정확성을 떨어뜨리기 위해서였다. 총신 안쪽에 나선형의 강선을 새기면 총알이 총신을 떠나자마자 선회해 강선이 없을 때보다 직선에 가깝게 날아간다. 마치 축구공에 회전을 주면 정확하게 날아가는 것과 같은 원리다. 회전하지 않는 발사체는 야구의 너클볼처럼 흔들리며 불규칙적으로 날아간다. 단발총을 규정한 이유는 100연발 총을 사용했을 때 결투자들이 어떤 운명을 맞을지 상상해 보면 이해가 될 것이다.

이런 제한 규정은 의도한 목적을 달성했다. 영국에서 일어난 200여 건의 결투를 조사한 한 연구에 따르면 실제 총알을 맞은 사람은 6명 중 1명이었으며 사망한 사람은 14명 중 1명꼴이었다고 한다.[1] '검시관에게 보고할 필요가 없는 결투가 대부분이었기 때문에' 실제 사상률은 훨씬 더 적었을 것이다.[2] 하지만 이 정도도 명예를 지키기 위한 대가로는 너무 크다고 할 수 있다. 따라서 모든 산업사회에서는 결투를 불법으로 규정했다.

규제되지 않은 결투는 승자독식경쟁의 특징을 많이 가지고 있다. 7장에서는 그런 경기들이 상쇄 작용을 일으켜 사회적인 낭비만 초래한다는 점을 보여 주었다. 이 장에서는 사회적으로 낭비적인 투자를 제한하기 위한 다양한 공식적·비공식적 제도적 장치가 어떻게 생겨났는지 살펴볼 것이다. 이러한 장치들은 마치 군비경쟁을 제한하는 조약처럼 기능하기 때문에 우리는 그것을 '위치군축협정(positional arms control agreements)'이라고 부른다. 이런 협정이 모두 엄청난 상금이 걸린 시장에서만 작동하는 것은 아니다. 그중 많은 것은 평범한 시민들의 일상생활에 영향을 미친다. 그러나 계속 살펴보았듯 초기의 이점은 시간이 흐름에 따라 거의 결정적인 차이로 굳어

버리기 때문에 사람들은 판돈이 적어 보여도 위치군비경쟁을 제한하지 않을 수 없다.

스포츠 분야

스포츠 세계에는 지위 군비경쟁뿐만 아니라 이런 경쟁을 억제하기 위한 수많은 협약과 규범 그리고 규칙이 있다. 스포츠 세계에서 경쟁을 제한하는 주요 수단은 스포츠 리그 또는 정부 기관이다. 대학 스포츠의 경우 NCAA를 비롯한 여러 지역 컨퍼런스가, 프로농구에는 NBA가, 프로미식축구에는 NFL이, 프로야구에서는 위원장과 각 리그의 회장들이 여기에 해당한다. 모든 리그는 다양한 규칙과 규정을 시행하며 그 주된 목적은 상호 상쇄되는 투자 패턴을 줄이는 것이다.

이런 규제는 지출을 억제하는 역할을 한다. 예를 들어 대부분의 스포츠 종목에는 각 팀의 인원수를 제한하는 규정이 있다. 메이저리그 규칙에 따르면 각 구단은 정기 시즌에 25명의 선수만 명단에 올릴 수 있다. NFL은 49명, NBA는 12명으로 선수 수를 제한하고 있으며 다른 종목도 마찬가지다. 이런 제한이 없다면 각 팀은 선수를 늘려서 승률을 높이려 할 것이다. 하지만 다른 팀도 이를 따를 것이고 전체적으로 각 팀의 승률은 변함없이 50퍼센트에 머무는 상황이 지속될 것이다. 인원을 늘리는 것도 어느 선을 넘으면 팬들에게 큰 즐거움을 주지 못한다. 그러므로 이를 제한하는 것은 보다 합리적인 비용으로 팬들에게 즐거움을 줄 수 있는 적절한 방법이라고 할 수 있다.

구단주들이 입장료 수입과 텔레비전 중계료 수입을 골고루 분배하는 관행인 수익금분배(revenue sharing)는 낭비를 억제하는 또 다른 장치다. 팬들은 이기는 팀의 경기를 더 좋아하기 때문에 팀의 승률이 좋을수록 중계료와 입장료 수입이 높게 마련이다. 따라서 수익금분배라는 제도가 없으면 구단주들은 스타급 선수나 감독 등 팀의 승률을 높여 줄 실력자를 얻기 위해 치열한 경쟁을 할 것이다. 수익금분배제도는 이런 경쟁을 약화시키며 나아가 선수들의 연봉 등 주요 비용을 억제하는 데 도움이 된다.

NBA와 NFL을 위시한 일부 스포츠 종목에는 선수들에게 지불하는 연봉 수준이 리그 총수입의 일정 비율을 넘지 않도록 급여 상한선(pay caps)이 있다. 이는 대도시를 연고로 하는 구단이 소도시 연고 구단에서 일류 선수들을 빼가지 못하게 함으로써 경쟁의 균형을 유지하려는 목적이다.³ 그러나 급여 상한선 규정의 흥미로운 기능은 규모와 상관없이 구단에서 전면적인 선수 쟁탈전에 돌입하는 것을 막아 준다는 점이다. 물론 급여 상한선이 있더라도 최고 선수들의 연봉 수준은 매우 높다. 하지만 상한선 밑의 연봉을 받고도 뛰려는 선수들이 많기에 그 효과는 기껏해야 강팀을 하나 구성하는 데 들어가는 총비용을 줄여 주는 정도다.

이렇게 되면 이 같은 위치군축 장치는 구단주들이 절감된 비용을 팬들에게 돌려주지도 않으면서 선수의 급여만 삭감하는 카르텔과 다름없게 된다. 다만 팀의 입장에서는 팬들의 지출로 지나친 이익을 취하고 있다는 불만이 정부 당국에 들어갈지도 모른다는 우려가 생긴다. 따라서 급여 상한선 규정은 팬들의 기대를 저버리지 않기 위해서 또는 규제가 두려워서라도 입장료를 제한하게 만든다.

　약물 관련 규정은 스포츠 종목에서 흔히 볼 수 있는 또 하나의 위치군축협정이다. 오늘날 거의 모든 운동협회는 근육강화제인 스테로이드와 성장 촉진 호르몬제, 그 밖에 경기력 향상에 도움이 되는 약물을 금지하는 규칙을 정해 놓고 있다. 또한 이런 규칙을 강제하기 위해 무작위 검사를 의무적으로 실시하고 있다.

　몇몇 리그는 심지어 팀의 연습 횟수까지 제한하려 했다. 예를 들어 대부분의 NCAA 1부 소속 팀은 1년에 두 차례, 즉 봄과 늦여름으로 훈련 시기가 제한되어 있다. 두 훈련 모두 힘들고 시간이 오래 걸리지만 특히 봄 훈련은 학기 중에 진행되므로 대학생 선수들에게 특히 부담이 된다. 만약 모든 학교가 봄 훈련을 폐지한다면 절대적인 경기 수준은 다소 떨어지겠지만 각 컨퍼런스간의 균형은 그리 영향을 받지 않을 것이다. 실제로 아이비리그에 속한 대학에서 봄 훈련을 없애기로 규약을 맺은 적이 있었다. 그러나 이 규약의 제한을 받지 않는 비아이비리그 대학팀에게 계속 패하자 어쩔 수 없이 이를 포기해야 했다.

　학업성적을 요구하는 것도 경쟁을 통제할 수 있는 또 하나의 방법이다. 대학 스포츠에서 경쟁이 심해지면서 대학생 선수들에게 적용되던 점수 기준이 점점 완화되었다. 몇몇 미식축구팀은 선수들의 졸업률이 10퍼센트도 안 되며 심지어 어떤 선수는 초등학교 6학년 수준의 글도 읽지 못한다. 만일 어떤 학교에서 선수들에게 엄격한 점수 기준을 요구한다면 그 팀만이 경쟁에서 뒤처질 것이다. 왜냐하면 그 팀은 경쟁 팀보다 소규모 집단에서 선수들을 뽑아야 하기 때문이다. 그러나 모든 학교가 똑같이 학업 기준을 높인다면 경쟁의 균형은 그대로 유지될 것이다. 그리고 자격 미달 학생이 팀에 존재한다는 것은 학교의 교육적 사명을 손상하기 때문에 그런 조치는 분명 많은 이득을 줄 것이다. 이런 문제의식을 바탕으로 NCAA는 신입생들의 자격을 일정 수준 이상의 SAT 점수로 규정했다. 마찬가지로 아이비리그 대학들은 운동선수들 역시 다른 학생들과 똑같은 조건을 갖추어야만 입학시킨다. 그리고 텍사스주에서는 학점을 이수한 고등학교 운동선수만 경기에 출장할 수 있도록 한다.

선수 보호 장비와 관련된 조항 역시 또 다른 위치군축협정이다. 경제학자 토머스 셸링(Thomas Schelling)은 아이스하키 선수 스스로가 결정하도록 두면 대다수가 헬멧을 쓰지 않고 경기에 나간다는 사실을 발견했다. 그러나 비밀투표로 의견을 물어보면 대부분의 선수는 헬멧을 써야 한다는 규칙에 찬성했다. 이 같은 모순은 위치군비경쟁의 논리에 뿌리를 두고 있다. 헬멧을 쓰지 않으면 선수들이 더 잘 보고 더 잘 들을 수 있고 심리적으로 상대를 위축시키기가 더 쉬워지는 등 약간의 경쟁 우위가 생긴다. 그러나 모든 선수가 헬멧을 쓰지 않는다면 각자가 가지는 경쟁 우위는 사라진다. 헬멧 착용 여부와 상관없이 어차피 한 팀은 이기고 한 팀은 지게 되어 있다. 헬멧은 부상의 위험을 줄이므로 헬멧 착용 규정은 합리적이다.

지난 아메리카컵 요트대회에서 참가자들이 5억 달러를 지출하는 등 비용이 급증하면서 새로운 위치군축협정이 잇달아 체결되었다.[4] 즉, 향후 아메리카컵에 출전하는 팀들은 배를 2척까지만 사용할 수 있다. 이 규칙이 적용되기 직전인 1992년까지 챔피언인 미국팀은 배

4척에 6천5백만 달러를 썼고 도전자인 이탈리아의 일 모로 디 베네치아 팀은 배 5척에 1억 2천만 달러를 지출했다.[5] 그 외의 새로운 규칙에 따르면 미리 선체의 디자인을 공개해야 하고 요트 1대에 세울 수 있는 돛대의 수도 제한되어 있다. 심지어 '첩보와 정찰 활동'의 범위를 제한하는 규정도 있다.[6]

그 자체가 위치군축협정이라 해석할 만한 규칙도 많다. 예를 들어 거의 모든 스포츠 경기에는 지나치게 거친 행동을 금지하는 규칙들이 있다. 미식축구의 경우 상대 주전 선수를 어떻게 해서든 다치게 하면 팀의 승률은 올라갈 것이다. 그러나 결국에는 다른 팀도 보복할 것이고 모든 팀이 경쟁에서 우위를 확보하지 못한 채 부상으로 고생만 할 것이다. 거친 행동에 가해지는 벌칙은 이런 경향을 억제할 것이며 선수들과 구단주들 그리고 관중 모두에게 이익을 가져다줄 것이다.

암묵적인 사회규범이 존재하는 이유

앞서 언급한 사례들은 상당한 강제력을 지닌 조직에서 공식적으로 정한 규칙들이다. NHL 측은 헬멧 착용을 강제할 수 있는 법적 권한은 없지만 착용을 거부하는 선수의 출장을 금지시킬 수는 있다. 그러나 이렇게 공식적인 협회가 없더라도 폭넓게 인정되는 사회규범에 의거해 존재하는 위치군축협정도 많다.

아카데미상을 수상한 영화 〈불의 전차(Chariots of Fire)〉는 올림픽 육상 대회에 출전하는 영국의 대학생들을 그린 영화다. 영화에서 그들은 훈련 시간을 제한하는 규범을 암묵적으로 정했다. 모두가 열심히 훈련하든, 아예 훈련하지 않든, 가장 뛰어난 육상 선수가 승리하리라는 사실은 분명했다. 따라서 선수들은 지나치게 훈련하지 않는 것이 현명한 일이라고 생각했다. 이런 암묵적인 규범은 엄격한 훈련에 길들여 있던 외부인이 나타나면서 도전을 받았다. 그러자 기존의 선수들은 그 선수에게 집단적 압력을 가했다. 그런 압력을 받으면 대부분의 사람은 굴복하기 마련이다. 그러나 이 특별한 선수는 흔들리지 않았고 결국에는 승리를 거둔다.

이 이야기를 하는 이유는 영화 속에서 그가 파괴하려고 했던 사회규범이 바람직하다는 주장을 하려는 게 아니다. 개인의 재능에만 근거해 경기에 출전시키는 것이 효율적일 수는 있지만 반드시 공평하다고는 할 수 없다. 달리기 재능을 타고나는 것은 본질적으로 행운의 문제다. 그렇다고 하더라도 개인의 노력 역시 중요하다고 믿는 사람들조차 경쟁에 제한이 없을 때 나타나는 현상을 보면 당황스러워한다.

한편 지나친 노력을 자제할 것을 요구하는 사회규범은 노동 현장에서도 자주 볼 수 있다. 생산직과 판매직에서는 개별 노동자의 생산성을 정확하게 측정하는 것이 가능하다. 전통적인 경제이론에 따르면 이 경우 생산성에 정비례해 급여를 지급하는 성과급제도를 도입하는 것이 낫다고 한다. 하지만 노동경제학에서 아직도 풀리지 않는 수수께끼 중 하나는 이런 급여체계가 현실적으로는 드물다는 것이다. 미국산업협의회에서 실시한 연구에 따르면 생산성을 측정하기 쉬운 판매직에서조차 절반 이상이 판매 수수료에 상한선을 두고 있다고 한다.[7] 이와 비슷하게 급여 상한선은 여러 자료에 나타난다. 그 자료에 의하면 노동자 스스로 비공식적인 생산할당량을 정해 두고 이를 위반하는 노동자들에게 강력한 제재를 가하는 관행이 만연하다고 한다.[8] 심지어 회사가 나서서 생산량을 제한하는 경우도 있다.

노동자 스스로 생산할당량을 정하는 것은 근로자가 기존 단가 하에서 성과급이 너무 높으면 회사가 개당 성과급을 낮출 것을 우려해 생산 작업의 난이도를 속이는 수단이라고 한다.[9] 그러나 이런 설명은 경영진에게 생산 작업에 얼마나 많은 시간이 필요한지 파악할 수 있는 충분한 수단이 있다는 사실을 무시하는 것이다. 어떤 책에서는 공장의 전자부품 조립라인에서 파업이 일어나자 대신 투입된 관리자들이 기존의 생산량보다 2배나 많은 부품을 생산했다고 한다.[10] 만약 노동자들의 생산량이 실제로 그들이 생산할 수 있는 양보다 훨씬 적고 경영진도 이 사실을 알고 있다면 왜 개당 성과금을 줄여 더 많은 생산을 유도하지 않을까?

하지만 이런 경영진의 암묵적 동의를 노동자들의 위치군비경쟁을 억제하기 위한 것으로 해석하면 이해가 더 잘될 것이다. 문제는 승진이 상대적인 생산성에 의해 결정되면 상호 상쇄적인 위치군비경쟁이 일어나기 쉽다는 것이다. 모든 노동자는 다른 노동자보다 유리한 고지를 점령하기 위해 제품을 보다 많이 생산하려 하겠지만 모두 똑같이 2배로 일을 한다면 상대적 지위는 전혀 달라지지 않을 것이다. 집단적 관점에서 볼 때 생산 단가가 규제되지 않으면 잉여 산출물은 추가로 투입된 노력을 충분히 보상해 주지 못한다. 따라서 노동자들이 상대소득에 관심을 가질 경우 비공식적인 생산할

당량을 강요하면 사적인 이해관계가 집단의 이해관계에 부합할 수 있다.

교육 분야에도 과다한 노력을 억제하기 위한 사회규범이 많다. 학생들이 다른 학생들과 비교해 성적에 따라 등급이 매겨질 때 발생하는 위치군비경쟁을 생각해 보자. 이들은 얼마나 많은 것을 배울 것인가보다는 성적 자체에 더 관심을 갖게 된다. 그러므로 학생들을 상대평가하면 학생 전체의 수준이 올라가기보다는 개별 학생이 성적 향상에 더 많은 노력을 기울이는 바람직하지 않은 결과를 초래한다. 그 이유는 무엇인가? 모든 학생이 성적을 향상시키기 위해 똑같이 노력을 한다면 전체 성적 분포는 전과 동일한 상태로 유지되기 때문이다.

물론 이런 경쟁이 비효율적인지에 대한 평가는 관점에 따라 다를 것이다. 학생 입장에서는 상대평가제도가 필요 이상으로 많은 노력을 하게 만든다고 생각할 것이다. 반면에 학부모나 교사 입장에서는 성적을 올리려고 서로 경쟁하고 노력하는 것이 바람직하다고 생각할 것이다. 자신의 학창 시절을 떠올리며 경쟁에 대한 압박이 없다면 학생들이 공부를 제대로 하지 않을 것이라 생각한다. 그들은 위치군비경쟁이 꼭 필요하다고 본다.

따라서 학생과 성인 사이에서 학습 태도에 관한 사회적 규범이 서로 다르게 발전한 것은 놀라운 일이 아니다. 학생들은 지나치게 열심히 공부하는 학생들이나 선생님의 비위를 맞추려고 애쓰는 학생들을 '공붓벌레'나 '모범생'으로 낙인찍는다. 반면에 학부모와 교사는 학업 성취의 미덕을 찬양하는 자신들만의 규범으로 이러한 규범에 대응한다.

이런 상반된 요소가 어떤 효과를 가져올지는 분명하지 않다. 그러나 사회규범은 기껏해야 집단적 목적을 달성하기 위한 불완전한 수단에 지나지 않으므로 두 가지 유형 모두 어느 정도 비효율성을 안고 있다고 해서 놀랄 일은 아니다. 다시 말해서 상대평가제도가 존속하는 한 공붓벌레라는 놀림을 받더라도 몇몇 학생들은 계속 열심히 공부할 것이다. 한편 남보다 앞서가는 학생에게는 보상이 주어지고 학업성취를 격려하는 규범이 존재함에도 불구하고 다른 학생은 공부와 담을 쌓을 것이다.

의복과 패션에 관한 사회규범도 위치군축협정으로 해석할 수 있다. 이런 주장은 실험심리학 분야에서 자주 인용되는 연구 결과를 토대로 하는데 연구에 따르면 인간이 사물을 보고 어떻게 인지하고 평가하는지는 관찰자가 이미 지니고 있는 준거 틀(frame of reference)에 의존한다고 한다.[11] 예를 들어 자신을 아방가르드적이라 생각하고 패션을 통해 이를 표현하고 싶은 사람이 있다고 하자. 1950년대 미국에서는 귀를 뚫으면 그렇게 여겨졌다. 그러나 이후 많은 사람이 이를 따라 하면서 그런 행위가 더 이상 아방가르드를 상징하지 못하게 되었다. 동시에 패션으로 자신의 보수성을 표출하고자 했던 사람들도 점차 귀를 뚫는 유행을 따라갔다.

1960년대와 1970년대에는 한쪽 귀에 2개의 귀걸이를 하는 것이 최첨단 패션이었다. 그러나 1990년대에 들어서면서 사람들이 코와 눈썹은 물론 몸 여기저기 10여 군데에 피어싱을 하자 귀를 몇 군데 뚫는 것은 별 의미 없게 되었다. 오하이오에서 피어싱 업체를 운영하는 버트 듀센의 말을 들어 보자. 그는 1994년 당시에 아방가르드한 사람으로 인정받고 있었다.

> —— 햇빛이 귀에 박은 2개의 귀걸이 사이로 반짝거렸다. 혀에는 바벨이, 콧구멍의 격막에는 코걸이가 걸려 있다. 좀 더 아래로 내려오면 양쪽 유두에 구멍이 뚫려 있는데 왼쪽에는 두 군데가 뚫려 있다. 심장이 뛸 때마다 은빛의 조그만 고리가 미세하게 떨린다. 참 음경 피어싱도 있어요. 뭐라고? "바늘이 귀두로 들어가 요도를 거쳐 아래쪽으로 빠져나오는 거죠. 수술용 강철 고리도 있습니다." 스물한 살 먹은 듀센의 말이다.[12]

아방가르드를 표현하는 문신의 숫자도 늘고 크기도 커지고 위치도 다양해졌다. 그러나 이런 가치를 추구하는 사람들 사이에서 그 전반적인 가치가 크게 증가한 것 같지 않다. 예나 지금이나 아방가르드가 주는 의미는 크게 변하지 않았다. 따라서 이를 표현하기 위해 피어싱, 문신 등에 여러 단계를 거치며 많은 돈을 쓰는 것은 기본적으로 낭비라 할 수 있다. 과거에는 그렇게 비용이 많이 들지 않았기 때문이다. 이런 의미에서 문신과 피어싱을 반대하는 사회규범이 퇴색하면서 사회적 손실이 발생하고 있다. 물론 이런 사회적 손실은 경미하다. 그러나 몸에 구멍을 1번 뚫을 때마다 병균에 감염될 위험이 수반되므로 많이 뚫을수록 비용은 계속 상승할 것이다. 그리고 일단 이 비용이 어느 수준에 도달하면 피어싱에 반대하는 분위기가 급속도로 확산될 것이다.

부적절한 행동에서도 비슷한 일이 벌어진다. 1950년대에는 독자들의 시선을 잡기 위해 잡지에 누드 광고를 싣는 것을 금지하는 규범이 있었다. 광고주들은 당연히 이 규범을 무시하려는 경향이 강했다. 앞에서도 보았지만 이들은 구매자의 관심을 받기 위해 치열하게 경쟁해야 하기 때문이다. 그리고 실제로 적절한 행동이라 여겨지는 규범도 피어싱과 관련된 규범과 비슷한 방향으로 발전해 왔다.

또 한 가지 비슷한 예로 화장품 광고가 어떻게 변천해 왔는지 살펴보자. 처음에는 누드 사진이 실루엣으로 처리되었다. 그러고는 점점 선명하게 드러난 누드 사진이 등장했다. 그리고 최근에는 그룹섹스를 연상시키는 사진까지 나왔다. 이렇게 수위를 높일 때마다 독자의 즉각적인 관심을 끌며 원하는 효과를 얻었다. 그러자 경쟁 관계에 있는 광고주들도 이를 따라 했고 그 결과 기존의 경쟁 관계에는 아무런 변화도 없이 선정성의 수위만이 높아졌다. 처음에는 독자들에게 충격을 주었을 만한 사진들이 이제는 별 관심도 끌지 못한다.

과연 이것이 바람직한 현상인지 아닌지는 누드 사진에 대한 사람들의 견해에 따라 달라질 것이다. 대부분의 사람은 과거의 엄격한 규범이 애초에 잘못되었으며 그저 억압적이고 고상한 척하는 시대가 남긴 유산이라고 생각한다. 그러나 이런 견해를 가진 사람조차 어떤 사진은 잡지 광고에 사용되어서는 안 된다고 생각하는 기준이 있는 것 같다. 물론 그 기준은 개개인에 따라 크게 차이가 나며 현재의 사회규범에 따라 달라질 것이다. 광고주들은 사람들의 시선을 끄는 데만 급급해 끊임없이 기존의 기준을 파괴하려 한다. 그러므로 이제 다시 '선량한 풍속'이라는 보다 엄격한 규범을 동원하려는 움직임이 인다고 해서 놀랄 필요는 없다. 그런 사회적 움직임은 또 다른 위치협정의 한 예이기 때문이다.

성형수술에 대한 거부감도 이와 비슷한 시각으로 볼 수 있다. 성형수술은 많은 사람에게 극적인 변화를 준다. 사고로 얼굴이 흉측해진 사람도 얼굴을 되찾고 계속 살아갈 힘을 얻게 된다. 또한 다른 사람에게 혐오감을 줄 정도로 얼굴이 이상하거나 매력 없다고 생각하는 사람의 심한 열등감도 덜어 줄 수 있었다. 그러나 성형수술은 눈에 띄게 기형적인 외모를 타고난 사람들에게만 시술되지는 않는다. '정상적인' 사람 중에도 성형수술로 외모를 개선하고 싶어 하는 사람이 점점 늘고 있다. 1991년에는 총 200만 건의 성형 '시술'이 이루어졌는데 이는 10년 전과 비교하면 6배나 증가한 수치다. 예전에는 성형수술을 받았다는 사실을 숨기는 게 일반적이었는데 남부 캘리포니아에서는 성형수술이 자선바자회에서 경품으로 제공되고 있을 정도다.[13]

개인 입장에서 보면 일반적인 성형수술이 마치 사고 피해자의 재건 수술만큼이나 유익할 수 있다. 성형수술을 받은 사람들은 미끈하고 오뚝한 코와 주름살 없는 피부로 자신감을 얻어 전에는 불가능하다고 생각했던 많은 일을 성취하기도 한다.

그러나 성형수술의 증가는 또한 의도하지 않은 부작용도 가져왔다. 즉, 정상적인 외모에 대한 기준이 바뀐 것이다. 예전 같았으면 보통보다 약간 크다고 여겨졌을 코가 이제는 눈에 거슬릴 정도로 크다고 여겨지거나 55세의 평범한 중년이 70세 노인 취급을 받기도 한다. 머리숱이 약간 적거나 적당히 살집이 붙은 사람들이 모발이식시술을 받아야 한다거나 지방흡입시술을 받아야 한다는 강박감에 시달리기도 한다. 성형수술은 사람들의 미적 기준을 상승시키기 때문에 수술의 효과가 반감된다. 따라서 사회적 관점에서 볼 때 성형수술에 지나치게 의존적일 수밖에 없다.

　이런 문제를 해결하기 위해 성형수술에 법적 제재를 가하는 것은 쉬운 문제가 아니다. 그러나 몇몇 지역에서는 성형수술에 반대하는 강력한 사회규범을 받아들여 안면거상술이나 지방흡입술을 받는 사람들이 경멸의 대상이 되고 있다. 개인 입장에서는 이런 규범이 냉혹할지 모른다. 그러나 이런 규범이 없다면 더 많은 사람이 비용과 위험을 감수한 채 성형수술을 받아야 한다는 압박감을 느낄 것이다.

경쟁을 막는 사전 계약

　위치군비경쟁이 확대되어 낭비를 불러올 수 있으므로 기업들은 경쟁을 억제하기 위해 계약을 추구할 수 있다. 물론 경쟁으로 인한 사회적 낭비가 없을 때조차도 경쟁자들과 경쟁을 제한하는 협정을 맺기도 한다. 예를 들어 카르텔은 오랫동안 회원사들이 가격 인하를 통해 서로의 고객을 유인하는 것을 방지하는 기능을 해 왔다. 사실 현대의 여러 반독점법은 이런 담합을 깨뜨리기 위한 것이다. 그러나 반독점법 입안자들은 기업의 경쟁이 공공의 이익을 해치기도 한다는 점을 알고 있었다. 따라서 법은 경쟁을 제한하는 효과가 있는 다양한 계약을 허용하고 있다.

대표적인 예가 소송을 피하자는 협약이다. 최근 20~30년간 소송이 폭발적으로 늘어나자 기업에서는 분쟁이 일어났을 때 소송절차가 아닌 중재절차를 따르기로 하는 계약을 많이 맺는다. 이들은 본의 아닌 실수나 부정행위가 생겼을 때 계약불이행 문제를 두고 분쟁이 일어날 수 있다는 것을 잘 알고 있다. 그러나 그런 분쟁을 법정에서 해결하려면 엄청난 소송비용이 든다는 것 역시 알고 있다. 물론 중재재판소에 구속력 있는 중재를 요청하면 원하는 만큼 손해배상금을 받지 못할 수도 있다. 그 대신 장기적으로는 비용이 감소되는 효과를 기대할 수 있다.

고용주와 노동자 역시 임금이나 노동조건 등 노동계약서 조항을 두고 의견 불일치가 발생할 수 있다는 점을 잘 알고 있다. 하지만 이러한 분쟁이 파업이나 직장폐쇄로 확대될 경우 양측이 치러야 할 비용 역시 잘 알고 있다. 사전에 정해진 중재자들에게 분쟁을 맡기면 양측 모두 원하는 것을 모두 가질 수는 없겠지만 장기적으로는 더 큰 보상을 기대할 수 있다.

교육: 과외 없이 교과서만으로 충분합니다

대학 스포츠에는 '레드셔팅(redshirting)'이라는 관행이 일반화되어 있다. 이는 1학년 1년간 경기 출전을 보류해 선수 자격을 1년 더 연장시키는 것이다. 따라서 거의 모든 운동선수는 4년 만에 대학을 졸업하지 못한다. 선수들은 신입생 때보다는 입학 5년째 되는 해에 더욱 체격이 발달하고 힘이 세지며 경험도 늘어나므로 이런 관행을 따르는 팀은 많은 이점을 누리게 된다. 그러나 전체 대학 스포츠 차원에서 보면 레드셔팅은 어느 팀에도 비교 우위를 가져다주지 못한다. 모든 팀이 관행적으로 신입 선수를 1년간 묵혀 둔다면 각 팀의 경쟁력에는 아무런 변화도 없기 때문이다.

몇 살에 아이를 학교에 보낼 것인지를 결정할 때도 비슷한 논리가 적용된다. 다른 아이들보다 한 살 늦게 유치원에 입학한 아이는 상대적으로 뛰어난 능력을 발휘할 가능성이 높다. 부모들은 자녀가 좋은 대학에 입학하고 졸업과 동시에 좋은 직장에 들어가려면 다른 학생들보다 성적이 좋아야 한다는 사실도 잘 알고 있으므로 1년 늦게 유치원에 입학시키려는 유혹을 느낄 것이다. 그러나 대학 스포츠의 경우와 마찬가지로 아이들을 1년 늦게 입학시켜 얻는 사회적 이익은 전혀 없다. 왜냐하면 상대적 성적은 본질적으로 달라지지 않기 때문이다.

미국 주 정부는 부모에게 자녀의 취학연령 결정권을 주지 않는다. 관계법에 따르면 매년 12월 1일 이전에 만 5세가 되는 아이는 그해에 유치원에 들어가야 한다. 이 같은 법률은 부모로부터 커다란 이점을 누릴 수 있는 기회를 박탈하기도 하지만 상대적으로 성과를 향상시키려는 집단적 노력을 무위로 만들어 버리는 효과도 있다.

학교에서 흔히 볼 수 있는 또 다른 위치군비경쟁으로는 학생들이 영향력 있는 또래 집단의 패션을 따라 하기 위해 의류비 지출이 늘어나는 현상이다. 심지어 빈민가의 학교에서는 나이키 에어 조던을 신었다는 이유만으로 살해당한 학생도 있다. 그래서 일부 학교는 학생들에게 교복을 입혀 이런 경쟁을 억제해 왔다. 물론 학생들이 자신을 표현할 수 있는 기회는 없어지지만 학부모와 교육자는 그 정도의 대가는 지불할 만한 가치가 있다고 생각한다.

최근 주입식 공부로 절대 좋은 점수를 딸 수 없도록 SAT가 변화하는 것도 교육 부문에서 볼 수 있는 또 하나의 위치군비경쟁이다. 일류 대학에 진학하고 싶어 하는 대부분의 학생은 SAT 점수가 정말 중요하다는 사실을 익히 알고 있다. SAT는 뉴저지주 프린스턴에 위치한 비영리단체인 ETS가 매년 수차례에 걸쳐 실시하는 시험이다. 이 시험은 학생들의 학업성적이 아니라 개개인이 대학에서 공부할 만한 적성을 갖추고 있는지를 측정한다. 학생들의 학업성적을 측정하는 목적을 충족하는 시험은 별도로 있다.

SAT에서 뛰어난 성적을 얻어야 서열이 높은 대학에 진입할 수 있으므로 이를 대비하는 교육사업이 급성장했다. 스탠리 H. 카플란(Stanley H. Kaplan)이 50여 년 전에 시작한 이 산업은 수험 교재, 컴퓨터 소프트웨어, 개인 지도, 그룹 수업 등으로 구성되어 있다. 고등학교의 진학 담당 교사들은 이런 서비스가 SAT 점수를 올리는 데 별 도움이 되지 않는다고 주장하지만 그렇지 않은 것 같다. 한 연구에 따르면 SAT 소프트웨어를 사용한 학생들은 대조군에 비해 거의 17퍼센트나 성적이 올랐다고 한다.[14]

SAT가 성적이 아니라 적성을 측정하며, SAT 준비 과정에서 배운 내용이 적성이나 성취도를 변화시키지 못한다면 이러한 과정은 사회적 낭비일 뿐이다. 그렇지만 이것을 불법화하는 것은 비현실적으로 보인다. 왜냐하면 학생들이 좀 더 은밀하고 발각하기 쉽지 않은 방식으로 과외를 받을 수도 있기 때문이다.

이와 같은 위치군비경쟁을 통제하는 한 가지 방법은 시험의 성격

자체를 바꾸어서 과외수업에 영향을 받지 않게 하는 것이다. 이것이 실제로 1990년도에 시행된 SAT 개정 내용의 주요 골자였다. 물론 SAT 출제 방식을 바꾸어도 학생들은 계속 성적 향상에 투자할 것이다. 그러나 이런 투자로도 점수가 거의 변하지 않도록 SAT를 개정하는 것은 학생과 학부모의 지지를 받을 만하다.

법과 공공정책: 평화를 위한 구속

7장에서 보았듯 노동자들의 경쟁은 다양한 위치군비협정을 유발한다. 수많은 법률, 규제 그리고 공공정책은 이를 줄이기 위한 집단적 합의라고 할 수 있다.

산업안전에 관한 규제를 예로 들어 보자. 이미 200여 년 전에 애덤 스미스는 작업장의 안전규정 등 바람직한 근로조건을 도입하면 반드시 비용이 수반된다고 강조했다. 안전장치가 부착된 기계는 그렇지 않은 기계보다 구입과 유지에 비용이 많이 든다. 스미스는 노동시장에서 기업들의 경쟁이 이런 문제를 최적의 방법으로 해결할 것이라고 주장했다. 기업들은 장치를 설치하는 비용이 그로 인해 얻어지는 편익보다 적거나 동일할 경우에만 그 기계를 구입한다는 것이다. 이런 손익계산을 하지 않아 안전장치를 구비하지 않으면 안전장치를 구비한 경쟁 기업에 노동자를 빼앗길 가능성이 높다.

명시적이지는 않지만 스미스의 주장에서 중요한 가정은 노동자들이 보수는 좋지만 위험한 직업을 택할지를 결정할 때는 상대소득이 아닌 절대소득을 본다는 것이다. 그러나 모든 경험적 자료가 보여주듯 근로자가 상대소득에 관심을 가지면 마치 아이스하키 선수가 헬멧을 쓸지 말지 결정하는 것과 같은 방식으로 위험한 직업을 선택할지 결정한다. 아이스하키 선수들이 경쟁에서 우위를 확보하기 위해 헬멧을 쓰지 않으려는 유혹을 느끼는 것처럼 노동자도 더 높은 경제적인 지위로 올라가고픈 유혹이 생긴다. 그리고 마치 아이스하키 경기에서 상대 팀도 동시에 승리할 수 없듯 모든 노동자가 자신의 상대적인 경제적 지위를 상승시킬 수는 없다. 그러므로 만일 모든 노동자가 위험한 직업을 선택한다면 그들의 소득분포도상에서의 상대적 위치는 변화가 없을 것이다.

시장제도를 비판적으로 보는 사람들은 시장 지배력을 가진 기업이 노동자를 착취할 수 없도록 안전규제가 필요하다고 주장해 왔다. 그러나 산업안전규제는 가장 경쟁적인 노동시장에서 가장 강력한 구속력을 발휘한다. 이런 규제는 상대적인 지위 향상을 목적으로 하는 경쟁의 부정적 결과를 완화하기 위한 장치로 보는 것이 타당하다.

7장에서 우리는 노동자들이 노동시간을 결정할 때 위치군비경쟁에 빠진다는 것을 알았다. 노동자들은 상대적으로 우월한 지위를 얻기 위해 노동시간을 늘리고 싶어 하지만 모든 노동자가 노동시간을 늘리면 상대적 지위는 변하지 않는다. 그래서 노동자들은 노동시간을 제한하려 하기 때문에 공정근로기준법(Fair Labor Standard Act)에도 노동시간을 제한하는 규정이 있는 것이다. 이 법에 따르면 노동자들이 정해진 시간 외에 근로를 할 때 기업은 초과근로수당을 지급하게 되어 있다. 그러므로 이는 노동시간을 제한하는 강력한 동기가 된다.

영업시간을 제한하는 주 정부의 법령 역시 이와 동일한 문제를 해결하기 위한 것이다. 예를 들어 어떤 주에서는 최소한 일요일에는 미용업, 일반소매업, 주류판매업, 자동차판매업, 정육점, 담배판매업 등의 영업활동을 금지하고 있다.[15] 이런 법령을 청색법(blue laws)이라고도 부르며 몇몇 주에서는 이 법령의 목적이 주당 노동시간을 줄이는 데 있음을 명시하고 있다.[16]

사회보장법(Social Security Act) 역시 위치군축협정의 기능을 한다. 이 법률에 따라 평생 근로소득에 세금이 매겨지며 그 수입은 퇴직자들의 연금으로 사용된다. 시장경제 시스템을 비판하는 사람들은 사회보장 프로그램이 없으면 소비자들은 그럴듯한 광고에 속아 넘어가 노년에 대비해 저축할 돈을 몽땅 써 버리기 때문에 이 제도가 있는 거라고 주장한다. 아마 그럴지도 모른다. 그러나 광고에 속아 넘어가는 사람이 없어도 사회보장제도는 매력 있는 프로그램으로 평가될 것이다.

다시 말하지만 소비가 주는 만족은 상대적이다. 부모는 노후를 위해서 소득의 일부를 저축할 것인지 아니면 학군이 좋은 곳에 집을 사거나 기타 소비를 위해 현재 소득을 써 버릴 것인지를 선택해야 한다. 안전 문제나 영업시간과 관련된 결정에서 본 것처럼 위치적 군비경쟁의 압력 때문에 사람들은 두 번째를 선택하기 쉽다. 그러나 이런 선택이 모이면 그 효과는 실망스러울 수밖에 없다.

정부에서 시행하는 연금 프로그램은 개개인의 소득 중 일정 부분을 소비할 수 없게 함으로써 이런 딜레마를 해결한다. 소비자들이 완전한 선견지명을 가지고 있어서 광고에 현혹되지 않는 사회에서조차 연금 프로그램은 매력적으로 여겨질 것이다.

정치자금법도 위치군축협정의 또 다른 사례다. 홍보비로 수백만 달러를 추가 지출하면 당선 가능성을 높일 수 있을 것이다. 그러나 상대 후보 역시 같은 비용을 지출하면 처음의 승률과 비슷한 상태로 되돌아가게 된다. 두 후보 모두 지출을 줄여도 결과는 비슷할 것이다. 장기간에 걸쳐 선거비용이 급상승하는 것을 보고 나서야 의회는 이 간단한 논리를 깨달았고 곧이어 대통령 후보의 선거비용을 제한하는 법률을 제정했다.

엄청난 정치자금이 필요하면 후보자가 정치적 매춘부가 되어 정책 문제에 대한 입장을 왜곡하거나 공익에 부합하지 않는 공약을 남발할 수도 있다는 가능성 때문에라도 선거자금 규제는 필요했다. 앞에서 우리가 본 사례는 경쟁적인 투자로 최종 산출물의 가치가 높아지는 경우가 대부분이었다. 그러나 정치인들의 투자는 부정적인 결과만 낳는다.

소득세, 소비세, 특별소비세 역시 위치군축협정의 또 다른 예다. 지위 추구를 위한 낭비적 지출을 막는 것은 특별소비세에서 가장 명확히 드러난다. 반대로 소득세와 소비세(판매세)의 주된 목적은 정부의 재정수입 확보다. 그러나 다른 모든 세금과 마찬가지로 여기에도 부작용이 있다. 예를 들어 소득세는 근로 활동과 투자 활동에 따른 순이익을 감소시키므로 투자 의욕과 근로 의욕을 저하시킨다. 소비세 역시 소비를 억제하고 저축을 장려한다. 세 가지 세금 모두 승자독식시장에 참여한 사람들의 능력 향상에 따른 투자수익을 감소시키기 때문에 위치군축협정으로 효과가 있는 것이다.

결혼제도의 일부일처제

아마도 동물의 왕국에서 가장 치열하게 전개되는 승자독식경쟁은 짝짓기일 것이다. 인간이나 동물이나 가장 격렬한 싸움은 수컷들 간의 암컷 쟁탈전이다. 이는 암수가 가진 번식 전략이 다르기 때문에 나타나는 현상이다. 대부분의 암컷은 새끼를 임신하고 돌보는데 많은 투자를 하지만 수컷에 비해 생식능력이 제한적이다. 반면 수컷들이 번식에 기여하는 바는 엄청난 양의 정자를 뿌려 대는 것뿐이다.

결국 한 마리의 수컷은 이론적으로 거의 무한정으로 새끼를 낳을 수 있다는 의미다. 자연선택에 의해 진화가 이루어진다는 다윈의 이론에 따르면 각 개체의 목표는 자신의 유전자를 가능한 한 많이 복제해 다음 세대에 전달하는 것이다. 이 때문에 수컷들은 엄청난 판돈을 걸고 유전자 토너먼트를 벌인다. 예를 들어 바다표범의 경우 번식기 수컷의 단 4퍼센트가 모든 새끼의 90퍼센트를 낳는다.[17]

이렇게 많은 것이 걸린 승자독식경쟁이다 보니 수컷들은 유리한 자리를 얻기 위해 모든 노력을 아끼지 않는다. 바다표범 수컷은 암컷에게 접근하기 위해 피비린내 나는 전투를 벌이기도 한다.

인간 남자의 번식 능력은 다른 종과 비교하면 편차가 적은 편이지만 그래도 상당히 크다. 데이터를 확보할 수 있는 과거와 현재의 모든 인간 사회 중 85퍼센트는 일부다처제 사회였다. 이런 사회에서 신분이 높은 남자들은 대부분 수많은 부인을 거느리고 경이적인 번식 능력을 보여 주었다. 한 예로 17세기 후반부터 18세기 초까지 모로코 사드 왕조의 마지막 황제였던 물레이 이스마일(Moulay Ismail)은

천 명이 넘는 자식을 두었다.[18]

인간 사회에서는 배우자를 찾기 위한 경쟁이 심해지는 것을 억제하기 위해 두 가지 기본적인 전략을 사용해 왔다. 그중 하나는 사회적으로 높은 지위를 얻기 위한 경쟁 자체를 원천 봉쇄하는 것이다. 최고의 지위 그리고 그 지위로 부인을 여러 명 거느릴 수 있는 자격은 신분을 통해서만 획득할 수 있도록 했다. 전통적인 사회에서는 이런 것이 비교적 효과적인 전략이었지만 현대사회에서 일반화되고 있는 전략은 법률을 제정해 2명 이상의 배우자를 두지 못하게 하는 것이다.

물론 일부일처제로도 배우자 쟁탈전을 완전히 없애지는 못한다. 많은 사람이 '이상적인 배우자감(high quality mate)'에 공통된 인식이 있는 한 일부일처제는 가장 바람직한 배우자를 얻기 위한 경쟁을 막지 못할 것이다. 그리고 그 사회가 이혼을 허용하고 있다면 이혼과 결혼을 반복하는 행위는 결국 일부다처제의 또 다른 형태에 지나지 않는다. 〈투나잇 쇼〉 진행자 조니 카슨(Johnny Carson) 같은 부유한 남자가 매력적인 여러 여성의 생식능력을 독점하는 것이 바로 그 예다.[19] 그러나 일부일처제가 완전한 것은 아니지만 이 법마저도 없다면 배우자를 둘러싼 경쟁은 더욱 치열하게 전개될 것이다.

미래에 발생할 문제들: 유전자 검사

마지막으로 신기술로 인해 등장이 거의 확실시되는 또 다른 위치 군비경쟁이 있다. 이는 유전자 검사와 조작으로 자녀를 골라 낳는 능력이다. 태아의 유전적 결함을 알기 위한 양수천자검사에서 보듯 이런 기술은 제한적이기는 하지만 이미 사용되고 있다. 이 검사는 기형아가 될 위험이 있는 태아를 사전에 확인해 낙태할 수 있게 해준다. 그리고 부모들이 자녀의 성별을 선택할 수 있게 도와주는 검사도 있다.

기형아를 낙태시키거나 자녀의 성별을 알아내는 기술 자체는 위치군비경쟁을 유발하지 않는다. 낙태의 도덕적 문제를 일단 논외로 한다면 기형 유전자를 사전에 선별해 내는 일은 부모와 사회 전체에 이익이 된다. 성별을 감별하는 기술이 어떤 사회에서는 성비 불균형을 초래할지도 모른다고 우려하는 사람들이 많다. 실제로 중국에서는 정부가 초음파검사와 낙태를 허용하고 1가구 1자녀 정책을 실시하자 15세 이상 연령대에서 여자 2명당 남자 3명이라는 불균형적인 성비가 나타났다. 이는 "20세기 말부터 21세기 초에 태어난 수천만 명의 남자들이 배우자를 찾지 못해 평생 독신으로 산다"라는 의미다.[20]

이 같은 인구학적 불균형으로 인해 중국에서는 이미 여성들의 경제적·사회적 지위가 강화되는 현상이 나타나기 시작했다. 시간이 지나면 부모가 더 균형 있는 방향으로 자녀의 성별을 조절해 나감으로써 이 문제를 해결할 것이다. 대부분의 부모는 손자를 보고 싶어 하는데 이 바람은 자녀의 성별이 균형을 이루어야만 가능하기 때문이다.

인간게놈프로젝트가 진행되면서 유전자 감별과 조작 기술도 발전할 것이다. 그리고 이런 생명공학 기술은 태아의 성별을 알아내거나 심한 기형아를 예방하는 것보다 훨씬 더 나쁜 일을 가능하게 할 수 있다. 예를 들어 감별이나 조작 기술로 아이의 키를 선택할 수 있다고 해 보자. 일반적으로 운동경기를 할 때 다른 선수보다 키가 크면 훨씬 유리하다. 테니스 같은 종목에서는 차이가 크지 않겠지만 농구 같은 종목에서는 그 차이가 아주 크게 나타난다. 자신의 경쟁자들보다 키가 크면 약간의 경제적·사회적 이점을 누릴 수 있다. 예를 들어 몇몇 예외를 제외하고는 대통령에 당선된 사람들은 언제나 상대 후보보다 키가 컸다.[21] 피츠버그대학교에서 실시한 연구에 따르면 키가 185센티미터 이상인 남자는 180센티미터 미만인 남자보다 12.4퍼센트 더 많은 소득을 올린다고 한다.[22]

성별을 감별하거나 기형아를 판별하는 것과 달리 아이의 키를 조절하면 개인적 이해와 사회적 이해가 충돌한다. 모든 부모가 키 큰 자녀를 원하면 전체 인구의 평균 신장이 커질 것이다. 그러나 다른 사람보다 키가 큰 것이 개인적으로는 유리할지 모르지만 사회적으로는 평균 신장이 크다고 해서 얻는 혜택은 없다. 오히려 어느 수준을 넘어서면 장애가 될 수도 있다. 키 큰 사람은 식량을 많이 소비할 뿐 아니라 관절 질환에 걸릴 위험이 높기 때문이다.

이런 형태의 위치적 군비경쟁에 대응하는 방법은 그냥 무시해 버리는 것이다. 다윈이 말한 자연선택론에 따라 생명체가 진화해 오면서 위치적 군비경쟁은 아무런 방해 없이 이루어졌다. 자연선택을 거듭하면서 인간의 키는 이미 적정선을 넘어섰다. 하지만 의도적이고 규제되지 않은 유전자 조작은 집단의 개입 가능성을 고려할 만큼 심각한 문제가 될 수 있다.

극단적이기는 하지만 아주 불가능한 것도 아닌 사례를 하나 살펴보자. 지능을 높여 주는 것은 아니지만 SAT처럼 표준화된 시험에서 99퍼센트의 성공률로 다른 아이보다 15퍼센트 더 높은 점수를 받는 아이를 낳게 해 주는 저렴하고 손쉬운 유전자 조작 기술이 있다고 가정해 보자. 그러나 나머지 1퍼센트의 경우는 시험 성적은 좋아지지 않고 오히려 심각한 정신질환을 겪게 된다고 하자. 이것은 실로 냉혹한 도박이지만 기꺼이 이런 모험에 뛰어드는 부모도 많을 것이다. 그런 부모는 어쨌든 자신의 아이 중 99퍼센트는 뛰어난 능력으로 승자가 되어 다른 아이를 최고의 학교와 직장에서 밀어낼 것이라고 생각한다. 이 경기에 기권한 부모는 유전적으로 '조작되지 않은' 자신의 자녀가 점점 뒤처지는 것을 보면서 모험하지 않은 것을 후회하게 된다. 점점 더 많은 사람이 유전자 조작에 참여하면 남은 사람도 압박이 점점 커질 것이다.

이런 가상 사례를 통해 알 수 있듯 개인적으로는 시험 점수가 올라가므로 유전자 조작을 통해 얻는 것이 있겠지만 사회 전체로는 아무것도 얻는 것이 없다. 유전자 조작으로 더 똑똑해지지도 않을뿐더러 모든 사람의 시험 점수가 똑같이 15퍼센트 올라간다면 진학하는 학교 역시 변화가 없을 것이다. 비록 전체의 1퍼센트에 불과하더라도 유전자 조작으로 손해를 본 부모와 사회가 치러야 하는 대가는 엄청나다. 그렇다면 많은 부모가 한편으로 유전자 조작에 참여하면서도 동시에 그것이 알려지지 않기를 바랄 것이다. 결국 어떤 형태로든 위치적 군비경쟁 장치가 도입되어야 한다는 데 사람들의 의견이 일치할 것이다.

그러나 현재 사용 가능한 기술의 특성을 고려하면 규제가 그리

단순할 것 같지는 않다. 운동선수들의 스테로이드 복용을 검사하는 기술이 불완전한 것처럼 유전자 조작을 감시하고 통제하는 것 역시 어려울 것이다. 그나마 그렇게 골치 아픈 문제가 아직은 가시화되지 않았기 때문에 다행이라 할 수 있다. 하지만 이런 평화는 그리 오래가지 않을 것이므로 문제를 해결하기 위한 정책을 고려할 때가 되었다.

10장

승자독식사회 속 대중문화는 어디로 가는가

● 〈뉴욕타임스〉 서평에서 평론가 미치코 가쿠타니(Michiko Kakutani)는 젊은 베스트셀러 작가의 작품을 이렇게 평가했다.

—— 브렛 이스턴 엘리스(Bret Easton Ellis)가 쓴 3권의 전작《회색 도시(Less Than Zero)》,《뒤로 가는 연인들(Rules of Attractioni)》,《아메리칸 사이코(American Psycho)》 이후 독자들은 그가 쓴 소설의 특징을 매우 잘 알고 있다. 그건 공허하고 냉소적인 젊은이들의 의미 없는 삶, 마약 복용, 무절제하고 때론 폭력적인 섹스 그리고 윤간이나 고문 또는 사지 절단 같은 충격적인 범죄들이다. 그의 최신작《인포머스(Informers)》도 예외는 아니다. 그 작품에는 또 다른 젊고 방탕한 허무주의자들과 그들 못지않게 부도덕한 부모들이 등장한다. 그 줄거리는 그의 소설에서 흔히 나타나

는 마약과 에어로빅과 섹스와 나르시시즘적인 자기 집착만이 유일한 활동인 로스앤젤레스를 배경으로 전개된다. 여러 주인공 사이에는 상대를 가리지 않고 불륜이 발생한다. 사실 불륜이라기보다 맥 빠지고 열정 없는 교미에 지나지 않는다. 약물을 복용한 주인공들이 몽롱한 상태에서 불평하는 장면이 자주 나오며 마지막에는 살인을 하고 사람의 손발을 자르는 장면이 소름 끼칠 정도로 자세하게 묘사되어 있다.[1]

이 서평이 나온 지 얼마 뒤에 〈뉴욕타임스〉는 〈올리버 스톤의 킬러(Natural Born Killers)〉에 대한 영화평을 실었다. 이 영화는 정신병을 앓고 있는 두 살인자가 자극적인 텔레비전 프로그램에 연이어 출연한 뒤 유명 인사가 되는 과정을 그리고 있다. 올리버 스톤(Oliver Stone) 감독은 "처음에는 이 영화를 풍자로 찍었습니다. 하지만 그건 메넨데스 형제, 보빗 부부, 에이미 피셔와 조이 버터푸코, O. J. 심슨 (친족 살해 등 잔인한 범죄를 저지른 인물들-옮긴이)이 등장하기 전이었어요. 이 영화는 이제 풍자가 아니라 현실이 되어 버렸습니다."[2]

어린이 대상 프로그램도 나쁜 방향으로 가고 있다. 폭력적인 장면은 황금 시간대보다는 아침이나 오후에 방송되고 있기는 하지만 유선방송의 보급으로 아이들은 전보다 더 노골적인 폭력물을 볼 수 있게 되었다. 심지어 주로 뮤직비디오를 방영하는 MTV조차 영상의 절반가량은 적어도 한 가지 이상의 폭력적인 내용을 포함하고 있다.[3]

게임도 마찬가지다. 닌텐도와 세가를 비롯한 게임 회사에서 만든 초창기 게임에도 폭력적인 장면이 나오지만 요즘 나오는 게임만큼 적나라하지는 않았다. 미드웨이의 인기 게임인 모탈 컴뱃(Mortal Kombat)에서는 '사람의 몸에서 심장이 튀어나올 때까지 두드려 패는 끔찍한 장면'을 보여 주고 있다.[4]

사회비평가들은 최근 들어 대중문화가 더욱 저속하며 선정적이고 폭력적으로 변했다는 주장을 뒷받침하기 위해 앞에서 말한 사례를 든다. 반면 이런 비난을 고상한 척하는 사람들의 주장이라고 반박하면서 문화에 대한 평가는 본질적으로 주관적이므로 이에 대해 논란을 벌이는 것은 의미가 없다고 하는 회의론자들도 있다. 회의론자들의 주장을 뒷받침이라도 하듯 〈뉴욕타임스〉의 또 다른 평론가인 컬럼비아대학교 교수 조지 스테이드(George Stade)는 엘리스의 《인포머스》에 상반된 평가를 내렸다. "엘리스는 사실은 숨은 도덕주의자 또는 은둔형 감상주의자일지도 모른다. 그는 특정한 도덕적 메시지를 강요하지 않고 비판적인 독자건, 쉽게 흔들리는 독자건, 또는 나처럼 그의 지식과 재주를 찬양하는 독자건 가리지 않고 자신의 의견을 형성할 수 있는 공간을 제공한다."[5]

회의론자들은 이렇게 물을 것이다. 만약 〈뉴욕타임스〉에 서평을 쓰는 평론가들조차 1권의 책이 예술 작품인지 쓰레기인지 합의하지 못한다면 고상한 비평가들은 자신의 경건한 의견 외에 대체 어디에 기준을 맞춰 대중문화를 판단한다는 말인가?

회의론자들은 비평가들이 그토록 혐오스럽게 여기는 콘텐츠에도 불구하고 우리의 문화는 과거 어느 때보다 더 다양해졌다고 주장한다. 한편 비평가들은 겉으로 보이는 다양성은 환상에 불과하다고 반박한다. 유선방송과 비디오의 보급으로 볼거리들이 다양해졌지만 정작 볼 만한 것은 거의 없다는 것이다. 보통 이쯤 되면 대중문화에 관한 논쟁은 막다른 지점에 이른 것처럼 보인다. 취향에 관한 문제이니 결론 내리기가 어려워진다.

라흐마니노프가 롤링 스톤스보다 뛰어나다고 우겨 봤자 얻을 것은 없다. 그러나 대중문화를 움직이는 원리를 분석해 보면 식상한 논쟁을 새롭고 유익한 방향으로 이끌어 줄 통찰을 얻을 수 있다. 최근 심화되고 있는 승자독식시장은 자유시장주의자에게도 호감을 주지 못하는 방향으로 대중문화를 이끌어 왔다. 사람들이 현명하지 못한 선택을 한다는 것이 아니라 그 선택이 모여 그들이 원하고 기대했던 것과 매우 다른 모습이 나타났기 때문이다.

철저한 승자독식의 원리로 돌아가는 곳

승자독식시장을 형성하는 요소를 살펴보면 문화와 관련된 수많은 시장이 승자독식시장이라는 사실이 분명해진다. 공급 측면에서 보면 현재 대부분의 문화 시장은 가장 인기 있는 실력자들의 서비스를 매우 낮은 가격에 재생산하는 형태를 띠고 있다. 영화, 텔레비전, 라디오, 음반, 도서, 신문 덕분에 우리는 세계에서 가장 재능 있는 배우, 코미디언, 가수, 작가, 칼럼니스트, 뉴스 진행자를 언제든 접할 수 있다.

수요 측면에서 보아도 문화 시장은 승자독식시장을 야기한 여러 원리에 의해서 움직이고 있다. 책, 영화, 스포츠, 텔레비전 등은 종종 그 자체만으로도 충분히 재미있지만 대부분의 사람은 그 내용을 친구들과 이야기하는 것을 좋아한다. 팩스를 가진 사람이 많으면 팩스의 활용도가 높아지듯 어떤 항목이 인기가 높으면 거기 참여하는 것이 훨씬 가치 있는 일이 된다. 예를 들어 전 세계 텔레비전 시청자들은 1981년 여름, 드라마 〈댈러스(Dallas)〉를 보며 '누가 JR을 쏘았는가?'를 추측하느라 즐거운 시간을 보냈다. 마찬가지로 인기 있는 문화 상품은 그것을 소비하지 않는 사람에게 대가를 요구할 수 있다. 예를 들어 1970년대 남성 사무직 근로자들은 〈월요 미식축구(Monday Night Football)〉를 보지 않으면 다음 날 아침 휴게실에서 벌어지는 대화에 참여할 수 없었다.

인기가 주는 네트워크 효과와는 별개로 합리적인 소비자라면 당연히 어떤 책을 읽을지, 어떤 프로그램을 볼지 결정할 때 상품의 인기도를 품질에 대한 지표로 사용할 것이다. 도널드 트럼프가 자신의 책 《거래의 기술(Art of the Deal)》을 수천 권 구입해 베스트셀러로 만들었다는 보도가 나왔을 때 비평가들은 그가 병적인 자기집착증을 드러낸 것이라고 평가했다. 그 말이 맞을지도 모르지만 어쨌든 트럼프는 교활한 기업가다. 책이 베스트셀러에 올라가면 수천 명의 독자가 그 책을 추가로 구입하므로 트럼프의 행동은 수익 면에서 봐도 합리적이었다.

물론 《거래의 기술》을 읽거나 애니메이션 〈비비스와 버트헤드(Beavis and Butt-Head)〉를 본 사람이라면 상품의 인기가 품질을 보장해 주는 것은 아니라는 사실을 알 것이다. 하지만 별다른 정보를 갖고 있지 않은 평범한 소비자라면 인기 있는 책이나 프로그램이 자신의 구미에 맞을 것이라 생각하는 게 합리적이다.

문화 상품에 대한 우리의 선호도는 마케팅에 영향을 미친다. 앞에서도 여러 번 말했지만 어떤 상품이 초기에 성공을 거두지 못하면 나중에도 성공할 가능성은 희박해진다. 출판 후 첫 한 달 동안 잘 팔리지 못한 책들은 출판사에 반품되며 새로 나온 책에 공간을 양보해야 한다. 마찬가지로 개봉한 뒤 많은 관객을 동원하지 못한 영화는 다음 개봉 영화를 위해 간판을 내린다.

조급한 경쟁이 가져온 영향

얼핏 보면 초기 성공의 압력은 문화 상품의 질을 떨어뜨리지 않고 높이는 경향처럼 보일 수 있다. 구매자들이 진정 원하는 것이 높은 품질이라면 생산자들은 왜 품질 좋은 상품으로 초기 시장을 장악하지 않을까?

구매자들이 품질을 중요하게 생각하기는 한다. 사회비평가들이 대중문화를 비난하지만 세대별로 우수한 문화 상품이 많이 생산되어 왔다. 대공황이 절정이던 시절에도 영화 관객들은 찰리 채플린(Charlie Chaplin)의 〈모던 타임스(Modern Times)〉를 보기 위해 극장으로 몰려들었다. 이 영화는 코믹한 장면과 더불어 통렬한 사회적 비판을 담고 있어 관객들의 많은 사랑을 받았다. 1950년대에 재키 글리슨(Jackie Gleason)이 출연한 텔레비전 시리즈물을 재방송한 〈더 허니무너스(The Honeymooners)〉는 변덕스러운 결혼 생활을 그리며 시청자를 사로잡았다. 조지프 헬러(Joseph Heller)의 〈캐치 22(Catch-22)〉는 관료제의 본질을 다루고 있음에도 사람들에게 배꼽 잡는 웃음을 주었다. 존 르 카레의 첩보 소설은 처음부터 베스트셀러에 올랐다.

이는 신선한 문체("낮에는 음침하고 습했으며 저녁이 되어도 다시 아침이 시작된 것 같았다") 때문이기도 하지만 인간 본성에 대한 통찰 덕분이기도 했다. 스티븐 스필버그의 영화 〈쉰들러 리스트(Schindler's List)〉는 역사상 가장 암울했던 시기를 3시간에 걸쳐 묘사한 영화였지만 관객들은 그 경험을 통해 풍요로운 느낌을 받을 수 있다는 것을 증명했다.

그렇지만 품질이 좋다고 해서 상업적 성공이 보장되는 것은 아니다. 사실 각국의 도서관은 결코 상업적이지는 않지만 좋은 책으로 가득하다. 책을 사려는 사람들은 그야말로 수천 권의 신간에 둘러싸여 있다. 그리고 그 책들이 평균적으로 어느 정도 수준이든 오직 몇 권만이 기억에 남는다.

출판사가 2권의 책 중 하나만 출판해야 한다고 하자. 2권 모두 품질이 매우 좋지만 첫 번째 책이 두 번째 책보다 조금 더 낫다. 그런데 첫 번째 원고는 무명작가가 썼고 두 번째 원고는 유명 작가가 썼거나 더 명쾌하고 간결하게 메시지를 담고 있다면 어느 책을 출판해야 할까?

사실 모든 출판사가 그렇겠지만, 이익을 내야 하는 출판사라면 주저하지 않고 두 번째를 선택할 것이다. 결국 첫 번째 책과 거의 차이가 없으면서 초기에 독자의 관심을 끌 가능성이 높기 때문이다. 두 책의 품질에 상당히 차이가 난다면 출판사는 고민할 것이다. 그러나 거시적인 시각에서 보면 대중적으로 성공한 작가의 선정적이고 단순하며 상투적인 원고를 출판해서 수익을 추구할 수밖에 없다.

이런 결정은 다른 출판사에도 영향을 미친다. 모든 출판사가 초반에 독자의 관심을 끌 만한 저품질의 책을 출판하기 시작하면 어떤 원고가 출판 가능한지에 대한 기준이 낮아질 것이다. 마찬가지로 출판되는 책이 주로 유명 작가가 쓴 선정적이고 가벼운 책이라면 독자들의 수준 역시 낮아질 것이다. 그리고 이것은 다시 앞의 과정을 반복하며 책의 질을 떨어뜨릴 것이다. 브렛 이스턴 엘리스가 쓴 책만 따로 떼어 놓고 보면 1940년대라면 결코 출판될 수 없었을 기이한 일탈처럼 보일지 모른다. 그러나 지금까지 출판 시장의 역동적 흐름을 살펴보면 그 책들이 출판된 것이 그리 놀라운 일은 아니다.

이와 비슷한 역학관계가 영상 산업에서도 성립한다. 모든 제작자는 신속하게 작품을 만들어 배급할 생각만 하기에 이미 인기를 얻고 있는 소수의 배우, 감독, 각본가를 구하기 위해 치열한 경쟁을 벌인다. 이에 따라 영화사들은 초기에 많은 관객을 끌어들일 목적으로 성공한 영화의 속편 제작에 주력해 왔다. MCA유니버설의 편집자 겸 제작자였던 버나 필즈(Verna Fields)는 이렇게 말한다. "제작자들은 돈을 투자하지만 대담하고 실험적인 시도를 할 용기가 없습니다. 하지만 저는 그들을 비난할 생각은 없습니다. 그들은 안전을 원하죠. 그들은 〈죠스〉가 돈을 벌었으니 〈죠스 2〉도 성공할 거라는 걸 알고 있습니다. 그들은 검증된 것을 원해요. 새로운 시도를 좋아하지 않는다고 탓할 수는 없습니다."[6]

〈뉴욕타임스〉의 영화비평가 재닛 매슬린(Jnnet Maslim)은 〈죠스〉가 현대 블록버스터 시대의 개막을 알린 영화라고 주장한다. 영화 한 편이 연령과 지역을 막론하고 사람들의 눈과 귀를 사로잡을 수 있다는 사실을 극적으로 증명한 것이다. 매슬린은 1970년대 〈죠스〉가 나오기 전의 영화 관객들은 좁은 관객층을 겨냥한 혁신적이고 기발한 영화를 선택할 수 있었다고 주장한다. 예를 들어 〈비열한 거리(Mean Street)〉, 〈컨버세이션(The Conversation)〉, 〈차이나타운(Chinatown)〉, 〈맥케이브와 밀러 부인(McCabe and Mrs. Miller)〉, 〈내쉬빌(Nashville)〉, 〈콜 걸(Klute)〉, 〈콘돌(Three Days of the Condor)〉, 〈지금 보면 안 돼(Don't Look Now)〉 그리고 초기 우디 앨런(Woody Allen)의 작품 등이다.[7] 그러나 1990년대의 관객은 〈비버리 힐스 캅 3〉, 〈나 홀로 집에 2(Home Alone 2)〉, 〈리셀 웨폰 3(Lethal Weapon 3)〉, 〈터미네이터 2〉, 〈에일리언 3(Alien 3)〉, 〈배트맨 2(Batman Returns)〉 같은 영화 중에서 한 편을 골라야 한다. 〈조지 왕의 광기(The Madness of King George)〉 같은 영화는 원래《조지 3세의 광기(The Madness of George III)》라는 영국 희곡이 원작이었지만 혹시 관객들이 1, 2편을 못 봤다고 생각할까 봐 제목을 바꿔 버린 사례다. 매슬린은 이렇게 말한다.

—— 1970년대에는 상업적인 성공을 포기하고 예술적인 작품을 만드는 것이 더 가치 있는 일이라는 분위기가 있었다. 이는 1970년대 초와 오늘날의 창작 분위기를 구분하는 중요한 특징이다. 피터 보그다노비치(Peter Bogdanovich)는 1971년 뛰어난 저예산 영화 〈마지막 영화관(The Last Picture Show)〉으로 명성을 얻었지만 최근 리버 피닉스 주연의 〈콜 잇 러브(The Thing Called Love)〉가 극장 개봉에서 실망스러운 성적을 거두자 바로 비디오 시장으로 넘어가기도 했다. 피터 보그다노비치가 오늘날처럼 냉혹하고 수익 지향적인 분위기에서 영화를 시작할 수 있었을지 자문한다면 그 답은 아마도 '아니다'일 것이다.[8]

출판업계와 마찬가지로 영화업계도 작품의 질을 평가하는 기준은 지난 시즌의 작품이다. 모든 영화사가 상영 초기에 관객의 관심을 끌기 위해 품질이 다소 떨어지는 영화를 제작하면 의도하지 않아도 결국 영화 시장 전체의 질도 떨어진다. 이 과정에서 다음 시즌에도 비슷한 절충안이 반복되는 사이클이 시작된다.

시장의 구매자 측면에서도 마찬가지로 한 편의 영화가 관심을 끄는 기준은 상황에 따라 달라진다. 이전 시즌에 관객을 놀라게 했던 장면이나 주제가 다음 시즌에는 큰 주목을 받지 못할 가능성이 높다. 어느 한 해만 놓고 보면 영화의 선정성은 전 시즌과 비교할 때 미미해 아무런 평가가 없을 수도 있다. 그러나 이러한 변화가 수십 년 동안 누적되면서 이제는 그 효과가 엄청난 수준에 이르렀다.

출판업계나 영화업계에서만 선정성이 문제가 되는 것은 아니다. 선정성이 가장 두드러지게 증가한 곳은 저녁 시간의 텔레비전 프로그램이다. 한때 슈퍼마켓 카운터에서 판매되는 주간 신문에서나 볼 수 있던 선정적인 타블로이드 저널리즘이 저녁 7시에서 8시 사이의 '데드 아워(Dead Hours)'에 처음으로 텔레비전에 진출했다.[9] 초기의 타블로이드 뉴스 프로그램은 지역 방송국에서 독립적으로 만들었으며 무명 앵커들이 진행했다. 그러다 점차 중앙 방송국에서 직접 만들게 되었고 유명 앵커들이 진행하는 가운데 시청률이 높은 황금 시간대에 배치되었다.

심지어 심야 뉴스도 점차 타블로이드 저널리즘의 성격을 띠게 되었다. 이 변화를 직접 느껴 보기 위해 이렇게 상상해 보자. 1968년 올림픽 피겨스케이팅 부문에서 금메달을 딴 페기 플레밍(Peggy Fleming)

이 경기 직전 자신의 라이벌을 공격했다. 앵커 월터 크롱카이트가 플레밍과 인터뷰하기 위해 프랑스 그르노블 올림픽 선수촌을 헤매면서 다른 타블로이드 언론의 기자들과 경쟁하고 있다. 상상이 되지 않는다고? 그러나 그로부터 26년이 지난 1994년, 릴레함메르 동계올림픽에서 스케이팅 선수 토냐 하딩의 지인이 라이벌 선수를 폭행했던 사건을 취재하기 위해 CBS의 앵커 코니 청(Connie Chung)은 릴레함메르를 여기저기 뒤지며 토냐 하딩을 찾아 헤맸다. 그리고 이 장면을 심야 뉴스로 지켜본 시청자들은 아무도 놀라지 않았다.

정치 기사 역시 시장의 힘으로부터 자유롭지 않았다. 정치학자 토머스 패터슨(Thomas Patterson)은 최근의 저서에서 방송 매체가 정치 기사를 다루는 방식이 근본적으로 변했다고 지적한다.[10] 그는 베트남전과 워터게이트 사건 이전에는 대부분의 언론인이 사실에 입각해 정치인들을 비평했다고 주장한다. 이후 언론인들은 점차 새로운 전략을 따랐다. 어떤 이슈에 정치인이 어떤 입장을 취하고 있는지 자세히 분석하기보다 그의 정적에게 접근해 논평을 부탁한다. 그리고 그 정적이 재빠르게 알아차렸듯이 그들의 비평이 냉혹할수록 신문에 실리거나 저녁 뉴스에 보도될 가능성이 높았다.

따라서 시간이 지남에 따라 탐사 저널리즘(investigative journalism)은 공격 저널리즘(attack journalism)으로 대체되었다. 패터슨은 케네디 대통령 이후 모든 대통령이 객관적인 업무 능력과는 상관없이 언론으로부터 점점 더 거친 대우를 받고 있다고 지적한다. 한 예로 빌 클린턴(Bill Clinton) 대통령은 뛰어난 능력을 발휘해 법안을 의회에 통과시켰음에도 불구하고 그 어느 대통령보다도 언론으로부터 부당한 대우를 받았다. 참고로 전후 대통령 중에는 린든 존슨(Lyndon B. Johnson)이 논란이 되는 법안을 가장 많이 통과시켰다. 물론 클린턴에게 전혀 결함이 없다는 소리는 아니다. 그러나 그의 전임자들도 마찬가지로 결함이 있었다. 객관적인 업무 수행상의 차이는 별도로 보더라도 클린턴 대통령은 신문기자들로부터 자신의 전임자보다 더 거친 대우를 받았다.

지난 수십 년 동안 정치평론 분야에도 엄청난 변화가 있었는데 이는 저널리스트 제임스 팰로우즈(James Fallows)가 '유명 저널리스트(celebrity journalist)'라고 불렀던 사람들의 등장 때문이었다. 텔레비전 시대가 개막한 1970년대 이후 성공한 칼럼니스트와 기자들은 맥롤린 그룹(McLaughlin Group) 또는 캐피톨 갱(Capitol Gang) 같은 시사 프로그램에 뉴스 해설자로 초빙되었다. 그런 과정을 겪으면서 그들의 이름은 사람들에게 알려졌고 곧 무역협회 강연 같은 곳에서 수만 달러의 강연료를 받게 되었다.

ABC방송의 제프 그린필드(Jeff Greenfield)는 어느 저명한 뉴스쇼의 진행자가 순회강연에서 겪는 일상을 이렇게 묘사했다.

—— 그는 자리에서 일어나더니 지난달에 백악관에 갔다는 사실을 언뜻 흘리며 이렇게 말한다. "대통령께서 제게 이렇게 말씀하시더군요." 평범한 말을 몇 마디 하고는 청중들의 질문을 받는데 이런 서비스를 제공한 대가로 8천 달러에서 1만 달러를 받는다. 그는 마치 로비스트가 하는 것처럼 정보를 제공한다. 청중들에게 마치 내부자가 된 듯한 느낌을 전달해 주는데 이는

15년이나 20년 전에는 생각할 수 없었던 것이다.[11]

여기에서 우리의 우려는 강연료를 지불한 단체에서 그 액수만큼의 대가를 얻어 내지 못한다는 게 아니다. 그들은 보통 세계적인 단체라 얼마든지 알아서 잘 굴러간다. 펠로우즈가 주장했듯 진짜 문제는 유명 언론인이 되기만 하면 수백만 달러를 벌 수 있다는 유혹이 언론인 지망생들에게 갖가지 해로운 행동을 강요한다는 점이다. 토크쇼 형식의 뉴스 프로그램이 증가하면서 제작자들은 이들에게 정형화된 인물이 될 것을 요구한다. 펠로우즈의 설명에 의하면 토크쇼 제작자는 항상 "진보주의자 1명, 보수주의자 1명, 뛰어난 젊은 비평가 1명 그리고 눈빛이 초롱초롱한 존경받는 권위자 1명"을 원한다고 한다.[12]

그 결과 토크쇼에서 중요한 공공 이슈를 토론할 때 섬세하면서 미묘한 의견 차이가 거의 사라졌다. 양측의 입장을 모두 고려하는 토론자들은 종종 동료 토론자로부터 비난을 받기도 한다. 또 다른 문제는 펠로우즈가 지적하듯 유명 언론인에 대한 수요가 증가하면서 정치적 담론이 비열하고 협박적인 어조로 바뀐 것이다. 결국 토크쇼는 욕설과 인신공격으로 흥미를 유발하는 형식으로 흘러간다. 맥롤린 그룹에 출연하는 로버트 노박(Robert Novak)이 이런 새로운 유형의 토크쇼를 대표하는 주자다. "노박은 자신이 바로 쇼의 주인공이며 끔찍한 행동을 할 때마다 자신의 명성과 강연료가 올라간다는 점을 잘 알고 있다."[13]

비열하고 일방적인 대화는 현대 미디어 시장에서 작동하는 승자독식현상의 불가피한 결과다. 그러나 그것이 과연 더욱 현명한 정책 결정을 내리는 데 도움이 되는지는 알 수 없다.

암묵적인 규범을 지키기엔 보상이 너무 크다

언론과 문화 영역에 승자독식시장이 등장한 것은 결코 새로운 일이 아니며 또한 우리가 선정적이고 자극적인 것에 매혹되는 것도 전혀 새로운 일이 아니다. 그렇다면 최근 대중문화는 왜 그렇게 노골적으로 사람들의 취향에 영합하게 되었을까? 왜 클린턴 대통령의 사생활은 언론의 집요한 취재 대상이 되었지만 케네디 대통령의 사생활은 엄격하게 보호받았을까? 앞에서 한 이야기는 전체의 일부분에 지나지 않는다. 보다 근본적인 문제는 문화 시장에서 상금액이 커졌고 이 상금을 향한 경쟁이 더 개방적으로 변했다는 점이다. 이런 변화들은 모든 선수에게 전통을 깨고 싶다는 유혹을 느끼게 할 뿐 아니라 규범을 유지하는 사회적 단결력도 약화시킨다.

4장에서 잠시 살펴보았듯 언론과 문화 영역에서 상금액이 커지는 이유는 여러 가지다. 예를 들어 과거에는 미국 작가가 출판한 책의 수익 대부분이 미국에서 발생했지만 지금은 해외 시장에서 얻는 수익이 점점 더 커지고 있다. 또한 수익의 대부분을 여러 부가적인 판권 판매에서 얻는 경우가 점점 많아지고 있다. 예를 들어 존 그리샴의 첫 번째 소설인 《타임 투 킬(Time to Kill)》의 영화 판권은 최근 6백만 달러를 벌어들였는데 책 자체의 판매로 벌어들인 수익보다 훨씬 많은 액수였다.[14]

영화 산업의 경우 시장이 전 세계로 커지고 텔레비전 방영 수익금과 비디오 출시로 많은 수익을 올리고 있으며 특히 상표사용권 판매로 수익이 엄청나게 늘어났다. 〈ET(E.T.)〉, 〈배트맨(Batman)〉, 〈쥬라기 공원〉, 〈라이온 킹(The Lion King)〉 같은 영화는 그런 부수적인 수입이 티켓 판매 수입보다 몇 배나 많았다.

텔레비전 업계의 수익은 영화 산업만큼 급성장하지는 않았지만 그나마 해외 수출과 판권에 대한 마케팅이 활발해진 덕분에 늘어날 수 있었다. 이 분야에서도 〈스타트렉(Star Trek)〉, 〈닌자 거북이(TMNT)〉, 〈파워 레인저(Power Rangers)〉 등의 캐릭터 상품 판매로 엄청난 돈을 벌어들였다.

최근 텔레비전과 인쇄 매체에 나타난 더 중요한 변화는 시청자와 독자를 끌어들이려는 공개 경쟁이 더욱 활발해졌다는 것이다. 텔레비전의 경우 이런 움직임은 유선방송의 급증과 방송사의 추가 설립으로 가속화되었다. 인쇄 매체 중에는 텔레비전과 전문 독자를 대상으로 하는 잡지의 경쟁이 치열해졌고 〈USA 투데이(USA Today)〉 같은 전국지가 새로 발간되었으며 〈뉴욕타임스〉와 〈월스트리트 저널(The Wall Street Journal)〉의 발행 부수가 증가하면서 경쟁이 더욱 치열해졌다.

이익이 커지고 경쟁이 강화되면서 언론과 문화 영역에서도 선정적인 경향이 더욱 늘어났다. 과거에는 비교적 소수의 경쟁자가 반복적으로 서로 영향을 미쳤다. 텔레비전 방송국도 3개뿐이고 영화사도 몇 개 안 되고 출판사의 수도 적을 때는 어떤 책을 출간하고 어떤 영화를 찍고 어떤 프로그램을 방송해야 하는지에 대한 암묵적인 규범을 지키는 것이 가능했다. 게다가 최고에게 돌아가는 이익이 비교적 적었기 때문에 이런 규범을 깨고 싶다는 유혹을 억제할 수 있었다.

예를 들어 텔레비전 방송사와 주요 신문사에서는 경쟁사는 가만히 있는데 단독으로 케네디 대통령의 혼외정사를 다루면 일시적으로나마 많은 시청자와 구독자를 끌어들일 수 있다는 것을 잘 알고 있었다. 마찬가지로 출판사들은 브렛 이스턴 엘리스의 소설 같은 작품을 출판한다면 단기적으로 많은 이익을 남길 수 있다는 것도 알고 있었다. 하지만 그런 행위를 하면 암묵적인 계약이 깨질 수 있기에 그 이점이 단기간에 끝난다는 것도 알고 있었다. 또한 과거의 소규모 시장에서는 순위 파괴를 통해 얻을 수 있는 잠재적 이득이 그리 크지 않았다.

하지만 오늘날의 경쟁적 환경에서는 그러한 제한을 유지하는 것이 사실상 불가능하다. 이해관계가 너무나 많이 얽혀 있고 규범이 느슨해졌다. 그러므로 O. J. 심슨이 남부 캘리포니아의 고속도로에서 경찰에게 쫓기는 장면을 주요 공중파 방송사와 수많은 유선방송사에서 생방송으로 장시간 내보낸 것은 결코 놀라운 일이 아니다. 심지어 NBC는 이 장면을 내보내기 위해 NBA 결승 6차전 중계를 중단시킬 정도였다.

텔레비전 방송사 경영진들은 시청자들이 리모컨을 손에 들고 앉아 채널을 이리저리 돌리며 자극적인 영상을 찾는다는 걸 잘 알고 있다. 만약 어느 한 채널만 자극적인 영상을 내보낸다면 시청자를 쉽게 확보할 수 있다. 그러나 오락가락하는 시청자를 끌어들이기 위한 프로그램은 필연적으로 시청자들이 중요하게 생각하는 품질의 저하를 불러온다.

출판업계가 사회규범을 지키기 위한 마지막 시도를 한 것은 1990년이었다. 당시 사이먼 앤드 슈스터 출판사는《아메리칸 사이코》의 최종 원고를 읽어 보고는 계약금 30만 달러를 포기하고 브렛 이스턴 엘리스와 맺은 출판 계약을 파기했다. 하지만 경쟁 출판사인 앨프리드 크노프 출판사의 사장 소니 메타(Sonny Mehta)가 그로부터 48시간도 지나지 않아 그 원고를 낚아채 가면서 그 시도는 무위로 끝났다.

조 맥기니스(Joe McGinniss)의《마지막 형제(The Last Brother)》는 사회규범을 지키려는 어떤 시도도 이루어지지 않았다. 이 책은 테드 케네디(Ted Kennedy)의 전기를 자처하지만 공인되지 않은 것으로, 등장인물의 대화는 모두 작가가 꾸며냈다. 그런 대화는 분명 독자의 흥미를 유발해 베스트셀러가 될 가능성을 높일 것이다. 문제는 창작된 대화라 할지라도 정보와 감정이 담겨 있고, 작가가 그 진위 여부를 보증하지 않는다는 점이다. 그러나 맥기니스는 범죄소설 장르에서 최고로 인기 있는 작가이고 현재의 분위기대로라면 그는 분명 자신이 원하는 대로 계속 소설을 쓸 것이다.

챗 헌틀리, 데이비드 브링클리, 월터 크롱카이트, 존 챈슬러(John Chancellor) 같은 초창기 앵커들은 황금 시간대에 전처 살해 혐의를 받는 왕년의 미식축구 선수가 도주하는 장면을 생방송으로 중계하기에는 너무 근엄하다고 생각할 수 있다. 그러나 그런 생각은 그들이 상이한 조건에서 일했다는 사실을 간과한 것이다. 아마도 이들 중 일부 또는 전부가 오늘날의 뉴스 앵커에게 요구되는 역할을 거부했을 것이다. 물론 그랬다면 그들은 즉각 해고되었을 것이다. 톰 브로코, 피터 제닝스 그리고 댄 래더는 수백만 달러의 연봉을 받는 만큼 높은 시청률로 방송사에 보답해야 했다.

문화를 시장의 논리로만 바라볼 수 없는 이유

대중문화 비판론에 대한 가장 강력한 반론은 대중문화의 질 따위는 전혀 중요하지 않다는 시각이다. 이런 주장을 하는 사람들은 왜 자기가 원하는 대로 문화 상품을 소비하면 안 되냐고 묻는다. 시장경제의 기본 사상은 사람들이 자신의 돈을 항상 현명하게 쓰는 것은 아니지만 결국 각자의 기호대로 결정한다는 것이다. 그리고 시장의 역할은 사람들이 만족을 약속하는 옵션을 선택할 수 있도록 다양한 메뉴를 제공하는 것이다.

이런 논리는 커다란 반향을 일으켰지만 자세히 살펴보면 무척 취약하다. 예를 들어 애덤 스미스의 보이지 않는 손은 시장이 신속하고 효율적으로 사람들이 원하는 상품과 서비스를 제공한다고 주장하지만 애당초 사람들의 욕구가 어디에서 오는지에 대해서는 말해주지 않는다. 만약 취향이 타고나는 것이라면 문제는 간단하다. 그러나 취향이 문화에 의해 형성되고 시장의 힘이 문화를 형성한다면 그때는 보이지 않는 손이 개입할 여지가 없다. 자유시장이 단지 스스로 만들어 낸 욕구만 충족할 때 가장 효율적이라면 시장의 옹호자들이 그렇게 기뻐할 이유가 없다. 진정으로 유익한 자유시장은 시장 자체에서 창출되지 않은 욕구도 충족시킬 수 있어야 한다.

그렇다면 취향은 어떻게 형성되는가? 식욕이나 성욕 같은 욕구의 취향은 분명 생물학적 요인에 근거한다. 그러나 이런 기본적인 욕구조차 문화적인 요소로부터 강한 영향을 받는다. 음악이나 문학에 대한 취향의 경우 문화의 영향이 보다 두드러진다.

문화가 기호에 영향을 주는 것과 마찬가지로 시장 역시 문화에 영향을 준다. 문화와 관련된 시장도 일반 상품과 서비스 시장과 비슷하다. 문화 시장은 사람들이 기꺼이 값을 지불하려는 것만 제공한다. 예를 들어 사람들이 폭력 영화를 관람하고자 한다면 시장은 폭력으로 가득 찬 다양한 영화를 제공할 것이고 이는 다시 폭력에 대한 사람들의 태도에 영향을 줄 것이다. 물론 대부분의 사람은 자신들이 관람하는 영화가 자신들의 태도나 기호에 어떠한 영향을 줄지 별로 생각하지 않는다. 그러나 폭력적인 영화를 보면 타인에 대한 폭력성을 키울 수 있다는 것을 알고 있는 사람들도 그로 인한 비용은 대부분 타인이 부담하기 때문에 폭력 영화를 피할 이유가 없다.

공해를 만들어 내는 활동이 다른 사람의 복지에 영향을 주는 것처럼 우리의 기호에 영향을 주는 활동도 다른 사람의 복지에 영향을 미칠 수 있다. 그리고 시장원리에 의해 공해가 적정 수준으로 억제된다는 보장이 없는 것처럼 시장원리가 마치 보이지 않는 손처럼 작용해 사회적으로 유익한 방향으로 기호가 발전한다는 보장도 없다.

문화는 취향뿐 아니라 능력도 만든다. 신경과학자들은 인간 두뇌의 신경회로가 외부의 자극에 의해 극단적으로 변할 수 있다는 사실을 밝혀냈다. 물론 DNA가 우리 몸의 기본 윤곽을 제공하기는 하지만 풍부한 시냅스의 발달은 경험이 좌우한다. 만약 결정적인 발달 단계에서 적절한 자극이 일어나지 않으면 어떤 능력은 나타나기 어렵다. 예를 들어 성인이 되어서야 외국어를 배우기 시작한 사람은 모국어의 억양을 완전히 없애기 어렵다.

새끼 고양이를 대상으로 한 실험은 이 점을 더욱 명확하게 보여준다. 일반적인 환경에서 고양이들은 다양한 시각적 자극에 노출되며 움직이는 데 필요한 시각 능력과 운동 기술을 다양하고 체계적으로 발달시킨다. 그러나 특정 종류의 자극이 부족한 환경에서는 이러한 기술이 안정적으로 발달하지 못한다. 예를 들어 수직선이 전혀 없는 실험실에서 자란 새끼 고양이들은 수직 방향의 물체를 인식하는 능력을 발달시키지 못한다. 이 고양이들은 다른 건 모두 정상이지만 테이블이나 의자가 앞에 있어도 마치 없는 것처럼 그냥 앞으로 걸어 나간다.[15] 나중에 아무리 훈련을 시키고 환경을 바꿔도 이런 결함은 고쳐지지 않는다.

인간이 어른으로서 제대로 살아가기 위해서는 다양한 문제 해결 능력과 사회적 기술을 획득해야 한다. 인류가 진화해 온 자연환경 속에서 아이들은 가족이나 또래와 부딪히며 놀이 등을 통해 이런 기술들을 습득했다. 그러나 현재 우리가 접하고 있는 환경은 인류가 진화해 온 자연환경과는 다르다. 특히 인간의 진화와 관련해 한 가지 차이점이 두드러진다. 미국의 어린이들은 대개 하루에 몇 시간씩 텔레비전을 시청하며 하루를 보낸다. 그러나 텔레비전은 인간의 정상적인 인지 발달과 정서 발달에 필요한 자극을 제공하지 않는다.

물론 텔레비전 프로그램 제작자들의 목표는 높은 시청률이지 어린이의 발달 촉진이 아니다. 텔레비전 프로그램은 기본적으로 사람들을 유혹하도록 설계되어 있다. 선택권이 주어진다면 아이들은 여러 가지 문제가 생기는 외부에 나가 노는 것보다 집에서 텔레비전 보는 것을 더 좋아한다. 하루에 텔레비전 만화를 4시간 보는 아이의 두뇌는 같은 시간 동안 책을 읽거나 친구와 노는 아이의 두뇌와 매우 다르게 발달한다. 그리고 실험용 고양이처럼 어린 시절에 나타나는 결함은 나중에 아무리 훈련을 해도 극복할 수 없는 경우가 많다.

사회적 기술, 문제 해결 기술과 더불어 아이가 어른으로 성장하는 과정에서 개발해야 하는 가장 중요한 능력 중 하나는 인내심, 즉 당장의 욕구를 뒤로 미루는 능력이다. 인내심이 매우 중요한 이유는 단기적으로는 가장 매력적으로 보이는 대안이 종종 장기적으로는 가장 불리한 경우가 많기 때문이다. 예를 들어 방과 후에 아르바이트를 하면 당장은 자동차 살 돈을 모을 수 있지만 장기적으로는 공부할 시간이 줄어들어 좋은 대학에 입학할 수 없고 결국 평생 기회가 줄어드는 결과를 초래할 수 있다.

당장의 욕구를 뒤로 미루는 능력이 부족하면 범죄 행위,[16] 알코올 중독과 약물 중독[17], 이혼[18], 매우 낮은 저축률[19] 등이 발생하기 쉽다. 복잡한 것보다 단순한 것을, 창의적인 것보다 상투적인 것을, 섬세한 느낌보다 선정적인 느낌을, 미래보다는 현재를 더 중요시하는 우리의 문화는 청소년들의 인내심을 키워 주는 데 도움이 되지 않는다.

점점 수준이 낮아지는 정치 토론도 우리의 문화가 지불하고 있는 또 다른 비용이다. 복잡한 현대사회는 각종 복잡한 경제·사회적 문제들을 만들어 내고 있어서 아무리 여건이 좋아도 최선의 길을 선택하는 일은 쉽지 않다. 심층 있는 분석이나 논평보다 재치 있는 구호가 인기를 끌고 언론인과 정치인은 서로를 무자비하게 물어뜯는 상황에서 우리는 점점 더 정보에서 소외된 채 편협한 유권자가 되어 간다. 타협하려는 성향은 점점 줄어들고 한 가지 이슈만을 기준으로 지도자를 선택할 가능성이 점점 더 커지고 있다.

승자독식시장이 만들어 낸 문화적 현상은 일반적인 대화의 성격도 바꾸어 놓았다. 한 예로 오늘날에는 사람들이 유명 인사의 사생활에 엄청난 관심을 가지고 있다. 이런 영향으로 〈부자와 유명 인사들의 라이프스타일(Lifestyles of the Rich and Famous)〉 같은 텔레비전 프로그램과 〈피플(People)〉 같은 주간지가 양산되었다. 실제로 모든 주요 일간지는 영화배우, 운동선수, 가수, 정치인 등의 사생활에 관한 토막 기사를 매일 보도하고 있다. 〈뉴욕 데일리 뉴스(New York Daily News)〉에는 5개의 가십 칼럼이, 〈뉴욕 포스트(New York Post)〉에는 3개의 가십 칼럼이 있다. 요즘에는 〈에스콰이어(Esquire)〉나 〈배니티 페어(Vanity Fair)〉 같은 월간지에도 가십란이 있을 정도다.

〈뉴욕타임스〉의 문화부 기자인 트립 가브리엘(Trip Gabriel)은 도노반 리치(Donovan Leitch)라는 떠오르는 스타에 관한 짧은 글을 실은 적이 있다. 그는 같은 이름을 지닌 1960년대 유명 가수의 아들이었다. 그 기사에 따르면 리치가 가십란에 고정적으로 등장하고 유명인이 모이는 자리에 초대되는 등 유명 인사가 되기는 했지만 실제로 그가 하는 일이 하나도 없는 것 같다고 썼다. 어떻게 이런 일이 가능할까? 가브리엘은 제이슨 와인버그 앤드 어소시에이츠라는 홍보 회사에 근무하는 낸시 캔드(Nancy Kand)가 한 말을 인용했다. 이 홍보 회사가 하는 일이란 "리치가 신문 기사에 등장하게 하고 영화 시

사회나 파티에 초대받도록" 하는 것이다. 캔드는 이렇게 말한다. "1월에는 이렇게 떠들고 다녔어요. '도노반 리치라고 아세요? 네, 맞아요. 60년대 가수였던 도노반의 아들이에요.' 그다음에는 이렇게 말해요. '60년대를 좀 아세요? 그럼 멜로 옐로라는 노래는 아세요? 네, 바로 그 가수의 아들이 도노반 리치예요. 도노반 또는 그냥 도노라고 불러 주세요.' 그러면 사람들은 그를 파티에 초대하지 못해 안달이 나지요."[20] 도노반 리치는 낸시 보이라는 밴드에 소속되어 있다. 그러나 가브리엘은 이 밴드 역시 재능보다는 교류하는 사람들 덕분에 유명해졌다고 말한다.

지금은 고인이 된 가십 칼럼니스트 월터 윈첼(Walter Winchell)의 전기를 쓴 닐 개블러(Neil Gabler)는 예전에도 유명한 사람과 어울리기 때문에 유명해진 사람들이 많았지만 최근 들어 그런 사람들이 폭발적으로 늘어났다고 주장한다. "이런 현상의 배후에는 미국인들, 특히 뉴욕과 로스앤젤레스에 사는 미국인들의 '알고 싶은' 욕구가 자리 잡고 있습니다." 개블러의 말이다. "도노반 리치가 누구인지 알고 싶은 겁니다. 그를 안다고 달라질 것은 아무것도 없지만 말입니다. 안다는 것만으로 기분이 좋아지죠. 얼마나 특이한 일인지 생각해 보세요. 아무 일도 하지 않고 그런 이유로 기사화되는 사람들을 알면 자신이 대단하게 느껴지는 거죠."[21]

특이하긴 하지만 이런 현상은 출판업의 호황을 지속시킬 만큼 강력하다. 독자들이 알고 싶어 할 거라는 기대를 바탕으로 〈피플〉은 도노반 리치가 살을 빼기 위해 배꼽에 피어싱을 했다는 기사를 실었다. 이미 유령처럼 마른 모습을 보여 주는 사진 옆에는 "효과가

없었어요"라는 그의 말이 적혀 있다.[22]

 누군가 도노반 리치를 알면 기분이 좋아진다는 사실이 사회적으로 중요한 문제일까? 만약 누구는 〈내셔널 인콰이어러(National Enquirer)〉와 〈피플〉을 읽고 다른 사람은 〈뉴욕타임스〉와 〈애틀랜틱(Vanity Fair)〉을 읽는다면 결국 손해를 보는 쪽은 누구인가? 도노반 리치를 모른다고 친구들이 무시한다면 다른 친구를 사귀면 되지 않을까?

 물론 다른 친구를 사귈 수 있다. 실제로 사람들은 자신의 관심에 따라 집단을 형성하는 경향이 있다. 그렇지만 우리는 종종 그 구성원이 아주 마음에 들지는 않더라도 어울리지 않으면 안 되는 상황에 부딪힌다. 예를 들어 사람들은 다른 회사와 비교했을 때 직원들과 공감대는 적더라도 발전 기회가 더 많은 회사에 취업할 가능성이 높다. 이렇게 일단 자기가 선택한 집단의 구성원이 되면 그 집단의 규범과 가치를 따르려는 강한 동기를 갖게 된다.

 반면에 책과 영화와 텔레비전 프로그램은 아직도 개인이 움직일 수 없는 영역이다. 물론 우리는 이미 존재하고 있는 메뉴 중에서 자유롭게 선택할 수는 있다. 그러나 개개인이 그 메뉴에 대해 통제권을 갖고 있는 것은 아니다.

 문화의 영향으로부터 완전히 자유로운 사람은 없으므로 우리는 문화가 나아가는 방향에 관심을 가진다. 우리가 읽고 보는 것이 우리의 인격을 형성하기 때문이다. 반대로 우리가 어떤 사람이 되느냐에 따라 대중문화 공급자가 우리에게 제공하는 콘텐츠가 달라진다. 이렇게 끝없이 순환이 이루어진다. 점점 더 많은 사람이 유명인의 사생활에 관심을 가지면서 이런 시시콜콜한 이야기를 알아야만 일상적인 대화에 낄 수 있게 되었다.

심지어 고급을 추구하는 문화 상품조차 이런 압력에서 자유롭지 못하다. 예를 들어 〈뉴욕타임스〉는 가십을 전혀 싣지 않겠다는 정책을 표방해 왔지만 "여전히 그 신문의 몇몇 고정 칼럼은 가십란을 모방하고 있으며 가십성 기사들이 점점 더 1면으로 올라오고 있다."[23] 심지어 한때 언론인의 위엄과 품위를 보여 주는 권위 있는 〈뉴요커〉조차 변화에 적응해 가고 있다. 1994년 여름 〈뉴요커〉는 O. J. 심슨 재판을 시리즈로 자세히 보도했고 1993년에는 보빗 사건을 다룬 만화를 3편이나 실었다.[24]

당신이 두 사회 중 한 곳에서 자녀를 키워야 한다고 가정해 보자. 첫 번째 사회는 언론 매체에서 유명 인사의 은밀하고 선정적인 사생활을 파헤치는 데 강박적으로 몰두하고 있고 두 번째 사회는 그날그날 일어나는 사건을 특집 기사로 보도하고 전문가가 해설한다고 해 보자. 물론 이런 기회가 실제로 주어지지는 않겠지만 만약 그렇다면 아무 데나 상관없다고 생각하는 부모는 없을 것이다. 돈에 따라 좌우되는 승자독식시장의 원칙은 점점 더 우리를 첫 번째 사회로 몰아가고 있지만 과연 그것이 진정으로 우리가 원하는 것인지는 분명하지 않다.

눈앞에 보이는 선정주의의 매력을 부인하라는 말은 아니다. 그러나 단기적으로 강하게 우리의 흥미를 끌었던 것이 개인적으로나 사회적으로나 항상 장기적인 이익을 주는 것은 아니다. 실제로 유명 인사를 숭배하는 데 몰두하는 사람들조차 자신들의 행동에 문제가 있다고 생각한다. 예를 들어 니콜 브라운 심슨과 론 골드먼이 살해된 다음 주에 O. J. 심슨의 집 앞에는 작은 카메라를 들고 조깅하는 여자가 목격되기도 했다. 기자가 다가가 늘 카메라를 가지고 다니느냐고 묻자 그는 이렇게 대답했다. "나도 여기서 기웃거리는 제가 싫어요. 하지만 가만히 있을 수가 없었어요."[25]

그러나 승자독식의 원리가 언론과 문화에 미친 보다 심각한 영향은 우리 사회의 폭력 수준이 상승했다는 점이다. 이는 언론과 문화 시장에서도 처음부터 성공해야 한다는 압박이 커지면서 사람들의 관심을 끄는 능력을 최우선으로 삼은 탓이다. 폭력은 다양한 문화권에서 다양한 역할을 해 왔지만 시간과 장소를 초월해 한 가지 변함없는 것은 우리의 관심을 끄는 데 탁월한 능력을 가지고 있다는 점이다. 텔레비전 시청자, 영화 관객, 독자를 끌어들이는 데 오직 섹스만이 경쟁 상대가 될 수 있다. 채널을 이리저리 옮겨 다니다 살인 장면을 보면 자신도 모르게 채널을 고정하게 된다.

텔레비전 프로그램 제작자에게는 시청률이 이를 증명한다. 그들은 폭력적인 프로그램이 시청자를 끌어들인다는 사실을 잘 알고 있다. 신문과 잡지도 폭력적인 내용을 커버스토리로 다루면 더 많은 부수가 판매된다. 또한 주인공이 악의 세력으로부터 무자비한 도발을 당한 후 마침내 폭력으로 복수하는 영화에는 항상 관객이 많다.[26]

폭력물에 너무 많이 노출된 결과 다른 활동에 전념할 시간이 줄어든다면 이는 매우 우려할 만한 문제다. 그러나 그보다 더욱 심각한 문제는 폭력을 보는 시청자가 스스로 폭력적인 행동을 한다는 것이다. 폭력적인 행동과 미디어의 폭력 노출 사이의 관계는 수십 년 동안 여러 문화권에서 연구되었다. 이 관계의 정확한 성격과 규모에는 논란이 있지만 학자들은 양성적 인과관계가 있다고 믿는다.

예를 들어 캔자스대학교 교수이자 미국심리학회의 텔레비전과 사회 TFT 팀장인 알리사 휴스턴(Aletha C. Houston)은 1988년 의회에서 이렇게 증언했다. "우리 시대의 다른 어떤 사회적 이슈보다 이 주제에 더 많은 연구가 발표되었습니다. … 거의 모든 학자는 텔레비전이 공격적인 행동을 유발할 수 있다고 믿습니다."[27] 미국의학협회 회장인 로버트 맥아피(Robert McAfee)도 1994년 의회에서 비슷한 증언을 했다.

> ── 점점 더 많은 단체에서 대중매체와 폭력적 행동 사이의 상관관계를 연구해서 발표하고 있습니다. 특히 공중위생국, 국립보건원, 국립과학원, 질병예방통제센터, 청소년의료협회의 보고서도 이와 비슷한 결론을 도출했습니다. 즉, 대중매체가 어린이, 청소년, 성인의 공격적인 행동, 특히 폭력적인 태도를 조장한다는 겁니다.[28]

최근 25만 명에 가까운 시청자를 대상으로 188건의 연구를 분석한 결과 폭력 노출과 폭력 행동 사이에 0.31의 상관관계가 있는 것으로 나타났다.[29] 물론 통계적인 상관관계가 있다고 해서 인과관계가 입증되는 것은 아니지만 188개 중 130개 이상의 실험에서 연구자들은 폭력물에 대한 노출 정도를 유일한 기준으로 삼고 실험을 진행했다. 그 결과 폭력에 대한 간접경험이 어른보다는 어린이의 행동에 더 큰 영향을 끼치는 것으로 드러났다.

1950년대에 발표된 선구적인 연구가 하나 있다. 4세 어린이 12명에게 폭력적인 이미지로 가득 찬, 1950년대 기준으로는 폭력적이었던 〈딱따구리(Woody Woodpecker)〉를 보여 주고 다른 어린이 12명에게는 〈리틀 레드 헨(The Little Red Hen)〉이라는 평온한 만화를 보여 주었다. 그 결과 〈딱따구리〉를 본 아이들이 놀이 시간에 다른 아이들을 때리거나 장난감을 부수는 등 다양한 파괴적인 행동을 하는 것을 관찰할 수 있었다.[30]

한편 텔레비전이 없던 마을에 텔레비전이 들어오면서 폭력 수준이 어떻게 변했는지를 조사한 연구도 있었다. 어떤 연구에 따르면 마을에 텔레비전이 보급되면서 초등학생들 사이에 언어적 폭력과 신체적 폭력이 증가했다고 한다. 반면 수년 전부터 텔레비전이 이미 들어와 있던 다른 2개의 마을에서는 아무런 변화도 나타나지 않았다.[31] 이와 비슷한 실험에서 브리티시컬럼비아대학교의 연구진들은 1973년 케이블TV가 도입되기 전까지 텔레비전이 없던 캐나다 서부 산악 지역의 한 마을에서 초등학교 1학년과 2학년 어린이들의 행동을 관찰했다. 그 결과 1975년 학생들 사이에 때리기, 물기, 떠밀기 같은 행위가 160퍼센트나 증가했다.[32]

이와 비슷한 일은 백인 정권이 1975년까지 텔레비전 방송을 금지했던 남아프리카공화국에서도 벌어졌다. 한 연구에 따르면 텔레비전 방송이 도입된 지 8년 만에 남아프리카공화국의 살인율은 급격하게 증가했고 특히 이런 증가세는 텔레비전 보급률이 가장 높은 백인 거주 지역에서 두드러졌다고 한다. 이 결과는 1950년대

미국에서 텔레비전이 보급되는 과정에서 나타난 살인율 증가와 비슷하다.[33]

영화 속 폭력이 태도에 어떤 영향을 미치는지에 대한 연구도 있었다. 이 실험에서는 남자 대학생을 4개의 집단으로 나누었는데 첫 번째 집단은 대조 집단으로서 어떤 영화도 보여 주지 않았고 두 번째 집단은 '10대의 성 풍자극'을 보여 주었다. 세 번째 집단은 비폭력적인 X등급 영화를 보여 주고 마지막 집단은 〈텍사스 전기톱 학살(The Texas Chainsaw Massacre)〉, 〈13일의 금요일 2(Friday the 13th 2)〉, 〈매니악(Maniac)〉, 〈툴박스 머더(Toolbox Murders)〉 같은 공포 영화를 관람하게 했다. 그 후 이들은 강간 사건의 모의 배심원이 되어 강간 피해자에 대한 감정이입의 정도를 측정받았다. 그 결과 때리고 죽이는 영화를 본 피험자들은 실험의 특정 피해자뿐만 아니라 일반적인 강간 피해자에 대한 공감 점수에서도 가장 낮은 점수를 받았다.[34]

어떤 연구에 따르면 비디오 게임이 텔레비전 폭력물이나 폭력 영화보다 훨씬 더 유해하다고 한다. 심리학자 레너드 에론(Leonard Eron)은 이렇게 설명한다. "게임을 하는 아동이 능동적으로 개입하기 때문입니다. 아이는 단지 듣고 보기만 하는 것이 아니라 무엇인가를 하고 있습니다. 아동은 운동신경을 발휘해서 바로 폭력 행위를 합니다. 뿐만 아니라 그가 선택을 제대로 하지 못하면, 다시 말해 가장 폭력적인 것을 선택하지 않으면 게임에서 지게 됩니다."[35]

미디어 속 폭력이 실생활의 폭력을 조장한다는 믿음에도 불구하고 미디어 속에서 폭력은 계속되고 있다. 미국의학회에 따르면 미국의 어린이들은 초등학교를 졸업할 때까지 텔레비전을 통해 평

균 8천 번 정도의 살인 장면과 그리고 10만 번 이상의 다양한 폭력 장면을 보게 된다고 한다.[36]

  방송사 경영진의 인터뷰 기사를 읽어 보면 그들이 진심으로 폭력에 대한 의존도를 줄이고 싶어 하는 것을 알 수 있다. 그러나 그들은 현 상황에서 수익성의 중요성도 알고 있다. 일리노이주의 상원의원인 폴 사이먼(Paul Simon)은 이렇게 말한다. "방송인들을 짓누르는 경쟁에 대한 압박이 '군비경쟁'을 낳았습니다. 이 경쟁에서는 시청률 하락이 두려워 아무도 후퇴하지 않습니다. 모든 군비경쟁에서 그렇듯 결국 패자는 대중입니다."[37]

  방송사가 사악하거나 탐욕스러워서 대중문화가 저속해졌다고 말하는 사람이 많다. 일부는 맞을지 모르지만 이는 문제의 초점을 벗어난 주장이다. 우리는 최근의 변화가 방송 종사자들의 개인적 특성 탓이 아니라 어떤 조치를 취할 여지마저도 깡그리 없애 버리는 승자독식시장 탓이라고 생각한다. 다음 장에서 살펴보겠지만 이러한 원리를 고려하지 않은 개선안은 실질적인 변화를 가져올 가능성이 희박하다.

11장

승자독식사회를 벗어나기 위하여

커트 보니것은 《해리슨 버저론(Harris Bergeron)》이라는 단편 소설에서 불평등의 문제를 정부 요원들이 해결되는 미래 세계를 그리고 있다. 주인공 조지는 비상한 지능을 지닌 사람으로, 몇 초 간격으로 생각에 장애를 일으키는 수신기를 귀에 꽂고 다녀야 한다. 소설은 조지가 텔레비전으로 발레를 보는 장면으로 시작한다. "발레리나들은 누가 춰도 그만큼은 출 수 있을 거라는 생각이 들 만큼 엉성했다. 그들은 추를 두르고 엽총 가방을 메고 가면을 쓰고 있었다. 그래서 관객은 자유롭고 우아한 몸짓이나 아름다운 얼굴을 보면서 전혀 매력적이라는 느낌을 받을 수 없었다."[1]

보니것의 글에서 알 수 있듯 이런 식으로 얻어지는 평등은 너무나 많은 대가를 요구한다. 우리는 기회 평등의 원칙이 결과의 평등으로 대체된 사회를 원하지 않는다. 그럼에도 불평등을 줄이는 것은 시급하다. 그렇다면 무엇을 해야 할까?

전통 경제학에서는 다소 절망적으로 본다. 노벨상을 받은 경제학자 제임스 토빈(James Tobin)은 "정치경제학에서 가장 어려운 문제는 효율성, 선택의 자유, 평등이 상호 충돌하는 문제다. 그 사이에서 지적으로 타당한 타협안을 제시하는 것은 매우 어려운 일이고, 정치적으로 실행 가능한 타협안을 찾아내는 것은 더욱 어려운 일이다"[2]라고 말한다.

그러나 이런 우울한 전망에도 불구하고, 우리는 희망이 있다고 생각한다. 원래 소득의 불평등은 뛰어난 성과를 내도록 동기를 부여하는 사회라면 어쩔 수 없이 생겨날 수밖에 없는 불가피한 부산물이다. 그러나 지금까지 보아 왔듯 승자독식경기에서는 인센티브가 너무 커서 경기자들의 과도한 경쟁과 노력을 부추긴다. 이런 문제를 해결하기 위한 공공정책은 낭비적인 활동과 불평등을 동시에 줄일 수 있다. 이런 경우에는 평등과 효율성을 절충할 필요가 없다.

우리는 일련의 정책적 대안을 통해 이런 희망찬 결론을 설명하려 한다. 그중 상당수는 결코 새로운 것이 아니며 사실 '토론의 장'에서 광범위하게 논의되었던 것이기도 하다. 우리의 목표는 이들 정책에 대한 종합적인 분석을 제시하는 것이 아니다. 오히려 이 책에서 전개된 주장이 맞다는 근거를 보여주려고 한다. 각각의 근거가 지향하는 목표는 개인의 자유를 손상하지 않고 더욱 평등하고 생산적인 사회를 만들어 나가는 것이다.

조세정책: 소득세 vs. 소비세

   기술과 제도에 발생한 근본적인 변화로 인해 가장 유능한 사람들이 더 넓은 시장에 서비스를 제공하고 더 많은 이익을 차지할 수 있게 되었다. 그 결과 지난 20여 년간 제2차 세계대전 직후보다 경제성장은 둔화되었지만 불평등은 더욱 커졌다. 하위 50퍼센트에 속한 사람들은 상위 계층에 비해서는 물론이고 부모 세대와 자신의 합리적 열망에 비해서도 입지를 잃어 가고 있다. 부자들이 벽을 높이 쌓은 교외의 저택에서 자신들의 모습을 감춘 채 살아가는 동안 도시민들은 점점 더 절망적이고 혼란스러운 삶을 영위하고 있다.

   우리는 보이지 않는 손이 승자독식시장에서 발생하는 경제·사회적 악을 완화해 주리라고 기대할 수 없다. 오히려 승자독식시장을 만들어 낸 요인이 점점 강화되고 있기에 이대로 내버려 둔다면 상황은 더욱 악화될 것이다.

   불평등과 저성장에 대한 해결책으로 교육과 기술 훈련을 제안하는 논평가들이 많았다. 이런 조치는 적어도 미숙련자에게 유용한 일거리를 제공해 주며 그 이유 하나만으로도 시도해 볼 가치가 있다. 그러나 교육과 기술 훈련은 그 자체로 중요하지만 소득분배의 상위 계층에서 불평등을 완화하는 데는 큰 효과를 기대할 수 없다. 5장에서 살펴보았듯 1980년대의 소득 불평등은 교육 분포의 최상위 계층에 속하는 전문직 종사자들 사이에서도 급격하게 증가했다. 승자독식시장에서 최고의 자리는 그 수가 제한되어 있고 이는 앞으로도 바뀌지 않을 것이다. 교육 수준과 상관없이 상대적인 경쟁에서 가장 큰 능력을 발휘하는 사람이 그 자리에 오를 것이다.

한 가지 치료책은 가파른 누진소득세를 적용하는 것이다. 6장과 7장에서 우리는 최고 소득에 높은 세금을 매기면 승자독식시장에 사람들이 몰려드는 현상을 억제할 수 있을 것이며 위치적 군비경쟁에 참여하려는 동기 또한 줄어들 것이라고 주장했다. 이 두 가지 측면에서 평등과 효율성을 동시에 충족하는 효과를 기대할 수 있다.

물론 소득세를 높이면 부정적인 효과도 나타난다. 그중 하나는 사람들이 저축하는 소득에도 세금을 부과해 장기적으로 경제성장의 가장 중요한 동력인 저축과 투자 의욕을 감퇴시킨다는 점이다. 저축이 줄어들 것이라는 전망은 특히 우려스럽다. 미국은 이미 선진 산업국가 중에서 저축률과 투자율이 가장 낮기 때문이다.[3] 독일인이 개인소득의 15퍼센트를 저축하고 일본인이 20퍼센트를 저축하는 데 반해 미국인의 저축률은 채 4퍼센트도 되지 않는다. 복리효과를 고려할 경우 이러한 저축률의 차이는 엄청난 미래 소득의 차이를 의미한다. 예를 들어 1인당 국민소득이 동일한 두 나라 중 한 나라는 소득이 1.5퍼센트씩 증가하고 또 다른 나라는 2퍼센트씩 증가한다면 두 세대가 지나기도 전에 두 나라의 소득은 30퍼센트가 차이 날 것이다.[4]

만약 소득 대신 소비에 세금을 부과한다면 저축에는 세금이 붙지 않으므로 이는 저축의 동기를 급격히 증가시킬 것이다. 소비세는 저축을 많이 하는 사람에게 더 많은 가처분소득을 주어 또 다른 방식으로 저축을 촉진할 수 있다. 그 결과 저축률이 높아지면 투자가 늘어나고, 경제성장률이 높아지며, 정부 적자를 메우기 위한 해외 차입이 줄어들 것이다.

소비세에는 또 다른 장점이 두 가지나 있다. 돈을 버는 궁극적인 목적은 소비에 있기에 누진소비세를 부과하면 누진소득세를 부과할 때와 마찬가지로 승자독식경기에 진출하는 것을 억제할 수 있다. 또한 사실상 승자들이 받는 상의 크기를 줄이기 때문에 위치적 군비경쟁에 참여하려는 동기도 줄어든다.

물론 세금을 좋아하는 사람은 없다. 하지만 소비세는 매우 다양한 정치적 견해를 가진 사람들로부터 지지를 받고 있다. 경제학자 로렌스 사이드만(Laurence Seidman)이 말했듯 레스터 투로우(Lester Thurow)와 밀턴 프리드먼 모두 소비세를 옹호하는 논문을 썼을 정도다.[5] 결국 자유주의적 경제학자나 보수주의적 경제학자 모두 소비세가 소득세에 비해서 역효과가 적다고 생각하므로 소비세를 부과한다. 뿐만 아니라 소비세는 승자독식시장의 확산으로 생긴 문제를 줄여 주고 세금이 부정적인 부수 효과뿐만 아니라 긍정적인 부수 효과도 가질 수 있음을 보여 준다.

소비세를 부과하자는 제안은 시민들이 물건을 살 때마다 영수증을 모아야 하고 어느 제품을 소비세 면제 대상으로 할 것인지 정치인과 생산자가 논쟁을 벌여야 하는 등 수많은 불쾌하고 복잡한 문제를 야기한다. 그러나 소비세가 반드시 소득세보다 복잡한 문제를 수반하는 것은 아니다. 영수증 문제는 소득액에서 저축액을 제하는 방식으로 전체 소비 액수를 계산하면 쉽게 피할 수 있다. 구매한 물건의 값을 모두 합산할 필요는 전혀 없다. 어느 제품을 비과세 대상으로 할 것인가 하는 문제도 표준공제의 범위를 넓히면 된다. 즉, 가계의 연간지출액 중 2만 달러까지 세금 공제를 해 준다면 두 가지

긍정적인 효과를 얻을 것이다. 우선 식료품비, 의료비, 기본적인 의류비와 주거비, 대중교통비 같은 생활필수품과 서비스에 세금이 부과되지 않도록 해 주는 동시에 누진적으로 세금을 부과할 수 있다.

소비세는 결코 급진적인 생각이 아니다. 소비세는 이미 대부분의 선진국에서 주요 조세제도로 자리를 잡았다. 예를 들어 유럽의 모든 국가에서는 소비세의 한 형태인 부가가치세가 정부 수입 중 큰 비중을 차지하고 있다. 미국의 세법에는 IRA연금계좌, 퇴직연금계좌, 401K연금계좌 같은 특정 저축에 세금을 면제해 주는 조항이 있지만 면제 한도가 매우 낮다. 이러한 조항의 한도와 기타 제한을 없애는 것만으로도 올바른 방향으로 나아가는 첫걸음이 될 것이다.

한 가계의 소비가 1년에 수십만 달러를 넘어선다면 그 가계에서는 사람들이 생활필수품으로 여기는 것들을 이미 오래전에 구매했을 가능성이 크다. 어느 선을 넘어서면 별장, 최고급 자동차, 보석 같은 사치품에 지출이 집중된다. 이런 물품이 주는 만족감은 본질적으로 사회적인 만족 혹은 지위상의 만족이기 때문에 전반적으로 사치품 소비가 감소한다고 해도 희생은 크지 않다. 예를 들어 고급 승용차 구매가 줄어들더라도 남들보다 좋은 차를 몰 때의 만족감은 전과 똑같을 것이다.

이런 현상은 누진소비세를 도입하는 것이 유용하다는 사실을 다시 한번 강조해 준다. 왜냐하면 그러한 세금은 사실상 사치세 역할을 할 것이기 때문이다. 가격이 비싸다는 이유로 특정 상품을 구입한다면 그 상품에 세금을 매김으로써 더욱 효율적인 소비를 유도할 수 있다. 역설적이지만 사치품을 사는 사람들에게도 별로 피해를 주지 않는다.

이해를 돕기 위해 약혼녀에게 줄 다이아몬드 반지의 크기를 결정해야 하는 청년의 예를 들어 보자. 이런 선물은 서약의 징표이므로 가격대가 상당하다. 보석상은 그에게 두 달치 월급에 해당하는 다이아몬드 반지를 준비하는 것이 관례라고 일러 준다. 따라서 그의 연봉이 42,000달러라면 그는 7,000달러짜리 반지를 장만해야 할 것이고 그러지 않으면 구두쇠로 낙인찍힐 것이다.

경제 전체의 관점에서 볼 때 25퍼센트 정도의 소비세를 부과하면 훨씬 바람직한 결과가 나올 것이다. 그러면 현재 5,600달러인 다이아몬드의 세후 가격이 7,000달러로 오를 것이다. 더 작고 저렴한 다이아몬드를 구입할 수밖에 없지만 청년은 이전과 동일한 대가를 지불했고 이것이 선물의 본질적인 기능이므로 세금으로 인해 그의 목표는 손상되지 않는다. 그의 약혼녀 또한 아무런 손해도 보지 않을 것이다. 이제 모든 사람이 전보다 작은 다이아몬드 반지를 구매하기 때문에 작은 다이아몬드도 큰 다이아몬드와 동일한 만족을 제공한다. 긍정적인 측면은 정부가 1,400달러의 추가 재원을 확보할 수 있다는 점이다. 유일하게 손해를 보는 측은 남아프리카공화국의 다이아몬드 카르텔인 드비어스사로 그들의 재고 자산의 가치가 하락할 것이다.

학비, 주택, 의류, 자동차 등의 구매를 결정하는 기준은 다른 사람이 얼마나 지출하느냐에 달려 있다. 어느 구직자가 다른 구직자보다 더 비싼 양복을 산다면 의도하지 않더라도 경쟁자가 입은 양복은 더 싸게 보일 것이다. 개별 소비자는 자신의 소비 결정이 공동체의 소비 수준에 어떤 영향을 미치는지 고려할 이유가 없다. 그 결과 고급 소비재는 전체 사회보다는 개인에게 훨씬 더 매력적으로 보이게 된다. 따라서 이 상품에 세금을 매기면 그 매력도가 떨어지는 효과가 있는 것이다.

그러면 누진소비세는 노동 공급에 어떤 영향을 미칠까? 레이건 시대의 공급 측면 경제학자들은 세율을 낮추면 사람들이 더 열심히 일할 것이라고 자신 있게 주장했다. 1981년과 1986년의 대대적인 세제 개혁으로 최고 소득자의 한계 세율은 43퍼센트에서 28퍼센트로 낮아졌다.[6] 그러나 세제 개혁으로 세원이 확대되었기 때문에 이 집단에 적용된 연방 평균 세율은 조금밖에 감소하지 않았다. 따라서 고소득자들은 별 혜택을 누리지 못했고 그에 따라 더 오랜 시간 일하려는 사람만 늘어났다. 특히 경제학자들이 이러한 변화에 가장 민감하게 반응할 것으로 예상했던 고소득 가구의 기혼 여성은 1980년대에 노동시간을 크게 늘렸다. 노동시간의 증가가 반드시 세제 개혁 때문이라고 단정할 수는 없다. 저임금을 받는 고령층 여성들도 1980년대에 노동시간을 연장했고 한계 세율의 인상으로 피해를 보았기 때문이다.

공급 측면 경제학자들은 〈포춘〉 500대 기업의 CEO가 받는 수백만 달러의 연봉은 동기부여에 필요한 것이며 이것이 없다면 CEO들이 주주를 위해 공격적으로 회사를 경영하지 않을 것이라고 주장한다. 물론 최고경영자들은 자신들의 연봉이 경영 실적에 의해 결정될 경우 더욱 집중적이고 정열적으로 일할 것이다. 그러나 그들의 경영 활동이 연봉에 크게 좌우되지 않는다는 분명한 증거가 있다.[7]

미국보다 금전적 보상이 훨씬 적은 나라에서도 CEO들은 정열적으로 경영 활동을 한다. 예를 들면, 일본과 독일의 최고경영자들은 미국의 최고경영자들보다 적은 연봉을 받고 세금도 더 많이 낸다.[8] 공급 측면 경제학자의 관점에서 본다면 일본과 독일의 최고경영자들이 놀랍고 당황스러울 것이다. 그렇지만 그들이 경영하는 회사는 최근 미국 기업의 가장 강력한 라이벌로 떠올랐다.

요약하면 아무리 경험적 근거나 경제이론을 뒤져 봐도 고율의 조세가 국민소득을 감소시킨다는 증거는 없다. 오히려 누진소비세가 국민소득을 줄이기보다는 증가시킬 가능성이 크다. 이는 매우 중요한 사실이다. 왜냐하면 누진세가 사람들을 더 빈곤하게 한다는 막연한 선입견 때문에 누진세 도입에 대한 윤리적이며 현실적인 논의들이 제대로 이루어지지 못했기 때문이다.

조세 개혁을 잘못한 경우

1993년에 제정된 연방세제개혁법안은 최고경영자의 연봉 중 100만 달러가 넘는 부분에 대한 비과세 조항을 없앴다. 이는 천정부지로 날뛰는 그들의 급여에 대한 일반인의 우려에 따른 조치였다. 어떤 정치 세력이 이런 법안을 주도했는지는 쉽게 짐작할 수 있지만 그 결과는 발의자가 의도했던 것과는 달랐다. 이미 현직에 있는 임원들에게 이 상한선은 임원 소득에 대한 세율 인상과 같은 것이었다. 그러나 이는 기업 임원의 급여에만 적용되고 다른 분야의 고소득 전문직에는 적용되지 않았다. 예를 들어 대부분의 변호사는 회사의 파트너 또는 개인사업자로서 수입을 올리기 때문에 이러한 정책은 기업의 경영자에 비해 법조인이라는 직업을 더 매력적으로 보이게 한다.

우리는 이런 식의 법안이 아무런 효과가 없다는 것을 알고 있다. 만일 고소득을 제한하는 것이 목표라면 직장인뿐 아니라 개인사업자의 소득에도 적용되는 제도를 만들어야 한다. 효율성과 평등성 측면에서 수백만 달러의 연봉은 기업의 최고경영자뿐 아니라 스포츠, 연예, 법률, 컨설팅 등 기타 영역에서도 문제가 되고 있다. 모든 분야의 고소득 또는 이에 상응하는 과소비에 고율의 과세를 하는 것이 최고경영자에 대한 세금 공제 조항을 없애는 것보다 더 합리적이다.

세금 공제 한도에 대한 조치가 별로 현명하지 못한 정책이었다고 생각하는 또 다른 이유는 과거에 시행된 비슷한 조치들이 최고경영자의 평균 연봉을 줄이기는커녕 오히려 증가시켰기 때문이다. 예를 들어 1980년대에 미국 의회에서는 CEO가 받는 수백만 달러의 퇴직금에 일반인이 분노하는 것을 보고 이전 5년 평균 급여의 2.99배를 초과하는 퇴직금에는 세금 공제를 받지 못하도록 하는 법안이 통과되었다. 엄청난 퇴직금을 억제하려는 의도였지만 효과는 정반대로 나타났다. 그 법안은 2.99배가 넘는 퇴직금은 세금 공제를 해주지 않는다고 함으로써 암묵적으로 2.99배 이하의 퇴직금은 괜찮다는 암시를 주었다. 그리고 바로 이 때문에 퇴직금이 적었던 기업도 그 수준까지 퇴직금을 끌어올려야 했다.[9]

법조계: 재능 있는 인력의 쏠림 현상 방지

모든 승자독식시장 중 법조계야말로 지나친 과밀화가 가장 명확하게 보이는 곳이다. 새로운 부를 창출하는 다른 승자독식시장과 달리 소송을 제기하는 변호사들은 대개 기존의 부를 놓고 다투는 경우가 많다. 최고 수준의 변호사들이 받는 수임료는 분명 그들이 제공하는 서비스의 사회적 가치보다 훨씬 크다.

물론 이런 소송 시스템이 전혀 도움이 안 된다는 말이 아니다. 소송에 대한 두려움으로 다른 사람에게 손해를 끼치지 않기 위한 효율적인 조치가 취해진다면 사회로서는 분명 이득이다. 우리가 주장하려는 것은 이런 이득이 현행 제도에서 엄청난 비용을 초래한다는 점이다. 왜냐하면 수많은 우수 학생이 법률 관련 직업을 선호하면서 사회 전체의 이익보다는 소송 당사자들의 사적인 이익이 증가했기 때문이다.

가장 재능 있는 사람들이 법조계에 몰리는 경향은 새삼스러운 것이 아니다. 제2차 세계대전이 발발하기 전 스탠퍼드대학교의 심리학자 루이스 터먼(Lewis Terman)은 뛰어난 재능을 지닌 150명의 남자로 표본집단을 구성한 뒤 이들의 직업과 특성을 조사했다. 1940년 당시 그들의 평균 나이는 30.5세였고 평균 IQ는 155였다. 그들의 직업 중 가장 큰 비율을 차지한 것은 변호사로 16퍼센트였다.[10]

최근 20~30년 동안 소송 건수가 폭발적으로 늘어남에 따라 법조계에 뛰어들려는 사람들의 수가 급격히 증가했다. 1960년 국내총생산의 0.6퍼센트에 불과했던 법률 서비스가 1987년에는 1.39퍼센트로 증가했다. 1987년 개업 중인 변호사의 수는 거의 75만 명에 이르렀는데 이는 지난 20년 사이에 무려 3배나 증가한 수다.[11] 이들 중 상당수는 다른 부문에서 일했다면 사회적으로 엄청난 기여를 할 수도 있었을 매우 유능하고 적극적인 사람들이다.

몇 가지 단순한 개혁만으로도 이들을 법조계가 아닌 다른 분야로 이끌 수 있다. 우선 패소한 원고 측이 법정 비용과 상대 변호사의 수임료를 모두 부담하게 하는 조치를 생각해 볼 수 있다. 현행 미국 사법제도에서는 원고가 소송을 제기함으로써 안게 되는 위험 부담은 거의 없다. 소송 제기에 필요한 것은 변호사의 시간이 전부다. 변호사는 승소한 경우에만 보수를 받는 조건으로 원고의 사건을 맡기 때문에 원고는 재판에서 지더라도 아무런 비용을 부담할 필요가 없다. 맞고소를 당할 경우를 생각해 볼 수도 있으나 승소 가능성이 매우 희박하므로 무시해도 좋다. 배심원단이 무작위적으로 거액의 손해배상금을 판결한다는 사실을 고려하면 많은 사람이 소송을 공짜 복권으로 생각하는 것도 당연한 일이다. 만일 패소할 경우 자신의 법정 비용에 상대방의 소송비용까지 부담해야 한다면 무턱대고 소송을 벌이려는 성향은 줄어들 것이다. 유럽에서는 이미 이런 제도를 채택한 국가가 많고 미국도 이 제도의 채택을 고려해야 한다. 물론 이 개혁으로 인해 저소득층이 피해 보상을 받기가 더 어려워질 수 있지만 공평한 법률 서비스를 제공하는 다른 제도로 보완하면 될 것이다.

두 번째로 생각해 볼 수 있는 조치는 손해배상금에 상한선을 두는 것이다. 실제로 입은 피해에 대한 합리적인 평가를 훨씬 초과하는 금액이 판결되어 사람들을 놀라게 하는 경우가 많다. 예를 들면 1986년 뉴욕 법정은 병원 측이 장폐색을 진단하지 못해 소장의 일부를 잘라 내야 했던 환자에게 6,500만 달러의 배상금을 지급하라는 판결을 내렸다.[12] 이 중 5,800만 달러는 피해자가 입은 고통에 대한 위자료였다. 그 거액의 배상금이 환자의 고통과 피해를 아무리 정확히 측정했더라도 이런 경우에 대비해 그 10분의 1에 해당하는 민간 보험에 가입할 사람은 거의 없을 것이다.[13] 하지만 이런 배상금 판결로 인해 사람들은 어쩔 수 없이 보험에 가입하고 그 결과 재화와 서비스의 가격이 오르는 결과를 낳는다. 어떤 연구에 의하면 이런 '책임배상비용(liability tax)'이 평범한 사다리 가격의 30퍼센트 그리고 아동 백신 가격의 95퍼센트를 차지하고 있다고 한다.[14] 대중의 관심이 집중되는 거액의 손해배상 판결로 인해 지나치게 많은 인적 자원이 법조계로 유입되고 있다. 따라서 이런 판결에 상한선을 둔다면 형평성을 제고할 뿐만 아니라 효율성도 높일 수 있을 것이다.

의료비: 전문의와 일반의

미국인의 1인당 실질의료비 지출은 1인당 실질GNP보다 더 빠른 속도로 증가해 왔다.[15] GNP에서 의료비가 차지하는 비중은 1940년 4퍼센트에서 오늘날에는 약 14퍼센트로 증가했다.

의료 비용이 상승한 이유는 여러 가지가 있지만 의사의 진료비, 특히 고도의 훈련을 받은 전문의의 진료비가 중요한 역할을 했다. 우리는 5장에서 고소득자의 소득이 전반적으로 급증하던 1980년대에 의사의 수입도 크게 증가했음을 살펴보았다.

일류 의사의 소득은 주로 보험사나 정부가 대신 지불하는 '제3자 지불시스템(third-party payment scheme)' 때문에 증가했다. 이는 일반의가 훨씬 낮은 비용으로 수행할 수 있는 시술을 전문의에게 의뢰해 높은 비용을 지불하는 제도다. 그 결과 전문의는 고소득을 올릴 수 있었고 의대생은 일반의보다는 전문의가 되겠다는 강한 동기를 갖게 되면서 문제를 더욱 악화시켰다. 자신들이 받는 서비스에 소비자들이 직접 대가를 지불하는 정상적인 시장이라면 전문의 진료비는 줄어들 것이다. 그러나 보험회사가 주도하는 시장에서는 이 원칙이 적용되지 않는다.

이런 문제를 해결하는 가장 간단한 방법은 자격증보다는 의료 행위에 부합하는 진료비를 지불하는 것이다. 대부분의 정부 의료 개혁안도 그렇고 민간 부문에서 관리형 의료로의 전환 움직임을 보아도 의료 서비스 제공에 더 많은 주치의가 필요하다고 강조한다. 그러한 개혁은 소득분배의 불평등을 완화해 줄 것이고 동시에 재능 있는 사람들이 다른 영역에서 유용한 경제활동을 할 수 있게 도와주어 형평성과 효율성 모두 개선될 것이다.

교육비: 장학금제도의 명과 암

8장에서는 최근 몇십 년 사이에 일류대 졸업장에 대한 수요가 급증했음을 살펴보았다. 승자독식시장을 발생시키는 요소들이 강화되면서 이런 추세는 계속되거나 심지어 더욱 빨라질 것 같다. 이에 따라 대학은 명문 대학의 지위를 얻기 위해 뛰어난 교수진, 재능 있는 행정가, 수완이 좋은 기금 모집가 등을 두고 끊임없이 경쟁을 벌일 것이다. 최고의 교수진을 고용하기 위해 대학은 높은 연봉, 고액의 연구비, 가벼운 강의 부담 등을 조건으로 내건다. 피라미드 상단의 높은 연봉은 필연적으로 하위권 대학까지 퍼져 나갈 수밖에 없고 대학 발전 기금 모금 활동은 계속 증가할 것이다.

현재 정부의 재정지출 정책 역시 교육 분야의 경쟁을 부채질하고 있다. 캘리포니아주의 납세자들은 2년제와 4년제 주립대학에 자금을 지원하고 있을 뿐 아니라 9개의 캘리포니아대학교 캠퍼스가 국제 지성계에서 우위를 점하기 위해 경쟁하는 엘리트 시스템을 지원하고 있다. 분야별 연구 주제를 중심으로 치열한 경쟁이 벌어지고 있어서 문학평론가나 경제학자가 중요하게 생각하는 것이 납세자의 생각과 다르다고 해도 그러려니 해야 한다.

주 정부에서 모든 주민이 양질의 초등교육과 중등교육을 받는 것을 공익으로 인정하는 것은 또 다른 문제다. 또한 주민들이 현대의 노동시장에서 살아남을 수 있도록 전문 기술 교육도 실시해야 한다. 또한 그 주의 가장 뛰어난 학생이 다른 주로 이주함으로써 세원이 사라지지 않도록 명문 대학에 대한 지원도 게을리해서는 안 된다. 그러나 과연 납세자들이 주립대학교를 보조해 줌으로써 그 학문적 명성을 지켜 주어야 하는지에 대해서는 확실히 그렇다고 말하기 어렵다.

효율성과 형평성의 균형을 유지하려면 우수해지려는 노력이 특정 분야에서 집중적으로 이루어져야 한다. 엘리트 공립 고등교육기관을 유지하고자 하는 주에서는 엘리트 사립 교육기관이 부과하는 등록금과 비슷한 수준의 등록금을 부과하는 것이 좋다. 또한 재능 있는 학생이 집안 형편 때문에 명문 교육기관에서 공부할 기회를 잃어서는 안 된다. 따라서 이런 문제는 모든 학생에게 등록금을 지원하기보다는 필요한 학생만을 대상으로 한 등록금 보조 정책으로 해결할 수 있다.

등록금 개혁의 필요성은 로스쿨에서 가장 분명하게 드러난다. 미국은 효율성 측면에서 볼 때 이미 너무 많은 변호사를 보유하고 있음에도 불구하고 대부분의 주에서는 여전히 더 많은 변호사를 배출하기 위해 보조금을 지급하고 있다. 최근 몇 년 사이에 캘리포니아주는 100억 달러의 적자를 기록했지만 캘리포니아주립대학교의 로스쿨을 재정적으로 지원해 학교는 계속해서 수천 명의 학생을 입학시켰다. 결국 학생들은 등록금을 일부만 내는 셈이다. 이와 비슷한 상황은 다른 주립대학교의 로스쿨에도 나타난다.

왜 미국의 납세자들이 변호사를 더 배출하기 위해 재정적 지원을 해야 하는가? 형평성과 효율성이라는 관점에서 볼 때 등록금을 더 이상 보조해 주지 말자는 주장이 설득력을 얻고 있다. 개인 자격으로 로스쿨에 기부금을 내는 사람들에게 주는 세금 공제 혜택을 폐지하자는 주장 역시 설득력이 있다.

다양한 승자독식시장의 과밀화를 막는 데 소득세나 소비세보다 등록금 정책이 더 효과적인 수단이 될 수 있다고 주장하는 사람도 있다. F. 리 베일리(F. Lee Bailey)와 앨런 더쇼위츠(Alan Dershowitz)를 비롯해 월스트리트에서 성공한 변호사들은 분명 그 직업을 매혹적으로 보이게 한다. 그렇지만 고소득에 대한 세율을 다소 올린다고 해서 법학 공부를 포기할 사람이 얼마나 되겠는가?

승자들의 소득에 대한 조세 효과는 대부분 특정 분야의 경쟁이 본격화되고 몇 년이 지나야 나타난다. 나중에 받는 보상과 벌보다 현재 받는 보상과 벌에 훨씬 더 민감하게 반응한다는 것은 심리학에서 널리 알려진 원리다.[16] 예를 들어 범죄자는 체포된 후 받을 형량이 늘어나는 것보다는 체포될 확률이 늘어나는 것에 더 민감하게 반응한다. 마찬가지로 숙취가 다음 날 오지 않고 즉각적으로 온다면 과음을 하는 사람은 훨씬 줄어들 것이다.

이런 사실에서 보듯 나중에 부과되는 조세보다는 초기에 주어지는 보조금이나 불이익이 청소년의 직업 선택에 더 영향을 줄 수 있다. 한 예로 자선사업가들이 대학 등록금을 지원하겠다고 약속하자 빈민가 출신 고등학생들의 졸업률이 급격하게 증가했다. 1981년 기업가 유진 랭(Eugene Lang)은 이스트 할렘가에 있는 121공립학교 6학년생들에게 중고등학교를 정상적으로 졸업하고 대학에 입학하면 등록금을 전액 지원하겠다고 약속했다. 당시 그 학교의 교장은 랭에게 오직 4명 중 1명 정도가 정상적으로 졸업할 수 있을 것이라 말했다. 그러나 이 학급은 61명의 학생 중 54퍼센트가 고등학교 졸업장 또는 이에 준하는 자격증을 받았다.[17] 절반 이상인 32명이 "바드대학이나 스와드모어대학 등"에 진학했다.[18] 이 사건은 장학금, 연구지원금, 학자금 융자 등이 학생들의 진로 선택에 영향을 미칠 수 있음을 시사한다.

관료적인 조치로 학생들을 각 분야에 배치하려는 조치는 위험하다. 그렇지만 아무 행동도 취하지 않는 것보다는 안전하다. 경쟁이 심화되는 세계시장에서 성공하려면 가장 우수한 사람들을 가장 중요한 자리에 배치할 수 있어야 한다. 법대생이 공대생과 똑같은 지원을 받는 현행 교육제도가 과연 합리적인지는 단언하기 어렵다.

한편 시장 공급만으로는 부족한 활동을 조성하는 데는 조세정책보다 학비 지원 정책이 더 효과적이다. 6장에서 우리는 불완전한 특허보호제도 때문에 새로운 기술을 개발한 사람들이 노력의 대가를 제대로 받지 못하는 경우를 살펴보았다. 전통적인 조세정책의 접근 방식은 사회가 장려하고자 하는 연구 개발과 기타 투자에 세금 면제 또는 보조금을 지급하는 것이었다. 그러나 이렇게 되면 사람들이 자신의 모든 활동을 기술혁신으로 포장하려는 문제가 생긴다.

연구개발 분야의 학생들에게 등록금을 지원하면 이런 문제는 피해 갈 수 있다. 물론 어떤 사람을 엔지니어로 교육시킨다고 그가 평생 엔지니어로 남아 있으리라는 보장은 없다. 그러나 기술이나 과학 교육을 받은 사람들이 이러한 기술을 활용하는 분야에서 직업을 찾을 가능성이 높다. 게다가 과학자와 엔지니어를 더 많이 양성하면 기업이 세무 당국에 자기 회사의 회계사가 연구 개발까지 맡고 있다고 변명할 필요가 없어진다.

진로에 대한 정확한 정보 제공하기

6장에서는 사람들이 자신의 승산에 완벽한 정보를 갖고 있을 때조차도 승자독식시장에 지나치게 많은 사람이 몰려든다는 사실을 지적했다. 사람들은 자신의 성공 가능성을 비현실적일 정도로 낙관하기 때문에 문제를 더 악화시킨다. 사람들이 각 분야에서 잘할 수 있는 실제 확률을 더 생생하게 알 수만 있다면 참 좋을 텐데 말이다.

그러나 완벽한 정보를 갖고 있다고 해도 그 효과는 생각만큼 크지 않다. 예를 들면 우리 사회에는 너무나 다양한 분야가 있기에 각 분야에서 성공할 확률을 전파하는 것은 너무 번거로워 큰 도움이 되지 않는다. 차라리 각 분야의 전문가가 지원자에게 최고의 위치에 올라설 확률이 매우 낮다고 경고하는 것이 더 효과적일 수 있다. 예를 들어 어떤 사람이 최고의 피아니스트가 되기 위해 10년 동안 매일 8시간씩 연습하겠다고 하면 그의 스승이 해마다 수천 명이나 되는 사람들이 피아니스트가 되기 위해 노력하지만 극소수만이 유료 청중 앞에서 연주한다는 사실을 알려 줄 수 있을 것이다. 변호사가 되려는 사람에게도 극히 일부만이 월스트리트의 법률 회사에서 파트너로 일할 수 있다고 말해 줄 수 있다.

하지만 성공할 수 있다는 희망이 끝없이 청소년들을 부추기고 있으므로 우리는 과연 이런 조언들이 청소년들의 선택에 어느 정도의 변화를 줄 수 있을지 자신할 수 없다. 이런 정보 중 일부는 교육기관에서 저렴한 비용으로 얻을 수 있으며 이를 통해 최소한 일부라도 다른 직업으로 전환할 수 있다. 따라서 정보를 이용한 치유책은 신중하게만 선택한다면 형평성과 효율성을 촉진하는 데 도움이 될 수 있다.

반독점 정책이 유효하려면

9장에서는 개별 시민과 단체에서 체결하는 다양한 위치군축협정을 살펴보았다. 여기에는 성형수술의 억제와 같은 비공식적 사회규범에서부터 NBA 선수들의 급여 상한선 규정과 같은 공식적인 계약까지 다양한 것들이 포괄되어 있었다.

사적이든 공적이든 위치군축협정은 개인의 자유를 제한한다.[19] 개인의 자유를 소중하게 여기는 서구 사회에서는 개인의 행동을 제한하는 공공 수단보다 사적인 수단을 선호한다. 따라서 정책 입안자들은 사적인 위치군축협정이 공익에 상충되지 않는다면 언제든 허용해야 할 의무가 있다. 그러나 특히 반독점 분야에서는 이런 원칙이 잘 지켜지지 않는 경우가 많았다.

예를 들어 M&H 타이어 회사가 뉴잉글랜드 자동차경주협회(NEARA)를 상대로 소송을 냈을 때 법원이 어떤 판결을 내렸는지 살펴보자.[20] 모든 자동차경주협회는 선수들이 자신의 경주차와 장비에 쏟는 비용을 제한하기 위해 다양한 조치를 취한다. 즉, 엔진 배기량, 연료 공급 시스템, 서스펜션 부품 등에 한도를 두는 것이다. 그런데 기술의 변화에 따라 규칙도 달라진다. 1970년대 후반 자동차경주협회 회원들은 새로운 경주용 타이어에 더 많은 투자를 하면 라이벌을 앞서 나갈 수 있다는 사실을 발견했다. 이런 경쟁을 억제하기 위해 자동차경주협회는 모든 참가자는 동일한 상표와 모델의 타이어를 사용해야 한다고 규칙을 수정했다. 그리고 이를 위해 타이어의 기술 사양을 공표하고 타이어 업체를 공개 입찰했다. 한 업체가 입찰 경쟁에서 승리하자 위치군비경쟁은 해결되었다. 적어도 자동차경주협회는 그렇게 생각했다.

그러나 얼마 지나지 않아 입찰 경쟁에서 패한 M&H 타이어 회사가 가격 담합을 이유로 자동차경주협회를 상대로 반독점 소송을 제기해 승소했다. 이 결정은 나중에 항소심에서 번복되었지만 자동차경주협회는 엄청난 소송비용을 부담해야 했다. 이 때문에 비슷한 위치군축협정을 추진하던 다른 분야의 움직임도 잠잠해졌다.

승자독식적 시각은 또 하나의 무분별한 반독점 소송에서도 찾아

볼 수 있다. 그것은 법무부가 아이비리그 대학과 MIT를 상대로 제기한 소송이었다. 이 대학들은 재정 지원 정책을 공모해 장학금 액수를 담합했다는 혐의로 피소되었다. 분명 피소된 대학들은 고소장에 기재된 범법 행위를 저질렀다. 이들은 우수한 학생을 유치하기 위한 경쟁 수단으로 재정 지원을 사용하지 않는다는 암묵적인 약속이 있었고 각 학교가 특정 학생에게 얼마나 많은 재정 지원을 제공하는지에 대한 정보를 공유해서 이 정책을 시행했다. 1991년 피소된 대학들이 기존의 장학금 정책을 포기하겠다고 합의서에 서명함으로써 소송은 기각되었다.[21]

이 사건으로 대학 간의 위치군축협정은 파기되었다. 8장에서 보았듯 대학의 명성은 가능한 최고의 학생을 유치하는 능력에 크게 좌우된다. 아무런 제한이 없는 환경에서 대학은 우수한 학생을 끌어들이기 위해 장학금을 포함한 모든 수단을 능력껏 동원해야 한다. 이 경우 장학금은 불공평하게도 가장 형편이 어려운 학생이 아니라 가장 성적이 좋은 학생에게 주어진다.

법무성이 현행 장학금 정책이 재능 있는 학생에게 불리하다고 한 지적은 맞다. 그러나 그것이 장학금 정책의 취지였다. 우리는 열심히 하고 잘하는 사람이 보상받아야 한다는 생각에 모두 동의한다. 그러나 장학금 정책의 원래 목적은 재정적인 한계로 학생이 자격에 맞는 최고의 교육을 받지 못하는 일이 있어서는 안 된다는 소중한 사회적 가치를 보호하는 것이었다. 그러나 현재와 같은 장학금 정책이 유지되는 한 진정으로 장학금을 필요로 하는 사람에게 도움이 될 가능성은 점점 낮아질 것이다.

그렇다고 반독점법이 전혀 유익하지 않다는 뜻은 아니다. 기업에서 경쟁을 피하기 위해 만들어 놓은 협정은 공공의 이익과 반하는 경우가 많았고 반독점법들은 최소한 그러한 협정 중 일부를 확실히 억제해 왔다. 그러나 경쟁의 중심이 국내시장에서 세계시장으로 이동함에 따라 가격 담합, 합병, 독점금지법이 금지하는 기타 비즈니스 관행으로 인한 위협은 감소했다. 동시에 경쟁이 치열해지면서 유리한 입지를 차지하기 위한 위치군비경쟁은 더욱 심해졌다. 이제는 변화된 환경에 더욱 민감하게 반응할 수 있는 반독점법과 정책을 고려해야 할 때다.

노동시간 줄이기

7장에서 보았듯 오늘날 미국인들은 과거보다 더 많은 시간을 일한다. 사회의 최상층부에 있는 사람들은 보상이 커졌기 때문에 열심히 일하고 하층부에 있는 사람들은 더 밑으로 추락하지 않기 위해 열심히 일한다. 승자독식시장의 확장으로 이런 추세는 지속될 것이 확실하다. 이것은 바람직한 현상인가? 만약 아니라면 여기에 대한 현실적인 대안은 있는가?

승자독식적 관점에 의하면 상대적인 실력 차이에 의해 보상 수준이 결정될 경우 남들보다 적게 일하는 개인은 앞서 나갈 가능성이 적다고 주장한다. 그러나 만약 모든 사람이 다 같이 조금 더 적게 일한다면 이 때문에 피해를 보는 사람은 없을 것이다. 이런 견지에서 사람들의 노동시간을 줄여 주는 정책들은 매력적으로 다가온다. 주당 39시간이 아니라 35시간만 초과해도 시간외수당을 주는 정책도 고려할 만하다. 아니면 국가 지정 공휴일을 늘리는 것도 괜찮을 것이다.

사실 그러한 조치들은 별다른 부작용 없이 이미 다른 나라에서 시행되었다. 미국의 신입 사원들은 2주가 채 안 되는 유급휴가를 받지만 유럽은 6주 가까이 된다(두 경우 모두 국경일 포함). 물론 조금 적게 일한다면 급여도 조금 덜 받아야 한다. 그렇지만 모든 사람이 더 적은 임금을 받는다면 사람들이 살아가는 데 필요한 비용도 줄어들 것이다.

대중문화: 공영방송이 필요한 이유

10장에서 우리는 승자독식의 원리가 심화되면서 대중문화에 어떤 문제점이 나타나는지 살펴보았다. 이런 변화는 금전적 이익이 커지면서 사람들의 시선을 집중시켜야 할 필요성이 커져 버렸기 때문에 나타난 것이다. 과거 업계 종사자들 사이에 맺어졌던 암묵적인 위치군축협정들이 이제는 무너져 버렸다. 이는 최고상에 걸린 이익이 너무 커졌기 때문이기도 하고 그 제한 협정을 파괴할 수 있는 경쟁자의 수가 늘어났기 때문이기도 하다.

계속해서 경쟁이 강화되고 금전적 이익이 커지는 상황에서 업계 종사자들이 자발적으로 나서서 지나치게 외설적이거나 폭력적인 내용을 걸러 줄 것이라고 희망하는 것은 어쩌면 순진한 발상일지 모른다. 그러나 이러한 문제를 야기했던 기술적 변화가 새로운 해결책을 제시해 줄지도 모른다. 예를 들어 최근 자녀들에게 보여 주고 싶지 않은 프로그램을 차단할 수 있는 텔레비전이 출시되었다.[22] 만약에 이런 장치가 널리 보급된다면 화면을 미리 보여 주고 프로그램의 등급을 매기며 부모들에게 시청 가이드라인을 제공해 주는 서비스가 신속히 개발될 것이다. 이는 정부가 프로그램의 내용을 직접 규제하는 것보다 훨씬 효과적이다.

승자독식효과가 어떻게 대중문화를 형성하는지를 이해하면 시장에서 사라질 위기에 처했던 문화 상품에 대한 정부의 지원책이 중요하다는 점을 깨달을 수 있다. 보수주의자들은 PBS와 NPR 같은 공영방송이 부자를 위한 것이라고 비난한다. 물론 보다 광범위한 소비자 계층을 대상으로 한 프로그램이 증가해야 한다는 그들의 주장이 맞을 수도 있다. 그러나 지금까지 보았듯 대중문화에서 자유시장이 사회적으로 최적의 결과를 가져온다는 보수주의자의 불평에는 오류가 있다. 물론 우리는 정부가 기획한 문화 상품이 더 뛰어나다는 유치한 견해를 옹호하려는 것은 아니다. 그러나 이 두 극단적인 견해 사이에 신중한 중도적 관점을 취할 수 있다. 그것은 시장 원리의 영향력을 인정하면서도 동시에 문화 문제에서는 집단적 이익이 개인의 이익과 크게 다르다는 점을 인정하는 신중한 중간 지점이 존재한다는 태도다.

미래의 전망

승자독식시장을 형성하는 힘은 점점 더 강해지고 있으며 앞으로도 계속 그럴 것이다. 그리고 그 속도 역시 더욱 빨라질 것이다. 따라서 미래에 아무리 결정적인 정부 정책이라도 소득 불평등을 바로잡아 줄 것으로 기대하는 것은 비현실적이다. 결국 한 나라의 세율이 지나치게 높아지면 최고 실력자들은 이민을 가 버리면 그만이기 때문이다.

세계정부가 아니라서 불평등 문제를 막을 수 없다면 이를 완화하는 방법이라도 물색해야 한다. 언론인 미키 카우스(Mickey Kaus)는 최근 저서에서 이렇게 말한다.

> ──우리 사회에는 항상 부자와 빈자가 있었다. 그러나 돈 때문에 부자들, 심지어 조금 여유 있는 사람들조차 가난한 사람들과 다른 삶을 살고 싶어 한다. 이는 부분적으로는 가난한 사람들에 대한 두려움 때문이기도 하고 다른 한편으로는 자신들이 부유한 삶을 살 자격이 있으며 어떤 의미에서는 우월하다고 느껴서다. 돈의 평등이 아닌 타인과 교류하고 삶을 살아가는 방식에서의 평등이 사라지고 있는 것 같다.[23]

이런 주장에 대한 가장 현실적인 처방책은 소득의 역할을 제한하는 것이다. 제임스 토빈은 "왜 우리는 어떤 재화를 좀 더 평등하게 분배하지 못하는가? 좀 더 정확하게 말하면 시장에 재화의 분배를 맡겨 놓았을 때보다 왜 더 평등하게 하지 못하는가?"라고 의아해한다.[24]

철학자 마이클 월저(Michael Walzer)는 불평등이 어떤 영역에서는 더 큰 고통을 만들어 낸다고 주장한다.[25] 소득이 높아야 고급 승용차를 살 수 있다는 사실은 받아들일 수 있어도 소득이 높아야 좋은 학교에 다니고 필수적인 의료 혜택도 받을 수 있다는 사실은 받아들이기 힘들다. 또한 돈이 있어야 해외로 휴가를 떠날 수 있다는 사실은 견딜 수 있어도 돈이 있어야 공평한 재판을 받을 수 있다는 사실은 참기 힘들다. 월저는 삶의 영역이 독립적으로 구분된 세계가 이상적이라고 생각한다. 어떤 영역에서는 소득이 중요하지만 다른 중요한 사회 영역에서는 모든 시민이 소득과 상관없이 평등한 자격을 가져야 한다. 예를 들어 월저는 현재 미국의 정치 현실과는 달리 소득과 관계없이 사람들의 발언권이 동등하게 주어지는 정치 규칙을 상상한다. 이와 비슷하게 그가 생각하는 이상적인 사법 영역에서는 사법적 규범들이 개인의 부와는 무관하게 공평하게 적용된다.

불평등을 줄이려면 우선 평등이 가장 요구되는 영역부터 정부가 지원해야 한다. 즉, 전 국민을 대상으로 한 보편적인 의료보험과 누구에게나 기회가 주어지는 우수한 공립학교 등을 제안함으로써 구체화할 수 있다. 토빈은 여기에 기본적인 주택과 영양 공급도 포함시킨다.

문제는 이러한 필수적인 것조차도 우리가 감당할 수 있는 수준을 넘어선다는 것이다. 가난한 사람들에게는 돈이 없으니 세금을 부과할 수 없고 나머지 사람들에게는 세금이 많으면 열심히 일하지 않고 생산적인 투자를 중단할지 모르기 때문에 부과하지 않는다.

그러나 이런 생각은 틀렸다. 우리의 경제정책과 사회정책과 관련한 믿음들은 승자독식시장이 일반화되어 있지 않았고 사람들이 잘 몰랐던 시대에 형성된 것이다. 그러나 이런 신념이 부정확하다고 해서 쉽게 버려야 하는 것은 아니다. 모든 신념은 끈질기게 오래 버티지만 기존의 경제와 사회 질서를 뒷받침해 주었던 신념들은 더욱 그렇다. 그러나 한때 효과가 있던 정책들이 점점 더 현재의 상황과 맞지 않게 되었다.

변화란 결코 쉬운 것이 아니지만 현재 등장하고 있는 승자독식시장의 영향을 분명히 파악한다면 그에 맞서는 조치도 그렇게 어렵지는 않을 것이다. 전통적인 통념에 따르면 세상은 하나를 얻으면 고통스럽지만 반드시 하나를 잃게 되어 있다. 그러나 우리는 이런 비관적인 결론을 거부한다. 왜냐하면 앞서 살펴본 바와 같이 경제의 최대 승자에게 더 큰 세금 부담을 지우는 것은 우리 금융 시스템을 바로잡는 데 도움이 될 뿐만 아니라 재능 있는 시민이 더 생산적인 일에 종사하도록 유도하는 데도 도움이 되기 때문이다. 만약 조세 부담이 누진세 형태를 띤다면 절실히 필요한 저축과 투자도 촉진될 것이다. 그러므로 승자독식사회의 결점을 보완하는 정책들은 형평성을 제고하는 동시에 경제성장도 촉진한다. 이는 공짜 점심은 아니지만 저렴한 점심인 것은 분명하다.

감사의 말

● 이 프로젝트에 대한 작업은 공식적으로는 1988년에 시작했지만 사실은 25년 전 버클리대학 경제학 박사 과정 중 동급생이자 사무실 동료로서 나눈 대화가 발단이었다. 그 후 몇 년 동안 우리는 각각 위치적 군비경쟁과 복권 참여의 경제학에 대해 연구했다. 처음에는 이 두 분야가 공통점이 있는 정도로 보였지만 1980년대에 들어서면서 사회에서 최고의 위치를 차지하기 위한 경쟁이 복권 참여와 점점 더 비슷해지고 있다는 것이 분명해졌다. 이를 깨닫고 나서 연구 프로그램을 통합하고 승자독식사회에 대한 연구를 시작하기로 결정했다.

프로젝트를 진행하면서 여러 곳에서 조언을 구할 수 있었다. 특히 진행 보고서를 작성하느라 고생한 팀들에게 엄청난 신세를 졌다.

또한 세미나를 통해 유용한 제안과 통찰력을 제공해 주신 버클리대, 빙햄튼대, 브리티시 컬럼비아대, 칼턴대, 행동과학 고급연구센터, 시카고대, 클레어몬트 대학원, 컬럼비아대, 코넬대, 코넬 로스쿨, 달후지대, 듀크대, 조지 메이슨대, 조지아 주립대, 조지아 공대, **궬프대**, 하버드대, 하버드 비즈니스스쿨, 아이오와대, 라파예트대, 런던정경대, 오하이오 마이애미대, MIT, 전미경제연구소, 뉴멕시코대, 노스웨스턴대, 오하이오주립대, 오레곤대, 펜실베니아대, 러셀세이지 재단, 산타클라라대, 서던캘리포니아대, 스탠포드대, 스탠포드로스쿨, 토론토로스쿨, 티프츠대, 워싱턴대, 워싱턴대학교 세인트루이스, 웨슬리안대, 웨스턴온타리오대, 윌리엄스대, 예일 로스쿨의 교수진들에게도 감사드린다.

또한 원고 전체 또는 일부 초안을 읽고 의견을 주신 분들께도 감사의 말을 전한다. 특히 브루스 애커먼, 앤서니 브라운, 짐 뷰캐넌, 수딥토 다스굽타, 패트릭 드그라바, 앤드류 더거티, 빅터 폭스, 앨런 가버, 밥 기븐스, 댄 그레이엄, 피터 홀, 제이 해밀턴, 밥 인만, 알프레드 칸, 티무르 쿠란, 에드워드 라지어, 짐 라이첼, 프랭크 레비, 글렌 루리, 척 만스키, 도널드 매클로스키, 링컨 모시스, 밥 넬슨, 딕 넬슨, 샘 펠츠먼, 짐 레비처, 제니퍼 링가눔, 더글러스 리버스, 피터 로저슨, 셔윈 로젠, 댄 루빈펠드, 앤드루 루텐, 존 지그프리드, 레스터 텔서, 딕 세일러, 에드 타워, 마이크 왈드만, 로버트 영에게 감사의 인사를 전한다. 연구에 도움을 준 아쉬시 바다니, 펑카 차터지, 프라빈 큘스레스타, 채드윅 마이어, 캐글라 오즈든, 조나단 웨커, 유경준에게도 감사의 마음을 전한다. 국립과학재단, W.E 업 존 고용연구재

단, 행동과학 고급연구센터의 재정지원에도 감사드린다. 마지막으로 우리의 이야기를 더 널리 알릴 수 있도록 격려해 준 라파엘 사갈린과 자료를 책으로 만드는 데 귀중한 도움을 준 마틴 케슬러에게 감사드린다.

주석

1장
1. Vonnegut(1987), pp.74, 75.
2. Ibid., p.75.
3. Goode, 1978, p.72.
4. 자세한 내용은 Krugman, Fall 1992를 참조 바람.
5. The Economist, November 5, 1994, p.19.
6. Ibid.
7. Fortune, April 19, 1993, p.162.
8. Marshall, 1947(1890), p.685.
9. 이런 추세에 대한 증거는 Gilovich, 1990, chap. 5 참조 바람.
10. Quoted by Whiteside, 1980, pp.158, 159
11. Sykes, 1988, pp.5, 6.
12. 자세한 내용은 Ashenfelter and Bloom, 1990 참조 바람.
13. Boulding, 1966, p.110.
14. Gleick, 1992, p.128.
15. Lane, 1994, p.90.
16. Ibid., p.90.

2장
1. United States Tennis Association Yearbook, 1993, 1994.
2. 최근에는 감시로도 업무 태만을 막을 수 없다면 기업에서 노동자의 보수 구조를 서열화해야 한다는 주장이 제기되고 있다(Lasear and Rosen, 1981; O'Keeffe, Viscusi, and Zeckhauser, 1984; Rosen, 986). 반면 우리는 승자독식적 보상 구조가 경쟁의 결과라고 생각한다.

3. Rosen, 1981, p.845.
4. Bell et al., 1994, p.2c.
5. Miston, 1992, p.36.
6. National Science Foundation, 1989.
7. Zuckerman, 1977, p.171.
8. Mnookin and VWlson, 1988. 참조 바람. 텍사코는 결국 현금 30억 달러를 주고 소송을 끝냈다.
9. Farrell and Saloner, 1985; and Katz and Shapiro, 1985. 참조 바람.
10. Diamond, 1994, p. 30.
11. Arthur, 1988, 1989.
12. Arthur, 1989, p.126.
13. Arthur, 1988, p.16.
14. Merton, 1968, 1988; Cole and Cole, 1973. 참조 바람.
15. Merton, 1988, p.445.
16. Kingston and Lewis, 1990, p.xx.
17. 예를 들어 1982년 Fuller와 Manski와 Wise는 고3 학생들의 대학 선택을 연구한 결과 학생들이 자신의 SAT 점수보다 높은 점수를 받은 학생들이 입학하는 대학을 선호하는 경향이 있다고 지적했다.
18. Quoted by Walton, 1986, p.24.
19. Katz and Shapiro, 1994, p.107.
20. 자세한 내용은 Adler, 1985. 참조 바람.
21. Miller, 1956. 참조 바람.
22. Goode, 1978, p.75.
23. Quoted by Berkowitz, 1986, p.33.
24. Laband, 1990, p.133.
25. Berlyne, 1971, p.193.
26. Adier는 1987년에 이 연구 결과를 이용해 레스토랑 체인점의 성공을 설명했다.
27. 습관과 취향의 형성은 생산과정상 어느 한 부분에서 규모의 경제와 연관해 작동할 때만 승자독식적 효과를 유발한다. 예를 들어 맞춤형 뉴스를 제작하는 데 추가 비용이 들지 않는다면 각 가정은 상이한 뉴스 해설자를 텔레비전에서 보게 될 것이고 그렇게 되면 이 분야의 승자독식적 효과는 사라질 것이다. 그러나 기술적 한계로 인해 여러 뉴스를 제작하는 것보다 뉴스를 하나만 제작하는 것이 비용을 절감시킨다. 그리하여 사람들이 익숙한 것을 선호하게 되면서 수요가 집중된다.
28. Berlyne, 1971, p.193.
29. Hirsch, 1976.
30. 상대적 위치에 관한 증거를 보려면 Frank, 1985, chap. 2 참조 바람.

31. Quoted by Prial, 1990, p.54.
32. Faulkner, 1983, p.173.
33. Krugman, Fall 1992, p.24.
34. Marshall, 1947, quoted in Rosen, 1981, p.857.
35. Buchanan, Tollison, and Tullock, 1980; Krueger, 1974.

3장

1. Reported in Rosen, 1981, p.857.
2. Kirkland, 1988, p.42.
3. Reich, 1991, p.83.
4. Greenspan, 1988, p.2.
5. Pine, 1993, p.44.
6. Wriston, 1992, p.43.
7. Ibid.
8. Quoted Tenner, 1991, p.31.
9. Ibid.
10. Griffin Miller, 1992.
11. International Business, March 1993, P.104.
12. MacKie-Mason and Varian, 1994, p.76.
13. Time, June 13, 1994, p.62.
14. Computergram International, 1994.
15. McBee, 1985, p.49.
16. Ibid., pp.49, 50.
17. Adam Smith, 1910(1776), book 1, p.5.
18. Adam Smith, quoted by Heilbroner, 1986, p.171.
19. Zuboff, 1988, p.9.
20. Reich, 1991, pp.177, 178.
21. 이 같은 유형은 형평성의 원칙에 근거해 또는 등급이 높게 매겨진 노동자가 자신보다 등급이 낮게 매겨진 동료보다 높은 지위를 기꺼이 사들이려고 하는 태도에 근거해서 합리화되어 왔다.
22. Krugman, Fall 1992, p. 1.

4장

1. 자세한 내용은 Whiteside, 1981, chap. 2 참조 바람.
2. PR Association, 1994.

3. Quoted by Whiteside, 1981, p.105.
4. 여기 인용된 숫자는 Whiteside, 1981을 참고한 것이다.
5. Quoted by ibid., p.174.
6. Business Week, April 19, 1993, p.92.
7. 결과는 Chadwick Meyer와 공동으로 1989년 코넬대학교 경제학과 우수논문집에 실렸다.
8. For details, see Meyer, 1989.
9. Crystal, 1991, p.164.
10. Ibid., p.166.
11. Blair, 1994, p.24.
12. Crystal, 1991, p.27.
13. Burroughs and Helyar, 1990, p.95.
14. Bok, 1993, chap. 1.
15. Crystal, 1991, pp.207, 209. 외국의 경영진과 미국의 경영진이 받는 연봉을 비교한 것은 일본과 독일의 경우 비금전적인 복리후생제도가 발달해 있다는 사실을 고려할 때 과장된 것일 수도 있다. 그러나 일본과 독일의 경우 고소득자들에게 부과되는 세율이 높으므로 복리후생제도의 효과는 어느 정도 상쇄된다.
16. See Frank and Cook, 1995. 참조 바람. Kevin M. Murphy 덕분에 〈포브스〉에서 조사한 자료를 우리의 분석 자료로 활용할 수 있었다.
17. McCarroll, 1993, p.63.
18. Byrne, July 25, 1994, p.61.
19. Huey, 1993, p.56.
20. Byrne, July 25, 1994, p.65.
21. Huey, 1993, p.57.
22. Television and Video Almanac, 1988, p.323.
23. Wecker, 1992, p.18.
24. Ibid., p.34.
25. Vogel, 1986, p.92.
26. Leedy, 1980, p.3, quoted in ibid., p.105.
27. Meker, 1992, p.51.
28. Kilday and Thompson, 1994, p.18.
29. Wecker, 1992, p.49.
30. Kasindoif, 1992, p.37.
31. Ibid.
32. Stevenson, 1991, p.3-1.
33. Jabrikant, 1992.

34. Caen, 1993.
35. Reibstein, 1994, p.58.
36. Ibid.
37. Ailetta, 1994, p.63.
38. Ibid.
39. 뒤에 오는 설명은 Conover, 1978. 참조 바람.
40. Heinfeld, 1993.
41. Behlbehani, 1993.
42. Sperber, 1990, p.42.
43. Schmuckler, 1994.
44. Sports Illustrated, December 28, 1988, p.24. 셰릴이 높은 보수를 받았던 것은 우승에 대한 압력 때문이었으나 바로 그 압력 때문에 NCAA 규칙들을 수없이 위반했다. 셰릴이 A&M을 떠난 1988년, A&M의 미식축구팀은 신입 선수 선발 과정 등의 비리로 2년 동안 조사를 받았다.
45. Sperber, 1990, p. 49.
46. Wolff, 1992, p.96.
47. Kolr, 1990, p.37.
48. Fainaru, 1991.
49. Chass, 1993.
50. Sandomir, 1994, p.B13.
51. Ladewski, 1991, p.33.
52. Blum, 1991, p.9A.
53. Sandomir, 1994, p.Al.
54. Jet, December 16, 1991, p.52.
55. Sandomir, 1994, p.Al.
56. Watson, 1992.
57. Ibid., p.103.

5장
1. Krugman, March 23, 1992.
2. Phillips, 1994, app. A.
3. Lawrence Katz, 1992/93, p.11.
4. Klittner, 1983.
5. Bound and Johnson, 1992; Katz, 1992/93.
6. 이 소식을 재빨리 알아챈 젊은이들로 인해 1980년대 기록적으로 많은 수가 전문대학과 4년제 대학에 입학했다. 그러지 않았다면 베이비붐 세대가 기존의

교육 공간을 채우기에는 너무 부족했을 것이다.
7. Levy and Murnane, 1992, p.1372.
8. 1989년에 경제생활자는 총 1억 1800만 명이었다(출처:Claritas Inc.).
9. 소득에 대한 자세한 자료는 10년마다 발행되는 U.S. Census에 실린 것이다. 1980년과 1990년의 통계에는 전체 인구의 5퍼센트나 되는 표본집단에 전년도의 고용 현황과 소득 현황에 대해 던진 질문도 포함되어 있었다. 이 자료 덕분에 1979년과 1989년의 소득분포를 비교할 수 있었다. '소득'이라 함은 세전 임금, 봉급, 자영업 수입을 의미한다. 우리는 전업으로 일하는 사람들, 즉 일주일에 35시간 혹은 그 이상씩 1년에 최소한 40주 일하는 사람들에 한해 분석했다.
10. 좀 더 정확히 말하면 1979년의 7만 달러는 1989년의 11만 9,600달러와 같다. 그러나 편의를 위해 12만 달러라고 했다.
11. 1989년 센추리언의 수를 나타내는 P89는 아래의 공식으로 표현될 수 있다.
$P89 = (1+g)(1+m)(1+x)P79$
g= 전업 취업 인구의 증가분을 1979년의 수치로 나눈 것.
m= 1979년에 센추리언이 되려고 했던 사람들의 수(1979년의 평균 소득이 1989년의 실제 평균 소득과 같을 경우)와 1979년에 실제로 센추리언이었던 사람들의 수의 차이.
x= g와 m을 감안한 후 소득 불평등의 증대로 인해 증가한 부분.
12. Rosen, 1982.
13. Lewis, 1989, p.163.
14. Ibid., p.179.
15. Ibid., p.36.
16. Eaton, 1994.
17. Jackson et al., 1988.
18. Novick, 1988.
19. Furino and Douglass, 1990. Douglass and Furino, 1990.
20. Rosen, 1992, pp.242-43.
21. Olson, 1991, Huber, 1988, 참조 바람. 뒤에 나오는 수치는 Huber의 자료를 참고했다.
22. Brimelow and Spencer, 1989, p.197.
23. Ibid.

6장
1. Wright and Dwyer, 1990, p.126.
2. Smith,1937(1776), pp.107, 109.
3. Ibid., p.109.

4. Wylie, 1979.
5. Svenson, 1981.
6. Parker et al., 1959.
7. College Board, 1976-1977.
8. Cross, 1977.
9. Weinstein, 1980; Weinstein, 1982; Weinstein and Lachendro, 1982.
10. Psychology Today, October 1989, p.16, quoted in Gilovich, 1991
11. Gilovich, 1991, p.77.
12. 인류학자 Lionel Tiger가 그의 1979년 저서에서 이러한 접근 방식을 취하고 있다. Gilovich, 1991, chap. 5. 참조 바람.
13. Alloy and Abramson, 1979.
14. Tversky and Kahneman, 1974.
15. Randall, 1994.
16. 다음의 예를 생각해 보자. 참가자가 100명이고 우승한 가수의 상금이 100만 달러라고 가정해 보자. 만약 모든 잠재적 경쟁자가 참가해서 승리할 것이라고 생각한다면 그들의 기대 수입은 도공의 임금과 동일한 1만 달러가 될 것이다. 결국 이 액수의 복권을 가진 셈이 된다. 만약 모두가 자신의 기대소득을 극대화시키는 직업을 선택한다면 음반 계약에는 100명의 경쟁자가 있게 될 것이다. 경쟁자의 수가 99명에서 100명으로 증가할 때 승자의 기대소득이 M만큼 상승한다고 하자. 우리는 단지 99명의 경쟁자가 있을 때, 즉 (100만 달러-M)/99일 때 각 경쟁자의 기대소득이 1만 달러 이상이라는 것을 알 수 있다. 그렇지 않다면 100번째 경쟁자가 진입하지 않을 것이다. 따라서 (100만 달러-M)/99 〉1만 달러이고, 이때 M은 1만 달러 미만이다. 그러므로 경쟁자의 기대소득이 도공의 임금과 같아질 때까지 경쟁자가 진입하면 소득 극대화 지점을 지나 하락할 것이다. 이와 관련해 일반적인 사례는 Frank and Cook, 1993.을 참조 바람.
17. 이 말은 Garrett Hardin, 1968에 처음 등장한다.
18. 일반 시장에서도 새로운 공급업체가 진입하면 제품 가격이 급격히 하락해 기존 공급업체에 피해를 줄 수 있다. 그러나 가격 인하로 공급업체가 잃는 1달러는 해당 제품을 구매하는 사람들이 얻는 1달러와 같다. 그러나 승자독식 시장에서 새로운 사람이 진입할 때 모든 경쟁자가 그 손실을 감수하므로 이와 유사한 보상은 없다.
19. 메이저리그에서 뛰기 어려운 선수를 일본의 야구팀이 거액의 스카우트비를 내고 데려가는 것과 마찬가지다.
20. 패자가 받아들여야 할 비금전적 측면이 불쾌하다면 패자의 금전적 임금이 다른 직종의 임금을 능가할 수도 있다.
21. Frank, 1984; Konrad and Pfeffer, 1990; Podolny, 1993.

22. Frank and Cook, 1993.
23. DeMare, 1994, p.57.
24. Kunreuther, 1979.
25. Dasgupta, 1988, p.74.
26. Mansfield et al., 1981.
27. 자세한 내용은 Okun, 1975 참조 바람.

7장

1. 개인적으로 한 말이다.
2. Congleton, 1980; Frank and Cook, 1993.
3. Chung, 1994.
4. 이런 주장의 예외적인 경우는 승자의 업적이 지니는 사회적 가치보다 상금이 매우 적을 때다. 이런 경우 비록 보수 체계는 승자독식적일지라도 성과 향상을 위한 투자는 불충분할 수 있다.
5. 필립스의 사례는 Joan Ryan, 1992.의 인터뷰에 기초한 것이다.
6. Ibid.
7. Ibid.
8. Quoted in Ibid.
9. Pace, July 28, 1994.
10. Hoberman, 1992, p.251.
11. Janofsky, August 6, 2, 1, respectively, 1992.
12. Hoberman, 1992, p.266. 존슨 이외에 4명의 동독 선수와 1명의 스위스 선수가 더 있었다.
13. Ibid., p.100.
14. Windsor and Dumitru, 1988.
15. McCormick and Tinsley, 1990. quoting USA Today, April 3, 1985.
16. Ibid., quoting Newsweek, April 8, 1985.
17. Ibid.
18. Sperber, 1990, p.2.
19. Ibid., p.93.
20. Jenkins, 1992, pp.71,72.
21. Sperber, 1990, p.247.
22. Chronicle of Higher Education, May 21, 1986.
23. Sperber, 1990, p.85.
24. Ibid., p.86.
25. Ibid., p.87.

26. Moran, August 13, 1989.
27. Sports Illustrated, October 2, 1989.
28. South Bend Tribune, August 14, 1987, quoted by Sperber, 1990, p.15.
29. Chronicle of Higher Education, May 11, 1988.
30. Purdy, February 4, 1993.
31. 출판업계의 마케팅 활동에 관해서는 Whiteside, 1981를 참조 바람.
32. Ibid., p.25.
33. Ibid., pp.25, 26.
34. Standard Directory of Advertisers, various volumes.
35. 자세한 내용은 Frank, 1985, chap. 2 참조 바람.
36. Quoted by Wallich, 1994, p.77.
37. Ibid.
38. 자세한 내용은 Frank, 1985, chap. 7 참조 바람.
39. Schor, 1991, p. 29.
40. Lazear and Rosen, 1981. O Keeffe, Viscusi, and Zeckhauser, 1984, Rosen, 1986.

8장

1. Gannett News Service, 1991.
2. Ehrenberg et al., 1993, p.184. 최근 수십 년간 미국 대학의 박사 과정 학생 중 외국인 비율이 특히 공학과 과학 분야에서 급격히 증가했지만 이들 중 상당수는 미국에 남아 있지 않기 때문에 학위 취득자 비율의 감소는 실제 변화를 제대로 반영하지 못하고 있다.
3. Lewis, 1989, p.24.
4. Huey, 1993, p.56.
5. Kingston and Lewis, 1990.
6. Coleman, 1973.
7. Kingston and Lewis, 1990.
8. 자세한 내용은 McPherson and Winston, 1988. 참조 바람.
9. 1980년대 학생들이 졸업 후 사회적 성공을 기준으로 대학의 수준을 평가했다는 증거에 대해서는 Krukowski, 1985를 참조 바람.
10. Fuller, Manski, and Wise, 1982.
11. McMillen, June 5, 1991.
12. Ibid.
13. National Science Foundation, 1983, pp.79-80.
14. Blank, 1991.

15. Merton, 1988, p.615.
16. Caminiti, June 18, 1990.
17. Ibid.
18. 여기에는 1980년판 배런스가이드의 리스트를 사용했다. 대학은 입학시험 점수, 신입생들의 고등학교 성적, 지원자의 비율 등 입학 경쟁을 결정짓는 여러 요소에 따라 평가했다.
19. 1987~1989년 대통령 장학생의 61퍼센트, 1960~1989년 웨스팅하우스 영재의 80퍼센트가 동일한 대학에 입학했다.
20. 학교들의 명단은 1979년과 1989년 모두 같으며 1980년판 배런스가이드에서 뽑은 것이다.
21. Schenet, 1988, Clotfelter, 1991.
22. Clotfelter, 1991.
23. Schapiro, O'Malley and Litten, 1990.
24. Spies, 1990.
25. 1987년에는 명문 사립대에 지원했던 학생들의 56퍼센트가 합격했다.
26. Astin et al., 1988, p.8.
27. 자세한 내용은 Cook and Frank, 1992를 보라.
28. Shea, 1994.
29. McPherson and Schapiro, 1990.
30. Quoted by Merton, 1973, p.428.
31. Ibid., pp.428, 429.
32. Hearn, 1990 and Spies, 1990.
33. Sykes, 1988. p.72.
34. Ibid.
35. U.S. Department of Education, 1993, table 225.
36. Ibid., table 305.
37. Associated Press, September 28. 1994.
38. Clotfelter, 1994.
39. Celis, 1994, p.38.
40. Ibid., p.1.
41. Ibid.

9장

1. Wilkinson, 1979, pp. 45. 46.
2. Kiernan, 1988, p.144.
3. 그러나 이상하게도 야구에서는 연봉 상한선이 없음에도 불구하고 지난 14번

의 월드시리즈 중 7번을 소도시에 연고를 둔 팀이 우승하는 등 경쟁의 균형이 잘 이루어지고 있다. 반면 같은 기간 동안 소도시팀 중에는 단 한 팀(포틀랜드)만이 결승에 진출했다.

4. Hine, March 12, 1993.
5. Bell and White, May 25, 1993.
6. Ibid.
7. National Industrial Conference Board, 1970, p.79.
8. 자세한 내용은 Frank, 1985, 5장 참조 바람.
9. Whyte, 1955, p.201.
10. Mangum, 1964, p.48.
11. Helson, 1964.
12. Reed, August 10, 1994.
13. The Economist, January 11, 1992, p.25.
14. Fine et al., 1991, p.402.
15. Laband and Hienbuch, 1987, p.3.
16. Ibid., pp.144, 145.
17. Dawkins, 1976, p.154.
18. Wright, 1994.
19. Ibid.
20. Shenon, August 18, 1994.
21. Dowd, June 28, 1992.
22. Doup, September 28, 1992.

10장

1. Kakutani, August 2, 1994.
2. Quoted by Weinraub, August 16, 1994.
3. McAfee, 1994.
4. South China Morning Post, February 20, 1994.
5. Stade, 1994, p.14.
6. Quoted by Faulkner; 1983, p.172.
7. Maslin, May 1, 1994.
8. Ibid.
9. 이 기간에는 연방통신위원회(FCC)가 저녁 7시와 8시 사이에 중앙방송국이 프로그램을 방송하지 못하게 하고 지방방송국들이 자체 제작한 프로그램을 내보내도록 했다. 그러나 대부분의 지방방송국은 이 시간대에 독립 신디케이터가 제작한 프로그램을 내보냈다.

10. Patterson, 1994.
11. Quoted by Fallows, 1986, p.44.
12. Ibid, p.45.
13. Ibid.
14. Associated Press, August 12, 1994.
15. Held and Hein, 1963.
16. Wilson and Hermstein, 1985.
17. Ainslie, 1992.
18. Frank, 1988.
19. Thaler and Shefrin, 1981.
20. Quoted by Gabriel, 1994, p.31.
21. Ibid., p.34.
22. People, September 19, 1994.
23. Szabo, 1994, p.24.
24. 이 만화들은 1993년 11월 29일자에 실린 것이다.
25. Janofsky, 1994, p.14.
26. 브루스 리와 찰스 브론슨이 출연한 영화의 줄거리를 한 문장으로 요약한 것이다. 보다 자세한 내용은 Romer, 1996를 참조 바람.
27. Quoted by Cannon, 1993.
28. McAfee, 1994.
29. Comstock and Paik, 1991.
30. Quoted by Cannon, 1993. See also Bandura, Ross, and Ross, 1963; and Steuer, Applefield, and Smith, 1971.
31. Joy, Kimball, and Zabrack, 1986.
32. Quoted by Cannon, 1993.
33. Ibid.
34. Ibid.
35. Quoted by Meltz, 1994, p.2.
36. McAfee, 1994.
37. Quoted by Hickey, 1994, p.11.

11장
1. Vonnegut, 1970, p.8.
2. Tobin, 1970, p.263.
3. Boskin, 1988, p.71.
4. Ibid., p.72.

5. Seidman, 1994, p.66.
6. Bosworth and Burtless, 1992.
7. Jensen and Murphy, 1990.
8. Crystal, 1991 참조 바람. 미국 이외의 국가에서는 총급여 중 복리후생비 형태로 받는 몫이 기본금보다 많아서 실제 CEO의 임금수준은 더 높다. 한편 세율에 대한 비교는 이와 반대여서 미국 이외의 나라에서는 부가가치세가 매우 높다.
9. Byrne, April 24, 1994, p.57.
10. Shurkin, 1992.
11. Rosen, 1993, table 1.
12. Huber, 1988, p.122.
13. Cook and Graham, 1977.
14. Huber, 1988, p.3.
15. Newhouse, 1992, p.4.
16. 보다 정확한 내용은 Ainslie, 1992 참조 바람.
17. Freifeld, 1991, p.4.
18. Neff, March 25, 1990.
19. 사실 이런 표현은 오해를 불러올 수 있다. 왜냐하면 만약 누군가가 자신의 행위가 어떤 식으로든 제한되는 것을 더 좋아한다면 이를 자유에 대한 침해라고는 할 수 없기 때문이다. 그러나 특정 형태의 위치군축협정을 싫어하는 사람이 반드시 있을 것이고 적어도 이들에게 이러한 제한은 진정한 자유의 상실을 의미한다. 물론 개인의 자유에 대한 사적인 제한이 전혀 문제가 없다는 것은 아니다. 오히려 사회적 규범이 때로는 공식적인 법률보다도 훨씬 더 억압적일 때도 있다. 일반적으로 개인이 제한이 크다고 생각하면 이를 회피할 수 있다. 예를 들어 포커 게임에서 보수적이며 조심스러운 배팅을 좋아하지 않는 사람은 판돈이 더 큰 게임으로 이동할 수 있다. 그러나 중혼금지법에 찬성하지 않는 사람이 중혼을 허용하는 새로운 사회를 만드는 것은 훨씬 어렵다.
20. Soocher, 1984.
21. Wortman, 1993, p.67. MIT는 합의서 서명을 거부했고 결국 법정에서 승소했다.
22. 자세한 내용은 Hamilton, 1994를 참조 바람.
23. Kaus, 1992, pp.5, 6.
24. Tobin, 1970, p.265.
25. Walzer, 1983.

참고 문헌

Ackoff, R. L., and M. H. Halbert. An Operations Research Study of the Scientific Activity of Chemists. Cleveland: Case Institute of Technology Operations Research Group, 1958.

Adler, Moshe. "Stardom and Talent." American Economic Review 75 (March 1985): 208-12.

_____. "Economies of Scale in Imitative Consumption and the Size of the Firm: Theory and an Application to Chain Restaurants." Davis: University of California Department of Economics Working Paper No. 287, 1987.

Allison, Paul D., and John A. Stewart. "Productivity Differences Among Sci-entists: Evidence for Accumulative Advantage." American Sociological Review 39 (August 1974): 596-606.

Alloy, L. B., and L. Y. Abramson. "Judgment of Contingency in Depressed and Nondepressed Students: Sadder But Wiser?" Journal of Experimental Psychology: General 108 (1979): 441-85.

Arthur, W. Brian. "Self-Reinforcing Mechanisms in Economics." In Philip W. Anderson and Kenneth J. Arrow, eds., The Economy as an Evolving Complex System. Reading, Mass.: Addison-Wesley, 1988, pp.9-31.

_____. "Competing Technologies, Increasing Returns, and Lock-In by Historical Events." Economic Journal 99 (March 1989): 116-31.

Ashenfelter, Orly, and David Bloom. "Lawyers as Agents of the Devil in a Prisoner's Dilemma Game," Working Paper #270, Industrial Relations Section, Princeton University, 1990.

Associated Press. "Study: College Tuition Up 6 Percent." Ithaca Joural, September 28, 1994, p.5A.

_____. "Grisham's Next Film Nets Him $6 Million." Ithaca Journal, August 12, 1994, p.2A.

Astin, Alexander W., K. C. Green, W. S. Kom Schalit, and E. R. Berz. The American Freshman: National Norms for Fall 1988. Los Angeles: University of California Higher Education Research Institute, 1988, 9-31.

Auletta, Ken. "Promise Her the Moon." The New Yorker, February 14, 1994, pp. 61-63.

Bandura, A., D. Ross, and S. A. Ross. "Imitation of Film-mediated Aggressive Models." Journal of Abnormal and Social Psychology 66, 1 (1963): 3-11.

Becker, Gary S., and Kevin M. Murphy. "A Theory of Rational Addiction." Journal of Political Economy 96, 4 (1988): 675-700.

Behbehani, Mandy. "The Making of a '90s Mega-model." San Francisco Examiner, January 31, 1993, pp.D1, D2.

Bell, Jarrett, Bob Abramson, and Eric Brady, "Deion Who?" USA Today, August 17, 1994, p.2C.

Bell, Jarrett, and Carolyn White.: "Several Rules Changes to Buoy America's Cup." USA Today, May 25, 1993, p.9C.

Berkowitz, Peggy. "Bomb at Home, Best Seller in Canada." Wall Street Journal, June 24, 1986, p.33.

Berlyne, D. E. Aesthetics and Psychobiology. New York: Appleton-Century-Crofts, 1971.

Blair, Margaret M. "CEO Pay: Why Such a Contentious Issue?" Brookings Review, Winter 1994, pp.23-31.

Blank, Rebecca, "The Effects of Double-Blind versus Single-Blind Reviewing: Experimental Evidence from the American Economic Review." American Economic Review 81 (December 1991): 1041-67.

Blur, Ronald. "Big Stars Play for Big Bucks." Ithaca Journal, September 3, 1991, pp. 1A, 9A.

Bok, Derek Curtis. The Cost of Talent: How Executives and Professionals Are Paid and How It Affects America. New York: Free Press, 1993.

Boskin, Michael. "Tax Policy and Economic Growth: Lessons from the 1980s." Journal of Economic Perspectives (Fall 1988): 71-97.

Bosworth, Barry, and Gary Burtless. "Effects of Tax Reform on Labor Supply, Investment, and Saving." Journal of Economic Perspectives 6 (Winter 1992): 3-26.

Boulding, Kenneth. The Impact of the Social Sciences, Rutgers, NJ.: Rutgers University Press, 1966.

Bound, John, and George Johnson. "Changes in the Structure of Wages in the 1980s: An Evaluation of Alternative Explanations," American Economic Review 82 (June 1992): 371-92.

Brimelow, Peter, and Leslie Spencer. "The Plaintiff's Attorney's Great Honey Rush," Forbes, October 16, 1989, pp. 197 ff.

Buchanan, James, Robert Tollison, and Gordon Tullock, eds. Toward a Theo-ru of the Rent-Seeking Society, College Station: Texas A&M Press, 1980.

Burtough, Bryan, and John Hellyar. Barbarians at the Gate. New York: Harper & Row, 1990.

Byrne, John A. "The Craze for Consultants." Business Week, July 25, 1994, pp. 60-66.

_____. "That's Some Pay Cap, Bill." Business Weck, April 25, 1994, p.57.

Caen, Herb. "One Thing After Another." San Francisco Chronicle, January 26, 1993, p. B1.

Caminiti, Susan. "Where the CEOs Went to College." Fortune, June 18, 1990, pp. 120-22.

Cannon, Carl. M. "Honey I Warped the Kids: Television, Violence, and Children." Mother Jones, July 1993, pp.16ff.

Celis, William. "The Big Stars on Campus Are Now Research Labs." New York Times, December 4, 1994, pp.1, 38.

Chass, Murray. "Motivation Upon Arrival for Henderson." New York Times, March 3, 1993, p. B10.

Chi, Victor. "Football Abolished at Santa Clara." San Jose Mercury News. February 4, 1993, pp.1G, 9G.

Chung, Tai-Yeong. "Rent-Seeking Contest When the Prize Increases with Ag. gregate Efforts." University of Western Ontario Department of Economics Research Report 9407, 1994.

Clotfelter, Charles T. "Demand for Undergraduate Education." In Charles T. Clotfelter, Ronald G. Ehrenberg, Malcolm Getz, and John J. Siegfried, Economic Challenges in Higher Education. Chicago: University of Chicago Press, 1991, pp. 19-139.

_____. Buying the Best: Cost Escalation in the Arts and Sciences. Unpublished Monograph, Duke University, September 1994.

Cole, Jonathan R., and Stephen Cole. Social Stratification in Science. Chicago: University of Chicago Press, 1973.

Coleman, James S. Power and the Structure of Society. New York: Norton, 1973.

College Board. Student Descriptive Questionnaire. Princeton, NJ.: Educational. Testing Service, 1976-77.

Comstock, G., and H. Paik. Television and he American Child. San Diego, CA: Academic Press, 1991.

Congleton, Roger. "Competitive Process, Competitive Waste, and Institu-tions." In J. Buchanan, R. Tollison, and G. Tullock, eds. Toward a Theory of the Rent-Seeking Society. College Station: Texas A&M Press, 1980, pp.153-79.

Conover, Carole. Conover Cover Girls. Englewood Cliffs, NJ: Prentice-Hall, 1978.

Cook, Philip J., and Robert H. Frank, "The Growing Concentration of Top Students at

Elite Schools." In Charles Clotfelter and Michael Rothschild, eds. Studies in Supply and Demand in Higher Education. Chicago: University of Chicago Press, 1993, pp.121-40.

Cook, Philip J., and Daniel A. Graham. "The Demand for Insurance and Protection: The Case of Irreplaceable Commodities." Quarterly Journal of Economics 91 (1977): 143-56.

Cowan, R. Backing the Wrong Horse: Sequential Technology Change under Increasing Returns. Ph.D. dissertation, Stanford University, 1987.

Cross, P. "Not Can But Will College Teaching Be Improved?" New Directions for Higher Education (Spring 1977): 1-15.

Crystal, Graef. In Search of Excess: The Overcompensation of American Executives. New York: W. W. Norton, 1991.

Dasgupta, Partha. "Patents, Priority and Imitation or, the Economics of Races and Waiting Games." Economic Journal 98 (March 1988): 66-80.

Dawkins, Richard. The Selfish Gene. New York: Oxford University Press, 1976.

DeMere, Mac. "BMW M3 versus Ioyota Supra: Hormone-Enhanced 3-Series Tackles Turbo-less Super Car." Motor Trend, September 1995, pp.56-64.

Diamond, Edwin. "The Last Word." New York, January 10, 1994, pp. 8-35.

Doup, Liz. "Tall or Short, Life Is a Game of Inches." Chicago Tribune, September 7, 1992, Tempo section, p.1, zone C.

Dowd, Maureen. "Presidential Timber Seems to Be Tall." New York Times, June 28, 1992, p.E1.

Eaton, Leslie. "Brokers' Paychecks Kept Swelling in 1993." New York Times, August 9, 1994, p.D1.

Ehrenberg, Ronald G., Daniel Rees, and Dominic Brewer. "How Would Uni versities Respond to Increased Federal Support for Graduate Students?" In Charles T. Clotfelter and Michael Rothschild, eds., Studies of Supply and Demand in Higher Education. Chicago: University of Chicago Press, 1993, pp.183-206.

Fabrikant, Geraldine. "Blitz Hits Small Studio Pix." New York Times, July 12, 1992, p. F7.

Fairanu, Steve. "The Real Green Monster." Boston Globe Magazine, August 25, 1991, pp.13 ff.

Fallows, James. "The New Celebrities of Washington." New York Review of Books, June 12, 1986, pp.45-49.

Farrell, Joseph, and Garth Saloner. "Standardization, Compatibility, and Innovation." Rand Journal of Economics 16 (1985): 70-83.

Faulkner, Robert R. Music on Demand: Composers and Careers in the Hollywood Film Industry. New Brunswick, NJ.: Transaction Books, 1983.

Fine, Larry F., R. C. Bialozor, and I. F. McLaughlin. "An Analysis of Comput-er-Assisted Instruction on Scholastic Aptitude Test Performance of Rural High School Students." Education 111 (Spring 1991): 400-403.

Frank, Robert H. "The Economics of Buying the Best." Cornell University Department of Economics Working Paper, 1978.

_____. Choosing the Right Pond: Human Behavior and the Quest for Status. New York: Oxford University Press, 1985.

Frank, Robert H., and Philip W. Cook. "Winner-Take-All Markets." Cornell University, 1993. Mimeo.

_____. "Winner-Iake-All Markets and Executive Pay." Paper presented at the annual meetings of the American Economic Association, Washington,D.C., January, 1995.

Freifeld, Karen. "College Promise Pays Off." Newsday, June 24, 1991, p. 4.

Fuller, Winship C., Charles F. Manski, and David A. Wise. "New Evidence on the Economic Determinants of Postsecondary Schooling Choices" Journal of Human Resources 27, 4 (1982): 477-98.

Fullerton, Don, and Diane Lim Rogers. Who Bears the Lifetime Tax Burden? Washington, D.C.: The Brookings Institution, 1993.

Gabler, Neil. Winchell: Gossip, Power and the Culture of Celebrity. New York: Alfred A. Knopf, 1994.

Gabriel, Trip. "Donovan Leitch: He's It He's Hot! He's ... Who?" New York Times, July 31, 1994, pp.31ff.

Gale, David, and Lloyd S. Shapley: "College Admissions and the Stability of Marriage." American Mathematical Monthly 69 (January 1962): 9-15.

Gannett News Service. "Lawyer Numbers Grow." Ithaca Journal, May 1, 1991, p.A8.

Gilder, George. Microcosm. New York: Simon & Schuster, 1989.

Gilovich, Thomas. How We Know What Isn't So. New York: Free Press, 1991.

Gleick, James. Genius. New York: Pantheon, 1992.

Goldin, Claudia. "Labor Markets in the Tventieth Century" Cambridge, Mass.: NBER Historical paper no. 58, 1994.

Goode, William J. The Celebration of Heroes, Berkeley: University of Califor nia Press. 1978.

Greenspan, Alan. "Goods Shrink and Trade Grows." Wall Street Journal, Oc. tober 24, 1988, p.A12.

Griffin, Larry, and Kadl Alexander. "Schooling and the Socioeconomic Attain-ments: High School and College Influences." American Journal of Sociology 84 (1978): 319-47.

Hamilton, James T. "Marketing Violence: The Impact of Labeling Violent Television Content." Duke Program in Violence and the Media Working Paper, January 1995.

Hardin, Garrett. "The Tragedy of the Commons." Science 162 (1968): 1243-48.

Hearn, James C. "Pathways to Attendance at the Elite Colleges." In Paul W. Kingston and Lionel S. Lewis, eds. The High-Status Track: Studies of Elite Schools and Stratification. Albany: State University of New York, 1990, pp.121-47.

Heilbroner, Robert. The Essential Adam Smith. New York: W. W. Norton, 1986.

Held, Richard, and Alan Hein. "Movement-Produced Stimulation in the De. velopment of Visually Guided Behavior." Journal of Comparative and Physiological Psychology 56 (5) (1963): 872-76.

Helson, Harry. Adaptation Level Theory. New York: Harper & Row, 1964.

Hickey, Neil. "How Much Violence Is There?" In Violence On Television: TV Guide Symposium on Television Violence. New York: 1994.

Hine, Tommy "The Glory Isn't Worth It; Koch Says Price Too High." Hartford Courant, March 12, 1993, p. E4.

Hirsch, Fred. Social Limits to Growth. Cambridge, Mass.: Harvard University Press, 1976.

Hoberman, John M. Mortal Engines: The Science of Performance and the Dehumanization of Sport. New York: Free Press, 1992.

Huber, Peter W. Liability: The Legal Revolution and Is Consequences. New York: Basic Books, 1988.

Huey, John. "How McKinsey Does It." Fortune, November 1, 1993, pp.56-81.

Jackson, Donald W., William H. Cunningham, and Isabella C. M. Cunning-ham. Selling: The Personal Force in Marketing. New York: John Wiley and Sons, 1988.

James, Estelle, Nabeel Alsalam, Joseph C. Conaty, and Duc-Le To. "College Quality and Future Earnings: Where Should You Send Your Children to College?" State University of New York at Stony Brook, 1988. Photocopy.

Janofsky, Michael. "Americans Finish 1-2 in Shot Only to Field Heavy Questions." New York Times, August 1, 1992, Sec. 1, p.31.

_____. "Devers and Christie Get to Dazzle in the Dash." New York Times, August 2, 1992, Sec. 8, p.1.

_____. "Watts and Marsh Blaze to Glory on the Track." New York Times, August 6, 1992, p.B13.

_____. "With Envelope, Simpson's Lawyer Keeps World Guessing for Weekend." New York Times, July 3, 1994, p.14.

Jenkins, Sally "Sorry State: Football in the Southwest Conference Isn't What It Used to Be and Texas and Texas A&M Are Looking to Bail Out." Sports Illastrated, November 16, 1992, pp.70-76.

Jensen, Michael C., and Kevin J. Murphy. "CEO Incentives- -It's Not How Much You Pay, But How." Harvard Business Review 68 (May-June 1990):138-49.

Joy, J., M. Kimball, and M. Zabrack. "Television and Children's Aggressive Behavior." In T. M. Williams, ed., The Impact of Television: A Natural Ex. periment in Three Communities. Orlando, FL: Academic Press, 1986, pp.303-60.

Kakutani, Michiko. "Some Familiar Terrain After 'American Psycho'." New York Times, August 2, 1994, p. B2.

Kasindorf, Jeanie. "Payback Time." New York, January 27, 1992, p.34-40.

Katz, Lawrence F. "Understanding Recent Changes in the Wage Structure." NBER Reporter (Winter 1992/93): 10-15.

Katz, Lawrence, and Kevin M. Murphy. "Changes in Relative Wages, 1963-87: Supply and Demand Factors." Cambridge, Mass.: NBER Work. ing Paper No. 3927, 1992.

Katz, M. L., and Carl Shapiro. "Network Externalities, Competition and Compatibility." American Economic Review 75 (1985): 424-40.

_____. "Systems Competition and Network Effects" Journal of Economy Perspectives (Spring 1994): 93-115.

Kaus, Mickey. The End of Equality. New York: Basic Books, 1992.

Kiernan, V. G. The Duel in European History: Honour and the Reign of Aristocracy. New York: Oxford University Press, 1988.

Kilday, Gregg, and Anne Thompson. "Offers They Can't Refuse." Entertainment Weekly, April 8, 1994, pp. 16-23.

Kingston, Paul William, and Lionel S. Lewis, eds. The High-Status Track: Studies of Elite Schools and Stratification. Albany: State University of New York, 1990.

Kingston, Paul W., and John C. Smart. "The Economic Pay-off of Prestigious Colleges." In Paul W. Kingston and Lionel S. Lewis, eds. The High Status Track: Studies of Elite Schools and Stratification. Albany: State University of New York, 1990, pp.147-74.

Kirkland, Richard. "Entering a New Age of Boundless Competition." Fortune, March 14, 1988, p.41.

Kleinfeld, N. R. "No Superstar, Just a Working Model: A 'Great Smile and a 6-Figure Income." New York Times, January 5, 1993, p.B1.

Kolbert, Elizabeth. "Study Reports TV is Considerably More Violent Despite Outcry." New York Times, August 5, 1994, p. A13

Konrad, Alison, and Jeffrey Pfeffer. "Do You Get What You Deserve? Factors Affecting the Relationship between Productivity and Pay." Administrative Science Quarterly 35 June 1990): 258-85.

Kort, Chuck. "Twenty Years Later: A Look at the Curt Flood Case," Sporting News, January 15, 1990, p. 37.

Krueger, Alan. "How Computers Have Changed the Wage Structure: Evidence from Microdata, 1984-89." Cambridge, Mass.: NBER Working Paper No. 3858, 1992.

Krueger, Anne O. "The Political Economy of the Rent-Seeking Society." American Economic Review 64 June 1974): 291-303.

Krugman, Paul R. "Disparity and Despair." U.S. News & World Report, March 23, 1992, p. 54.

_____. "The Right, the Rich, and the Facts." The American Prospect 11 (Fall 1992): 19-31.

Krukowski, Jan. "What Do Students Want? Status." Change, May June 1985, pp.21-28.

Kunreuther, Howard. "The Changing Societal Consequences of Risks from Natural Hazards. Annals, AAPSS 443 (May 1979): 104-16.

Kuttner, Robert. "The Declining Middle." The Atlantic, July 1983, pp.60-72.

Laband, David N. "How the Structure of Competition Influences Performance in Professional Sports: The Case of Tennis and Golf." In Brian I. Goff and Robert D. Tollison, eds., Sportometrics. College Station: Texas A&M Press, 1990, pp.133-50.

Laband, David N., and Deborah H. Hienbuch. Blue Laws: The History, Economics, aril Politics of Sunday Closing Laws. Lexington, Mass.: Lexington Books, 1987.

Ladewski, Paul. "Sports Salaries." Inside Sports, April 1991, pp.30-33.

Lane, Anthony "The Top ten" The New Yorker, June 27 & July 4, 1994, pp.79-92.

Lazear, Edward, and Sherwin Rosen. "Rank-Order Tournaments as Optimal Labor Contracts." Journal of Political Economy 89, 5 (1981): 841-64.

Leedy, D. J. Motion Picture Distribution: An Accountant's Perspective. Los Angeles: David Leedy, CPA, P. O. Box 27845.

Levy, Frank. Dollars and Dreams: The Changing American Income Distribution. New York: Russell Sage Foundation: 1987.

_____. "Incomes, Families, and Living Standards." In Robert E. Litan, Robert Z. Lawrence, and Charles Schultze, eds., American Living Standards. Washington, D.C.: Brookings Institution, 1988, pp. 108-53.

Levy, Frank, and Richard J. Murnane. "U.S. Earnings Levels and Earnings Inequality: A Review or Recent Trends and Proposed Explanations." Journal of Economic Literature 30, 3 (1992): 1333-81.

Lewis, Michael M. Liar's Poker: Rising Through the Wreckage on Wall Street. New York: W. W. Norton, 1989.

Lotka, Alfred J. "The Frequency Distribution of Scientific Productivity." Journal of the

Washington Academy of Sciences 16 June 19, 1926): 317.

Loury, Glenn. "Market Structure and Innovation." Quarterly Journal of Econornics. 93 (1979): 395-410.

Mangum, Garth. Wage Incentive Systerns. Berkeley: Institute of Industrial Relations, University of California, 1964.

Mansfield, E., M. Schwartz, and S. Wagner. "Imitation Costs and Patents: An Empirical Study." Economic Journal 91 (December 1981): 907-18

Mararatz, Steve. "Fehr and Ravitch on the Campaign Thail." Sporting News, August 8, 1994, pp.10-15.

Marshall, Alfred. Principles of Economics, Eighth Edition. New York: Macmil lan, 1947.

Maslin, Janet. "Just Before They Invented the Blockbuster." New York Times, May 1, 1994, Sec. 2, Arts & Leisure, p.30.

McAfee, Robert E. "Statement of the American Medical Association to the Subcommittee of Telecommunications and Finance, House Cornmittee on Energy and Commerce." FDCH Congressional Testimony, June 30, 1994.

McBee, Susanna. "English: Out to Conquer the World." U.S. News & World Report, February 18, 1985, pp.49-52.

McCarroll, Thomas. "A Builder Not a Slasher." Time, November 8, 1993, p.63.

McCormick, Robert E., and Maurice Tinsley. "Athletics versus Academics? Evidence from SAT Scores." In Brian L. Goff and Robert D. Tollison, eds., Sportometrics. College Station: Texas A&M Press, 1990, pp.179-91.

_____. "Athletics and Academics: A Model of University Contributions." In Brian L. Goff and Robert D. Tollison, eds., Sportometrics. College Station: Texas A&M Press, 1990, pp.193-204.

McMillen, Liz. "Foundations and Corporations Concentrate Giving at Top Universities, Study Finds." Chronicle of Higher Education, June 5, 1991, pp.A1, A21, A23.

McPherson, Michael S., and Morton Owen Schapiro. Selective Admission and the Public Interest. New York: The College Board, 1990.

McPherson, Michael S., and Gordon C. Winston. "Reflections on Price and Quality in U.S. Higher Education." Williamstown, Mass.: Williams College, 1988, Draft.

Meltz, Barbara F. "Video Violence Can Translate Into Real Life." Houston Chromicle, January 30, 1994, p. 2.

Merton, Robert K. "Priorities in Scientific Discovery." American Sociological Review, 22, no. 6 (December 1957): 635-59. Reprinted in Robert K. Merton, The Sociology of Science. Chicago: University of Chicago Press, 1973, pp.286-324.

_____. "'Recognition' and 'Excellence': Instructive Ambiguities." In Adam

Yarmolinsky, ed., Recognition of Excellence: Working Papers. New York: Free Press, 1960, pp. 297-328. Reprinted in Robert K. Merton, The Sociology of Science, Chicago: University of Chicago Press, 1973, pp.419-38.

──────────. "The Matthew Effect in Science." Science, 159, no. 3810 January 5, 1968): 56-63. Reprinted in Robert K. Merton, The Sociology of Science, Chicago: University of Chicago Press, 1973, pp.439-59.

──────────. "The Matthew Effect in Science, II." Isis 79 (1988): 606-23.

Meyer, Chadwick. So You Want to Turn Pro? Department of Ecoraomics Honors Thesis, Cornell University, 1989.

Meyer, Herbert H. "The Pay-for-Performance Dilemma." Organizational Dynamics 3 (Winter 1975): 39-50.

Miller, G. A. "The Magical Number Seven, Plus or Minus Two: Some Limits on Our Capacity for Processing Information." Psychological Review 63(1956): 81-97.

Miller, Griffin. "For Any Tie that Binds, There Is a Club to Join." New York Times, October 3, 1992, p.32 (national edition).

Mnookin, Robert H., and Robert B. Wilson. "Rational Bargaining and Mar. ket Efficiency: Understanding Pennzoil v. Texaco." Stanford Center on Conflict and Negotiation, Working Paper No. 1, December 1, 1988.

Moran, Malcolm. "Colleges Ily to Buck a Troubling Irend." Raleigh News & Observer, August 13, 1989, pp.18, 8B.

Murphy, Kevin J. "Top Executives Are Worth Every Nickel They Get." Harvard Business Review 64 (March-April 1986): 125-32.

Murphy, Kevin M., Andrei Shleifer, and Robert W. Vishny. "The Allocation of Talent: Implications for Growth." Quarterly Joumal of Economics 106 (May 1991): 503-30.

Murphy, Kevin M., and Finis Welch. "The Structure of Wages." Quarterly Journal of Economics 107 (February 1992): 285-326.

National Industrial Conference Board. "Incentive Plans for Salesmen." Studies in Personnel Policy 217 (1970): 75-86.

National Science Foundation. Federal Support to Universities, Colleges, and Selected Nomprofit Institutions, Fiscal Year 1981. Washington, D.C.: U.S. Government Printing Office, 1983, pp.79-80.

──────────. Grants and Awards for 1988. Washington, D.C.: U.S. Government Printing Office, 1989.

Neff, Joseph. "Millionaire's Scholarship Offer Pays Off for Students in Harlem." Los Angeles Times, March 25, 1990, p.A34.

Newhouse, Joseph P. "Medical Care Costs: How Much Welfare Loss?" Journal of Economic Perspectives 6 (Summer 1992): 3-21.

Norris, Floyd. "Bought Wilt Chamberlains? Relax, You're Off the Hook." New York Times, February 17, 1993, p.C1.

Novick, Harold J. Selling Through Independent Reps. New York: AMACOM, 1988.

Nystrom, Paul H. The Economics of Fashion. New York: The Ronald Press Company, 1928.

O'Keeffe, Mary, W Kip Viscusi, and Richard J. Zeckhauser. "Economic Contests: Comparative Reward Schemes.: Journal of Labor Economics 2 January 1984): 27-56.

Okun, Arthur M. Equality and Efficiency: The Big Tradeoff. Washington, D.C.: Brookings Institution, 1975.

Olsom, Walter. The Litigation Explosion: What Happened When America Unleashed the Lawsuit. New York: Dutton, 1991.

Ostler, Scott. "Andre Even Flies Like a Champ." San Francisco Chronicle, February 8, 1993, pp.C1, C8.

Pace, Eric. "Christie Henrich, 22, Gymnast Plagued by Eating Disorders." New York Times July, 28, 1994, p.D24.

Parker, J. W., E. K. Taylor, R. S. Barrett, and S. Martens. "Rating Scale Con-tent: The Relationships Between Supervisory- and Self-Rating." Personnel Psychology 12 (Spring 1959): 49-63.

"Patrick Ewing's $33 Million Pact Highest Ever in Team Sports." Jet, December 16, 1991, pp.52, 53.

Patterson, Thomas. Out of Order. New York: Vintage Books, 1994.

People Magazine, (untitled article on Donovan Leitch.) September 19, 1994, p.146.

Phillips, Kevin. Boiling Point: Derocrats, Republicans, and the Decline of Middle Class Prosperity. New York: Harper Perennial, 1994.

Pine, Joseph. Mass Customization: The New Frontier in Business Competition. Boston, Mass.: Harvard Business School Press, 1993.

Podolny, Joel. "A Status-based Model of Market Competition." American Journal of Sociology 98 (1993): 829-72.

PR Newswire Association. "K-Mart Corporation Announces Borders-Walden 1993 Results." PR Newswire, February 28, 1994.

Prial, Frank J. "What Price Glory? Too High." New York Times, March 25, 1990, sec. 6, p.54.

_____. "Wine Talk." New York Times, March 3, 1993, p.B4.

Purdy, Mark. "Financial Strain Caught Up with SCU Football." San Jose Mercury News, February 4, 1993, pp.1G, 9G.

Randall, Eric D. "What Could You Do With $1.1 Billion?" USA Today, June 15, 1994, p.1B.

Reed, Raquel. "Piercing Into the Mainstream." Ithaca Journal, August 10, 1994, p.9B

Reibstein, Larry "A Star Is Rehired, Fabulously" Newsweek, February 29, 1994, p.58.

Reich, Robert B. The Work of Nations: Preparing Ourselves for 21st-Century Capitalism. New York: Alfred A. Knopf, 1991.

Rogerson, William. "The Social Costs of Monopoly and Regulation: A Game-Theoretic Analysis." Bell Journal of Economics 13 (1982): 391-401

Romer, Paul. Tastes, Preferences, and Values. Cambridge: Cambridge University Press, 1996, forthcoming.

Rosen, Sherwin. "The Economics of Superstars." American Economic Review 71 (December 1981): 845-58.

_____. "Authority Control and the Distribution of Earnings." Bell Journal of Economics 13 (October 1982): 311-23.

_____. "Prizes and Incentives in Elimination Tournaments." American Economic Review 76 (September 1986): 701-16.

_____. "The Market for Lawyers." Journal of Law and Economics 35 (Octo ber 1992): 215-46.

Roth, Alvin E., and Marilda Sotomayor. Two-Sided Matching: A Study in Game-Theoretic Modeling and Analysis. Econometric Society Monograph Series. Cambridge, England: Cambridge University Press, 1990,

Ryan, Joan. "Too Much, Too Young." San Francisco Examiner, July 12, 1992, pp.C1, C6, C7.

Sandomir, Richard. "Why Baseball Faces a Strike." New York Times, August 10, 1994, p.A1.

Schapiro, Morton O., Michael P. O'Malley, and Larry H. Litten. "Tracing the Economic Backgrounds of COFHE Students: Has There Been a Middle-Income Melt?" Williamstown, Mass.: Williams College, 1990. Draft.

Schelling, Thomas. "Hockey Helmets, Concealed Weapons, and Daylight Saving: A Study of Binary Choices with Externalities." Journal of Conflict Resolution 17, 3 (September 1973): 381-428

Schenet, Margot A. "College Costs: Analysis of Trends of Costs and Sources of Support." CRS Report for Congress, Washington, D.C., 1988.

Schmuckler, Eric. "Nothin' But Net at CBS: CBS Pays Record Fee to Retain National Collegiate Athletic Association Broadcasting Rights," Mediaweek 4 (December 12, 1994): 3.

Schos, Juliet B. The Overworked American. New York: Basic Books, 1991.

Seidran, Laurence S. Saving for America's Economic Future: Parables and Policies. Armonk, N.Y: M.E. Sharpe, 1990.

_____. "A Better Way to Tax." Public Interest, Winter 1994, pp. 65-72.

Shea, Christopher. "A Flood of Applications: Many Colleges See Increases Despite Dip in the Number of High-School Seniors." Chronicle of Higher Education 40 (April 27, 1994): A31.

Shenon, Philip. "China's Mania for Baby Boys Creates Surplus of Bachelors." New York Times, August 16, 1994, pp.A1, A8

Shurkin, Joel N. Terman's Kids: The Groundbreaking Study of How the Gifted Grow Up. Boston: Little, Brown, 1992.

Smith, Adam. An Inquiry Into the Nature and Causes of the Wealth of Nations. London: J.M. Dent and Sons, 1910 (1776).

Soocher, Stan. "Equality and Price Justify Use of Single-Tire Rule." The Natioral Law Journal, June 11, 1984, p.44.

South China Morning Post. "Jojo Moyes Reports on Recent Allegations Link. inge Brutality and Pornography in Video Games and Real Life Violence." February 20, 1994, p.4.

Sperber, Murray: College Sports, Inc.: The Athletic Department us. The University. New York: Henry Holt, 1990.

Spies, Richard R. The Effect of Rising College Costs on College Choice. New York: College Entrance Examination Board, 1978.

_____. "The Effect of Rising Costs on College Choice." Princeton University, July 1990. Mimeo.

Stade, George. "Hopping, Popping, and Copping." New York Times Book Review, September 18, 1994, p.14.

Standard Directory of Advertisers. New Providence, N.J: National Register Publishing, 1994.

Stevenson, Richard W. "Taming Hollywood's Spending Monster." New York Times, April 14, 1991, Sec. 3, pp.1, 6.

Svenson, O. "Are We All Less Risky and More Skillful Than Our Fellow Drivers?" Acta Psychologica 47 (1981): 143-48.

Sykes, Charles J. ProfScam: Professors and the Demise of Hieher Education. Washington, D.C.: Regnery Gateway, 1988.

Television and Video Almanac. Quigley Publishing Co. 33rd edition. 1988.

Tenner, Edward. "The Impending Information Implosion." Harvard Magazine, November-December 1991, pp.31-34.

Thaler, Richard, and H. M. Sheftin. "An Economic Theory of Self-Control." Journal of Political Economy 89, 2 (1981): 392-406.

Tiger, Lionel. Optimism. New York: Simon & Shuster, 1979.

Tobin, James. "On Limiting the Domain of Inequality." Journal of Law and Economics 20 (1970): 263-277.

Tversky, Amos, and Daniel Kahneman. "Judgment Under Uncertainty: Heuristics and Biases." Science 185 (1974): 1124-31.

United States Tennis Association Yearbook. Lynn, Mass.: H. O. Zinman, 1992, 1993, 1994.

U.S. Department of Education. Digest of Education Statistics. Washington, D.C.: U.S. Government Printing Office, 1993.

Vogel, Harold L. Entertainment Industry Economics. New York: Cambridge University Press, 1986.

Vonnegut, Kurt. "Harrison Bergeron." In Welcome to the Monkey House. New York: Dell, 1970.

_____. Bluebeard. New York: Delacorte Press, 1987.

Yesalis, Charles E., and R. Craig Kammerer. "The Strengths and Failures of Drug Tests." New York Times, February 4, 1990. Sec. 8, Sports Desk, p.10.

Wald, Matthew. "Going Beyond Batteries to Power Electric Cars." New York Times, March 3, 1993, p.C2.

Wallich, Paul. "The Workaholic Economy." Scientific American, August 1994, p. 77.

Walton, Mary. "How Penn Became a Hot School." Inquirer: The Philadelphia Inquirer Magazine, April 13, 1986, pp. 22-34.

Walzer, Michael. Spheres of Justice. New York: Basic Books, 1983.

Watson, Peter. From Manet to Manhattan: The Rise of the Modern Art Market. New York: Random House, 1992.

Wecker, Jonathan. So You Want to Stay Home. Ithaca, N.Y.: Cornell University Economics Honors Thesis, 1992.

Weinraub, Bernard. "How a Movie Satire Turned into Reality." New York Times, August 16, 1994, p.C15.

Weinstein, N. D. "Unrealistic Optimism About Future Life Events." Journal of Personality and Social Psychology 39 (1980): 806-20.

_____. "Unrealistic Optimism About Susceptibility to Health Problems." Journal of Behavioral Medicine 5 (1982): 441-60.

Weinstein, N. D., and E. Lachendo. "Egocentrism and Unrealistic Optimism About the Future." Personality and Social Psychology Bulletin 8 (1982): 195-200.

Whiteside, Thomas. The Blockbuster Complex. Middletown, Conn.: Wesleyan University Press, 1981.

Whyte, William F. Money and Motivation. New York: Harper and Brothers, 1955.

Wilkinson, F. The Illustrated Book of Pistols. London: Hamlyn, 1979.

Windsor, Robert, and Daniel Dumitru. "Anabolic Steroid Use by Athletes: How Serious Are the Health Hazards?" Postgraduate Medicine 84 (1988): 37-49.

Wolff, Alexander. "Something for Nothing." Sports Illustrated, December 7, 1992, p. 96.

Wortman, Marc. "Can Need-Blind Survive?" Yale, October 1993, pp. 63-67.

Wright, John W., and Edward J. Dwyer. The American Almanac of Jobs and Salaries. New York: Avon, 1990.

Wright, Robert. The Moral Animal: Evolutionary Prychology and Everyday Life. New York: Pantheon, 1994.

Wriston, Walter B. The Twilight of Sovereignty: How the Information Revolution Is Transforming Our World. New York: Scribner's, 1992.

Wylie, R. C. The Self-Concept. vol. 2. Lincoln: University of Nebraska Press, 1979.

Zuboff, Shoshana. In the Age of the Smart Machine. New York: Basic Books, 1988

옮긴이 | 조용빈

서강대학교에서 영문학과 경제학을 공부했다. 현대자동차에서 근무했으며 전략, 마케팅 상품, 내부감사, 캐나다 주재원 등의 경력이 있다. 바른번역 소속 번역가로 활동하며 옮긴 책으로는 《변화하는 세계 질서》, 《나만을 위한 레이 달리오의 원칙》, 《트러스트》, 《오늘도 플라스틱을 먹었습니다》, 《리처드 루멜트 크럭스》, 《세금의 세계사》, 《핸드오버》, 《레인보우 맨션》, 《정상이라는 환상》, 《기업의 세계사》 등이 있다.

승자독식사회

1판 1쇄 발행　　2008년 3월 3일
2판 1쇄 발행　　2024년 9월 12일

지은이 로버트 H. 프랭크, 필립 J. 쿡
옮긴이 조용빈

마케팅 이주형
경영지원 홍성택, 강신우, 이윤재
제작 357 제작소

펴낸이 이정아
펴낸곳 (주)서삼독
출판신고 2023년 10월 25일 제 2023-000261호
이메일 info@seosamdok.kr

© 로버트 H. 프랭크, 필립 J. 쿡
ISBN 979-11-93904-17-6 (03320)

- 이 책은 저작권법에 따라 보호받는 저작물이므로 무단전재와 무단복제를 금지하며,
  이 책 내용의 전부 또는 일부를 이용하려면 반드시 저작권자와 출판사의 서면동의를 받아야 합니다.
- 잘못된 책은 구입하신 서점에서 바꿔드립니다.
- 책값은 뒤표지에 있습니다.

서삼독은 작가분들의 소중한 원고를 기다립니다. 주제, 분야에 제한 없이 문을 두드려주세요.
info@seosamdok.kr로 보내주시면 성실히 검토한 후 연락드리겠습니다.